실내서식 동물

자서自序

여기저기서 들려와 내 팔랑 귓전을 간지럽히는 지청구들에 따르면, 요즘 글들은 하나같이 구차하여 진지한 문제의식은커녕 구질구질한 신변잡기 일색이라고 한다. 기실, 현대 도회 문화의 특성상 하찮은 서민 개인의 일상보다 더 나은 사람다움의 소재가 어디 있겠냐마는, 도회인의 느슨한 지성과 교양을 청량하게 어루만져줄 고품격 글들도 간혹 필요하지 않을까.

썩 바지런한 글꾼이 못 되는 내 푼수건만, 근래 강의를 준비하다가 또는 어줍잖은 평론을 쓰는 과정에서 '흘린 이삭 줄기'처럼 주워 담은, 그리고 아까운 마음에 꼼바르게 꼼(꽁)쳐둔 글감들이 용케 이번 전주시립도서관의 출판지원 작품으로 선정되었다. 이참에 그 알량한 글들을 정리하여 이렇게 책으로 엮는다.

문득 공부가 지겨워지면 게으름 피우며 늘 핑계 대는 근거로 『성경』「전도서」 12장 12절을 들이미는 이가 있다. 그 구절은 이러하다. '많은 책을 써대는 일은 끝이 없는 짓이며, 공부를 너무 많이 하는 것은 몸만 축내는 일이다' ("of making many books there is no end; and much study is a weariness of the flesh." — *The BIBLE Authorized Version*.)

맞는 말이다.

그런 줄 뻔히 알면서도 풍신난 책읽기와 글쓰기의 무한 굴레에서 벗어나질 못하는 이 책상물림(Nerd)의 궁상窮狀과 그 산물인 이 잡문 모음집을, 독자여, 그냥 소납笑納해 주시길.

목 차

- 자서自序 ··· 3
- 일러두기 ·· 6

제1부 온고을 살이

전주 사람 '김수장'을 아시나요? ······························ 9
개코원숭이 같은 사자, 그 애물단지 ························· 13
실내 서식 동물 ··· 22
서두고書蠹攷 ·· 38
도보여행·1: 옛 진안사거리를 둘러보다 ···················· 52
도보여행·2: 발길 닿는 대로 ································· 65
도보여행·3: 발길 뻗는 대로 ································· 75

제2부 실·끈·줄

실·끈·줄 ·· 85
끈과 사람살이 ·· 95
끈과 매듭 ··· 113
타래난초를 만나다 ·· 125

제3부 청노새와 워낭소리

워낭과 방울 ·· 133
'청노새'와 검푸른색 '청靑'에 관하여························ 158
    1) 새[조鳥] 인형: 청노새
    2) 검푸른 털빛의 청노새
    3) 해려海驢: 바다사자 — '독도 강치强治'에 관하여
    4) 청우靑牛
    5) 청마靑馬
    6) [청]해청[靑]海靑 송골매와 해동청海東靑 보라매(참매)

제4부 월평유거月坪幽居

가고래佳故來 무시가無是佳 무시래無是來······················ 225
월평유거月坪幽居·· 231

📖 기타 주요 참고문헌·· 260
● 후기 ··· 262
● 색인 ··· 263

🔔 일러두기

1. 언어 약자略字
   그: 그리스어. [이어서 그 발음을 나타내는 로마자와 한글 표기가 나오기도 함.]
   독: 독일어   라: 라틴어   범: 산스크리트(Sanskrit)어 즉 범어梵語
   스: 스페인어   영: 영어   이: 이탈리아어   포: 포르투갈어
   프: 프랑스어

2. B.C.E.(Before [the] Common Era): 기원전.
   C.E.(Common Era): [서력] 기원.
   - B.C.(before Christ)와 AD(라: Anno Domini, "in the year of our Lord")를 쓰지 않았음.
   - fl. – 라: floruit("he flourished")의 약자. [사람의] 활약기. 주로 출생과 사망의 연월이 미상未詳인 경우에 사용하였음.
   - [날짜나 연대 앞] c. – 라: circa 또는 circum. '…경, 대략, 약'(about)의 뜻.
   - *e.g.* – 라: exempli gratia. '예를 들면(for example)'
   - *cf.* – 라: confer. '비교하라' 또는 '참조하라.'

3. 외국인 고유명사의 외래어 표기는 국립국어원이 정한 외래어표기법을 따르지 않고, 대부분 원어原語의 발음을 중시하여 그에 가깝게 표기하였음.

4. 인명人名, 그리고 간혹 해당 문단의 핵심 용어를 강조할 때, 굵은 글자로 표기하였으며, 인물의 생몰연대는 대체로 그가 처음 언급될 때 ( ) 안에 기입하였음. 생몰연대가 병기되지 않는 인물의 경우, 색인에서 그 인물이 맨 처음 언급된 페이지를 참조하기 바람.

5. 책 등 도서는 『 』, 작품이나 논문은 「 」, 일간지나 주간지는 〈 〉, 기타 잡지 등 정기간행물 및 기타 그림이나 음악의 제목은 《 》로 표시하였음.

6. ( )는 앞 낱말을 대신하여 쓸 수 있는 다른 표현이거나, 또는 생몰연대 및 특정 연대를 나타낼 때 사용하였음.

7. [ ]는 1) 해당 구절에서 전후 맥락을 보충하고자 추가한 문구나 낱말 등을 나타내는 경우, 또는 2) 낱말 바로 뒤에서 그 뜻을 지닌 한자를 밝히는 경우에 사용하였음.

8. 본서에 **공정 이용**(公正利用, fair use)으로 수록된 사진과 그림 및 인용문 등은 모두 출처를 그 하단에 밝혔으며, 그와 관련된 책임은 저자에게 있음.

제1부 온고을 살이

전주 사람 '김수장'을 아시나요?

　백제 망국의 여파로, '긴 강 큰 벌판'이 낳은 전북의 시가詩歌 문학은 단편적인 구비(口碑, 글에 의하지 않고 예로부터 말로 전해 내려옴) 노동요나 몇몇 자료를 빼고는 죄다 일실逸失되거나 궐루闕漏되고 말았다. 그나마, 백제 때 문학으로 알려진 작자 미상의 「정읍사井邑詞」와 조선 초기 정극인(丁克仁, 1401~1481)의 「상춘곡賞春曲」 등이 십고일장十瞽一杖이라, '장님 열 명에 튼실한 지팡이 하나'의 몫을 톡톡히 해내고 있을 뿐이다.
　조선 후기에 전북 고창 출신 신재효(申在孝, 1812~1884)의 판소리는 하늘에서 저절로 뚝 떨어진 게 아니다. 우리네 무명선참無名先站들이 앞서서 지고한 예술적 토대들을 놓아오지 않았더라면, 어찌 그 위대한 창극唱劇 문화가 창출될 수 있었으랴.
　전북의 현 문사들 가운데, 21세기의 자신이 그러한 유장한 역사 맥락의 연장선상에서 서 있게 되었음을 제대로 인지한 이는 과연 몇이나 될까. 우리 문사들은 '저 홀로 잘난 사이비 지식인'으로서의 천박한 구각舊殼을 탈피하고, 의식 있는 당대의 지성인으로서, 선현선진先賢先進들이 닦아 세워온 전통의 행렬에 부끄럼 없이 들어서기 위하여, 그 도도한 줄기에 대한 인식을 새로이 다지는 일이 뭣보다 중요하지 않겠는가.
　서구에서 낭만주의의 봉화 불꽃이 활활 타오르며 막 번져갈 즈음, 여기 한반도에서는 휘황한 마당 예술 판소리가 바야흐로 개화하고 있었다. 그리고 이와 더불어 '전라도 완산完山' 즉 '전주' 출신의 위대한 근대 시인 한 분이 한양 여항閭巷에서 커다란 이무기처럼 용틀임하고 있던 차였다. 우리는 특히 그분에 관하여 오랫동안 무지한 채 지내거나 외람되게도 굳이 외면해 왔다. 그분은 다름 아닌 『해동가요海東歌謠』(1746~1763)의 편찬자 노가재老歌齋 김수장(金壽長, 1690(숙종 16년)~?)이시다.

▲ 김수장 캐리커처(caricature). • 출처: 한국일보 2003년 12월 17일자.

원래 '시조時調'라는 가사歌辭 장르란 고려 말 신흥사대부들이 중국 유가儒家의 성리학을 설파하기 위한 예술적 가락의 도구로서 창안한 것이었다. 마침내 사대부들이 주동하여 불교국佛敎國 고려를 붕괴시키고 숭유억불崇儒抑佛의 유교국儒敎國 조선을 세우면서 본격적인 유학 이데올로기의 선전도구가 된 시조는 끝내 그 태생적 한계를 넘어서지 못한 채, 부르주아적 여기餘技 문화의 언저리에서 서성거리다가 정체되고 말았다.

이제, 막강한 시대의 조류에 직면한 조선 중·후기, 시조 갈래는 획기적인 변모를 겪는다. 그 배경에, 당시 서구 실용주의와 함께 유입된 중국 문물을 통해 부富를 거머쥐며 부상浮上한 중인

中人과 상업 계층 등의 신흥 경제 집단이 자리한다. 신문물에 대한 지식과 축적한 부를 바탕으로 신분 상승을 도모하던 그들에 의해 피지배계층의 의식이 깨어나기 시작한다.

이즈음 시조는 이미 양반문화와 밀접한 관계에 있던 천민적 기생문학妓生文學과 연계된 이후로, 실사구시 사상과 중·상인 계급의 활성화라는 거센 물결의 유입을 받는다. 이리하여 평민계급의 솔직하고 적나라한 생활 감정을 실감 나게 표출할 기운을 얻는다. 이제 피지배계층이 지배계층의 시조를 수용하여 제 나름의 정서대로 새로이 변주하고, 관념 일색의 충효 놀음이 아닌 평민적 애정과 풍자의 실생활 정서를 본격적으로 소개하면서, 비로소 시조는 근대문학의 반열에 올라서는 것이다.

이렇게 한민족 문학 사상 최초로, 당대의 시대정신(時代精神, 독: Zeitgeist, 영: the spirit of the time)과 피지배계급적 평민 의식을 리얼리즘으로 문학 예술화한 대전환기의 인물이 곧 우리 전주 출신의 18세기 시조 작가 **김수장**이다.

이제 시조는 내용과 형태에 있어서 문자 그대로 근대 정신에 의한 환골탈태를 치르면서 비로소 국민문학으로 등극한다. 이의 바탕에는 지배계급의 양반 사대부가 아니라, 피지배계급인 중인들의 시대 의식이 튼실한 반석 역할을 하였다. 이렇게 근대 시조로서의 위상 정립에 있어서 그 근본 동인動因은 시대 정신, 곧 한반도에서 유사 이래 최초로 발흥한 실학적 평민 의식이었다. **김수장**은 탈脫 부르주아 정신으로 피지배계층의 생활 양태들을 사실주의적으로 작품화하면서 파격적인 시조 장르의 창출에 이바지하는데, 그것이 사설시조와 엇시조를 망라한 만횡청류蔓橫淸類 곧 산문시조(散文時調, 장시조長時調)이다.

그분이 있음으로 하여, 몇백 년 후에 현대시조의 기틀을 닦고 산문시조를 학문적으로 규명한 가람 **이병기**(李秉岐, 1891~1968)

님의 출현이 가능해진다. 1950~60년대 한국 현대사의 전환기를 전주에서 보낸 가람은 우리네 유일무이한 민족정형시 시조의 도저한 물줄기를 튼 위인이다. 이처럼 근현대 시조의 진보에 있어서, 전북은 대단히 중요한 본향本鄕으로서의 역할을 착실히 이행하여 왔던 것이다.

상당수가 단체의 장長에라도 등극하게 되면, 수평적 공존보다는 수직적 완장 행세에 급급할뿐더러, 흉흉한 '잿밥'에 혈안이된 채 '낯내기'용 행사나 몇 번 치르고 제 약력에 줄 하나 더 없는 것으로 내심 흡족해하며 황황히 임기를 마치기 일쑤다.

때가 되면 전북과 전주의 여러 문인 단체들이 새 임기를 시작하곤 한다. 문사입네 하고 거창한 명함을 박아서 돌리는 데만 급급하기에 앞서, 이러한 역사의 대하大河 줄기 속에 표표히 일어선 우리 자신의 주체성을 자각하고 지성적인 선각 정신을 품고서, '전주인全州人'으로서의 근대 시인 **김수장**에게도 주의를 환기할 수 있다면 좋겠다. 특히 이 지역 출신 시인들은 '전주 문학의 바로 세우기'라는 시대적 소명감을 다짐하며 '**김수장** 재발굴'을 더 알차게 기획하고 진척시켜 나가면 얼마나 좋을까.

아마 **김수장**이 다른 지역 출신이었다면 그는 진작에 전국적인 유명 인사로 떠올라 있었을 터. 하물며, 이 지역의 국문학자들 가운데 **김수장**을 오롯이 전공한 이가 전혀 없다는 서글픈 현실을 감안할 때, 어찌 도세道勢의 취약성만 탓하겠는가.

명실공히 온고을 사람이라면 '예향' 운운만 공허하게 읊조리기만 할 게 아니다. 우리 모두에게는, 동향同鄕의 천대를 감내하면서도 꿋꿋이 재발굴 시기를 기다려온 우리 온고을의 선각자이자 근대 시인 **김수장**을 부흥시켜야 할 역사적이고 문학적인 도리와 의리가 절실히 요망되는 바이다.

개코원숭이 같은 사자, 그 애물단지

1

가을비가 추적거리고 창밖 너머 단풍이 창에 스멀거리어 더욱 적적한 날, 그나마 좁은 거실에서 묵은 목재 향이 곰팡이 냄새 풍풍 곁들이며 콧속을 후벼 든다.

▲ 처가가 이민가면서 놓고 간 느티나무 뿌리 괴목. 윗부분이 '사자'라 하지만 얼핏 보기엔 '개코원숭이'가 영락없다.

처가가 이민 가면서 두고 간 커다란 괴목怪木 덩이가 처음엔 향긋한 나무 냄새를 풍겨 썩 싫지 않았는데, 간혹 비가 오거나 특히 장마철이면 그 흙내음 섞인 목향이 여간 퀴퀴한 게 아니었다. 늙어야 나무의 멋진 티가 난다고 하여 그러한 이름이 붙었다는 그 느티나무1)의 뿌리 뭉치 괴목으로 말할 것 같으면, 공직에 있던 장인어른이 자못 거금(?)을 들여 제작한 것이라고 하였다. 장인은 그것이 '사자가 머리를 쳐든 형상'의 귀한 공예작품으로서, 화분이나 도자기를 얹어놓는 여러 층의 받침대까지 갖춘 고가의 걸작품이라며, 노상 입에 침이 마르도록 자랑을 아끼지 않았다. 그런데 그 괴목 뭉치는 큰 뿌리 덩어리가 문어발처럼 땅속 돌멩이들을 휘어 감은, 즉 거친 돌조각들이 단단히 박혀있는 것이어서, 호주 이민국이 자국 내 반입을 불허한다고 하여 어쩔 수 없이 선심 쓰듯 주고 간, 한 마디로 내버리고 간 것이었다. 이른바 우리 인간 존재처럼 자의自意와 무관하게 이 세상 속에 '피투被投된' 존재였던 것이다.2)

---

1) 느티나무의 뿌리나 밑둥치로 제작한 목공예를 '괴목槐木'이라 부르는데, 원래 그 말은 회화나무(괴화목槐花木)를 말한다. '괴槐'는 '나무 목木'자와 '귀신 귀鬼'자를 합친 글자로, '귀신이나 혼백이 붙은 나무'를 뜻한다. 어째서인지는 몰라도, 오직 한국에서만 느티나무에도 그 글자를 적용한 지 꽤 오래 되었다. 느티나무는 한자로 '거수欅樹'가 맞다. 목공예를 말하는 괴목은 대개 괴이한 형태를 추구하므로, 차라리 '괴목怪木'이라고 써야 하지 않을까 싶다.
2) 독일 철학자 **마르틴 하이데거**(Martin Heidegger, 1889~1976)는 미완성 대저大著 『존재와 시간』(독: *Sein und Zeit* ; 영: *Being and Time*, 1927)에서, 인간이란 '자의自意와 상관없이, 원치 않은 세상 속에 피투被投된 존재'로 규정짓고, 모든 인간이 공통으로 처한 그 처지를 '피투성'(被投性, Geworfenheit; Thrownness)이라고 불렀다. 개별적 인간의 **현존재**(現存在, Dasein)는 세상에 '내던져진'(geworfen; being thrown) 것으로, 이 피투 상황은 인간이 제 의지와 무관하게 버려진 실존적 존재의 성격을 나타내며, 주로 이는 불안감(Sorge)을 통해 자각된다. 일개 **다스 만**(das Man, 안일한 일상에 젖어 제 고유성을 상실한 일반인)에 불과했던 우리가 어느 순간 '난 언젠가 죽을 텐데 왜 여기서 이렇게 살고 있을까'와 같은 불안 어린 자문을 하면서, 일단 자신이 **불가피하게 이 세상에 내던져졌다는 '피투'의 존재적 현상**을 스스로 깨닫게 되면, 장차 다

집안이 단출한 것을 좋아하는 나로선 탐탁치 않아 그 괴목 뭉치를 거실 한구석에 처박아두었다. 어느 날 아들의 학비 문제로 고심하다가 문득 그 괴목에 눈길이 갔다. 흑심黑心을 품은 나는 아내 몰래 그 분야에 눈썰미가 있을 만한 벗 하나를 불러 술 한 잔 대접하며 보여주었더니, 그 매정한 녀석은 '형상이 사자는커녕 발정난 개코원숭이 같다'며 더는 언급조차 하려 들지 않았다.

어이없어진 나는 근교의 괴목 작업장들을 수소문하여 찾아가 시세를 알아보았다. 메뚜기도 한철이라고, 1980년대만 해도 크게 인기를 끌었던 괴목류는 이젠 장롱欌籠과 함께 비인기품목으로 전락해서 찾는 이가 거의 없다는 것이었다. 몇몇 만나본 업자들 역시 뻔한 장삿속으로, 내가 사진 찍어서 보여준 괴목을 기대 이하의 형편없이 낮은 가격을 제시하였다. 기분이 확 상한 나로선 거의 공것이나 다름없는 헐값을 받느니, 그냥 동네 노인정에나 기증해버리는 게 나을 성싶었다.

2

흔히 괴목 작업장에 가보면, 앞마당은 지하세계의 노광(露鑛, 노천광산) 그 자체이다. 크고 작은 나무뿌리들의 괴기한 형체들이 땅속에서의 모습 그대로 바깥세상에 나와 아무렇게나 어지러이 뒤집혀 까진 채 널려있는 것을 보니 시체전시장(屍體展示場, mortuary)이 영락없다. 그 적나라한 모습들은 '메멘토 모리'(Memento

---

가올 죽음을 예리하게 의식하고 수용할 마음을 먹기에 이른다. 이를 하이데거는 '죽음에 대한 선구적 각오성'(覺悟性, 즉 결의성決意性, Entschlossenheit)이라고 일컬었다. 죽음의 숙명을 자각하면, 우리는 제 정신을 차려 삶의 의미를 잘 포착하여 재구성하려 하는데, 이를 일러 '기투'(企投, Entwurf)라고 하였다. 우리는 '피투'적 존재로서의 자아를 깨닫고 죽음을 수용할 '선구적 각오'를 품음으로 '기투'를 하여, 비로소 타성적인 일상의 **다스 만**에서 벗어나, 비로소 실존實存 즉 본래의 자아로 돌아올 수 있게 된다는 것이다.

Mori, '누구나 죽는다는 사실을 잊지 말라')라는 말처럼, 세속적인 삶과 물질 및 그 추구가 얼마나 부질없고 속절없는 것인지를 웅변으로 들려준다.3) 땅속 흙이 덕지덕지 묻어있는 채 널브러진 그 가공되지 않는 괴목 덩이들은 로마 시대에 소락빽이를 지르던 노비奴婢처럼 '너희 인간들도 한낱 흙으로 돌아갈 터이기에 교만 떨지 말고 겸손하게 현재에 충실하며 살라'고 무언의 외침을 들려주는 것도 같다.

원래 하나였던 미술과 공예가 분화되면서, 공예는 실생활의 실용미를 표출하는 응용예술로 자리 잡았고, 효용성이라는 사회학적 의미까지 품기에 이르렀다. 죽어 자빠진 고사목枯死木에 새로운 생명을 불어넣는 고된 작업이 곧 목공예이다. 괴목 뿌리의 공예는 하늘 높게 자라 뻗던 나무들이 지하 속 썩은 뿌리에 남겨 놓은 최후의 명운을 다시 소생시켜, 기묘하고 괴기하면서도 아름다운 자태로 재생시킨다. 그 작업이 힘든데다가, 나무 고유의 특성에 자연의 오묘한 마력이 더해져 형형색색으로 빚어진 나무뿌리마다 그 생김생김이 하도 특이하다 보니 부르주아적 귀

---

3) 원래 이 구호는 고대 로마에서 원정의 승리를 거둔 개선장군이 시가행진할 때 노예를 시켜 행렬 뒤에서 큰 소리로 외치게 한 말이었다고 한다. 고대 로마 공화정 말기의 시인 **호라티우스**(Quintus Horatius Flaccus, 65~8 B.C.E.)는 자신의 시에서 **카르페 디엠**(라: Carpe Diem)과 함께 그 말을 언급하였다. 라틴어 memento(영: remember, '기억하다') mori(영: to die, '죽다)는 '자신이 언젠가는 반드시 죽는다는 것을 잊지 마라'(remember [that you have] to die)라는 의미로서, 주어진 인생을 진지하고 겸손하게 살라는 취지가 담겼다. 한편, **카르페 디엠**이란 '현재를 포착하라. 내일은 가급적 최소한만 믿어라'(라: Carpe diem, quam minimum credula postero)라는 구절에 들어 있던 말로서, '오늘 이 순간에 최선을 다하라'는 취지가 담겨 있음은 잘 알려진 사실이다. 로마의 개선장군에게 수여되는 승리의 관冠에는 다음과 같은 라틴어 경고문이 쓰여 있었다고 한다. "Memento mori (그대는 결국 죽어야 한다는 점을 명심하라!) Memento te hominem esse (그대가 인간이라는 사실을 명심하라!) Respice post te, hominem te esse memento (뒤를 돌아보라, 지금은 여기 있지만 그대 역시 인간에 지나지 않는다는 점을 잊지 말라!)"

족 취미로 거듭나게 된다. 들짐승 사체와도 같은 흉측한 몰골을 되살려, 지하에서 지상으로, 죽음에서 삶으로, 흑암에서 광명으로 극적인 반전을 도모하는 그 작업은 예술적 추구라는 순정한 심미안과 자본주의 잇속의 합작물로 재생하는 셈이다.

목장木匠들은 예술적 영감을 불러일으키는 괴이한 형상의 목재를 찾고자 애쓴다. 가령, 말벌 집이 애드벌룬만 하게 달린 고사목을 보면, 괴목장이들은 그 속살을 보고 싶어 안달하며 눈빛이 번득인다. 고사枯死한 늙은 나무가 기우뚱 가옥 쪽으로 넘어질 위험성이 있는 경우라면 피해목으로 지정하여 벌목할 수도 있다. 주로 채집꾼들은 산사태진 비탈이나 강 등을 탐목探木한다. 장마가 지나면 크고 작은 나무뿌리들이 많이 떠내려오는데, 수위가 낮아진 강 위로 삐져나온 나무그루터기들을 뒤질 때는, 다양한 물형物形을 읽어내는 안목이 요망된다. 낯선 뿌리 덩어리를 접하는 순간 직감적으로 어떤 주제를 잡아내기도 하지만, 작업장에 옮겨와 이리저리 만지작거리다 보면 문득 어떤 형상이 잡힐 때도 있다. 여하튼, 눈에 차는 나무란 산삼처럼 얼른 눈에 띄질 않아 헛걸음칠 때가 많긴 해도, 좋은 자재를 평소에 매입해 놓아야 필요시에 냉큼 달려들 수 있는 것이다.4)

괴목은 따로 덧칠하지 않기에, 나뭇결이 곱고 자연의 흐름을 잘 반영해야 좋으므로, 야외에서 온갖 풍상을 다 겪어 무늬가 치밀하고 재질이 단단할수록 더 낫다. 이를테면, 느티나무는 단단하며 무게감이 있고 단아하게 절제된 색감의 결이 아름답기로 정평이 나 있다. 참죽나무는 희귀하여 값이 제법 나간다. 소나무

---

4) 간혹 산림이 무차별 황폐화된 산자락에 발길이 가 닿을 때도 있다. 수목 정비 사업이란 본래 보존 가치가 높은 나무를 제외한 폐목과 잡목 등을 제거하는 게 그 목적이다. 그런데, 보호수종의 선별이 없이 무차별 남벌하여 민둥산으로 만드는 벌목 현장의 경우에, 그것은 참혹한 대학살 그 자체여서 쑥대밭이 된 재해 현장이나 다름없다.

뿌리도 좋은데, 그 가운데 100년 이상 된 소나무가 죽어 땅속에서 수십 년 묵은 뿌리는 섬유질이 다 빠져나가고 송진 성분만 남은 '광솔'이라 하여 가장 우수한 재질로 친다. 오래 가는 그 그윽한 송진 향이 아주 일품이라고 한다. 전기가 안 들어오던 옛날에는 방구석 작은 화로에 광솔 불을 피워 그 불빛으로 새끼를 꼬거나 삼베를 삼고 짚신을 만들었다.

작업자는 마음에 쏙 드는 목재를 만나면, 크기에 따라 적당히 판재板材하여 몇 년간 반半응달에서 자연건조를 시킨다. 목재 강도를 높이고 변형을 막기 위해, 햇살을 머금으면서도 풍한서습風寒暑濕에 노출하는 이 건조는 필수적인 작업이다.

이후, 공방에서 치목(治木, 나무 다듬기)에 착수한다. 나무 뭉치를 양잿물에 삶거나 훈증을 하여 살충과 소독을 하고 썩은 부분은 멀쩡한 속살이 드러나도록 도려내는 등 손질한다. 그다음, 이모저모 구상한 형상에 맞춰 마름질하고 잘라서 깎은 뒤에 사포질로 한참을 매끈히 다듬는다. 옹이, 썩은 부위, 건조의 수축 시에 쩍 벌어진 틈, 속 목질이 텅 빈 껍질박이, 또는 목질섬유가 뭉쳐서 불룩 튀어나온 혹, 송진 구멍이나 엇결 등은 결점 사유가 된다. 가급적이면 장식적인 인공 조형의 티가 안 나게 하면서, 나무 자체가 지닌 목리(木理, 나뭇결무늬)의 미로써 간결한 선과 명확한 면을 통일성 있게 이루어내야 한다. 나무 질감을 살리려면 되도록 칠을 삼가되, 옻이나 황칠은 할 수 있고 동백기름이나 호두기름 같은 천연 식물성 기름으로 마감 처리한다.

마당과 공방을 지나 전시실로 들어서면, 온갖 기묘한 물형의 괴목 완성품들이 애절한 종언을 선언하는 양 꽉 들어차 있다. 일개 조그만 씨 한 알이 신산스러운 생의 먼 종착역에서 마침내 무거운 침묵을 내장內藏한 채 피워낸 비장미悲壯美라고나 할까. 나무 고유의 특성에 자연의 오묘한 마력이 더해져, 야수와도 같은 흉측한 몰골의 죽은 것들을 천태만상의 예술품으로 살려내는 것은 장인匠人의 안목과 손가락이다. 목공예 작품들은 나무 자체가 거꾸로 서 있는 듯한 그 별난 형태에도 불구하고, 급기야 듬직하고 너그러운 느낌을 얻으면서 사치스러운 과장이 없이 온화한 고요미로 충일된다. 번거로운 세사 속에서, 덤덤하면서도 온화한 듯 친근한 정서는 죽음에서 돌아온 목물木物을 곁에 두고 여유롭게 지내보고자 하는 마음가짐과 어우러진다.

해괴한 몰골을 통해 마음의 평정을 얻는 역설은 괴목만이 우려내어주는 감동이며, 그리하여 파격은 곧 품격이라는 반어법이 성립된다. 죽고 썩어 문드러진 나무밑동이나 그루터기들은 귀순을 불허하는 미래의 거친 자유이며, 현세에 발을 푹 담근 탈속태脫俗態이다. 그 용틀임 속에 세월을 잔뜩 똬리 튼 '무의식의 생동감'을 힘써 길어내는 그 미적 기량으로 인해, 야수野獸 목재는 고고한 기품을 갖추게 된다. 일례로, 흑시(黑枾, 먹감나무)의 먹선이 풍기는 황홀한 결이나, 세월의 마모에 의해 더욱 오롯이 살아나는 오동나무 결의 미는 그 계통에서 대표적이라고 한다. 기괴한 황무지의 자태를 깎고 갈고 밀어서 정연한 미를 살려내는 작업자의 숨결과 손길에 의하여, 괴물적 자연미는 나름의 예술적 목격木格을 구비하는 것이다.

한결같이 소장자들은 가족의 눈길에 세월이 덧입혀져서 손때까지 덕지덕지 묻어가면 정겹고 친숙감이 든다고 입을 모은다. 어느덧 한집안의 가족이 되는 셈이다. 죽은 것들의 가족화, 좀 얄궂기도 하지만 예술만이 줄 수 있는 경지 아니랴. 반려식물인 화초 등이 주는 행복감이야 더 말할 나위 없겠지만, 죽은 것들과 나누는 편안한 안일도 하찮게 볼 일 아니다. 가로로 자른 목면木面의 동심원 나이테나 긴 줄기 결들의 행렬에서 은은하고 순박한 무욕의 여유로움이 달빛 분말처럼 묻어난다. 괴목은 목향

특유의 후각적 즐거움과 별별 형태의 시각적 미에 더하여, 손길로 느끼는 촉감을 통해 멋진 공예작품의 소유로 인한 뿌듯함까지 덤으로 얹어준다. 청각의 즐거움은 상상력의 소산물이겠다.

오행五行상 화극금火克金이라, 쇠가 강하다면 나무는 질기다. 쇠란 모름지기 대장간의 불질과 매질과 담금질을 거치며 멋진 제련품이 되지만, 나무는 깎고 갈고 칼질해대야 생기를 얻는다. 쇠와 나무는 불질로 거듭난다는 점에서 동질적이다. 지하의 원형인 뿌리 뭉치가 소목장의 손에 의해 세련미를 갖추면, 이제 낙화장烙畫匠의 차례다. 달군 인두로 섬세하게 그을린 맛을 내는 낙화 작업이 뒤따르는 것이다. 자고로 뇌벽목(雷劈木, 벼락 맞은 나무)은 벽사용辟邪用으로 쓰이는데, 특히 천신天神이 번개 타고 내려왔다는 '벼락 맞은 대추나무'는 요사한 기운을 물리치는 호신용護身用 도장圖章 등으로 새겨 소중히 간직된다. '목생화木生火'라, 불에 그을린 질감은 나무의 고졸한 정취를 더한다.

고심해서 선별한 원자재를 작품으로 재생시켜도 올바른 설치자리를 만나지 않으면 별 소용이 없다는데, 이는 꼭 나보고 하는 소리 같다. 괴목은 그에 걸맞는 삼차원상의 공간을 만나야 사차원의 경지에 진입한다. 주제에 부합되는 공간 배치의 감각은 괴목의 야수성을 순치시키며 더욱 빛을 내므로, 소위 적재적소주의適材適所主義에 가장 민감한 것이 괴목이라 하겠다.

3

엊그저께 거실을 청소하다가 삐쭉 내민 괴목 돌출부에 무릎을 찧어 한동안 꼼짝을 못했다. 별 오만 괴목 형상들을 만나고 다니면서, 그 대단한 변신 과정에 숱한 땀과 의미들이 새겨 있음을 깨닫긴 했지만, 우리 괴목은 시나브로 애물단지5)로 전락하고 있다. 영고성쇠榮枯盛衰라, 수석壽石이나 괴목이 온 국민의 정신을 빼놓던 한때의 영화란 덧없는 것이어서 지금은 한물갔음이 역력하다. 그만큼 서민의 현실이 팍팍해졌다고나 할까. 한때는 처가가 놓고 간 괴목이 돈푼이나 될까 하여 닦고 털고 매만졌지만, 지금은 좁은 거실 구석에 처박혀 식구들의 시선을 마냥 잃어버린 채 세월만 좀먹는 신세가 되고 말았다.

잇속에 신경 쓰니 괴목이고 나발이고 눈에 잘 안 보인다. '사자가 머리를 쳐든 호기 어린 기상氣像'이기는커녕 '개코원숭이' 꼴이 났다고 생각 드니, 처가가 놓고 간 괴목이 여간 거추장스러운 게 아니다. 한편, '코가 석 자'인 현실에 압도되어 공예작품을 애물단지로 여길 만큼 속되어 버린 내 자신을 돌이켜 보니, 절로 헛헛해진다. 아들 학비는 오죽잖은 아파트나마 은행에 담보 잡혀 대출받아 마련했지만, 아직도 다 상환하지 못한 형편이다. 현금 가치가 없는 모든 사물은 그 의미가 삭감되는 세태에, 속기俗氣 없이 살자는 오만인즉슨 궁색한 속물근성을 애써 외면하려는 '정신 승리'의 자위책에 불과한 현실이 서럽다.

괜히 너털웃음 흘리며 무심코 한 손을 쳐들어, 사자 아니 개코원숭이의 밋밋한 뒷머리를 쓸어준다.

(이 넋두리 상념은 어느 괴목 전문가의 글로부터 큰 도움을 받았다. 그런데, 아무리 해도 그 글과 출처를 다시는 확인할 길이 없었다. 혹여 그 글에 관해 알려주시는 독자 제위께 고마움을 잊지 않겠다.)

---

5) '부모보다 먼저 죽은 자식이나 부모 속을 많이 썩인 자식'을 이르는 말. 옛날에 아기가 죽으면 맨땅에 그냥 묻을 수도 없고 또 관을 장만할 형편도 못 되자, 고심 끝에 관 대신 단지에 담아 묻는 '단지 무덤'을 생각해내었다고 한다. 그리하여 '애를 태우던 아기 무덤'이라는 뜻의 **애물단지**란 말이 나왔다. '창자'의 옛말인 '애'는 초조하게 염려하는 속마음을 이른다.

실내 서식 동물

가장 행복한 젊은이는 책을 덮고서 스스로 앉아 죽을 텐데.
— 셰익스피어, 『헨리 4세 2부』 3막 1장.6)

1

 전주시 동서학동東捿鶴洞 남고산성南固山城 초입을 거의 날마다 들락날락하는 어느 어리석은 이가 있다. 말수 어눌하고 동작이 느리며 그릇도 졸렬한 데다가 세상 물정마저 어두워서 하는 짓마다 이웃의 웃음을 샀다. 장기나 바둑은 물론이고 화투도 만질 줄 몰랐다. 이를 두고 남들이 흉봐도 굳이 변명하려 들지 않고, 뭐 칭찬을 들은 적도 없지만 설사 들었다 한들 뽐낼 줄 모르며, 오로지 남루한 행색으로 묵은 종이 냄새와 도서관 가습기의 독한 방향제에 심신이 꼬박 절은 채, 책의 낱장 속을 달음질치는 쬐끄만한 좀벌레들하고 씨름하는 것만을 낙으로 삼았다. 추위나

---

6) 그 원문과 문맥은 이러하다.

> O God, that one might read the book of fate
> And see the revolution of the times ……
> **The happiest youth**, viewing his progress through,
> What perils past, what crosses to ensue,
> **Would shut the book and sit him down and die.**
>   — *Henry IV*, Part 2. Act 3, scene 1, 45-46 및 54-56행.
> • 출처: Folger Shakespeare Library *(https://www.folger.edu › explore › henry-iv-part-2 › read)*

> 오 하느님이여, 사람이 운명의 책을 읽고,
> 그리하여 시대의 변혁을 행여 볼 수만 있다면, … (중략) …
> **가장 행복한 젊은이라면** 자신이 지내 온 생애를,
> 어떤 위험이 지나갔고 잇따라 어떤 수난이 닥쳐올지를 두루 조망하며,
> **책을 덮고서 스스로 앉아 죽을 텐데.**

더위, 목마름과 배고픔, 그리고 내내 쭈그린 채 책상 앞에 주저앉아 지내느라 등허리가 결리고 아픈 것도 신경 쓰지 않았다.

그러다 보니, 문밖에 꽃송이가 환장하게 피거나 처절하게 지더라도, 또 하늘 가득한 눈보라가 온고을 산하를 펑펑 덮어도, 또 구슬픈 봄비나 거센 장마 빗발 속을 번개가 번쩍번쩍 천지천하의 틈새를 쫙쫙 가르며 천둥이 호통을 쳐도, 눈 하나 깜빡하지 않았다. 그저 꽃보라면 꽃보라 속을, 눈발이면 눈발 속을, 빗발이면 빗발 속을, 뙤약볕이면 뙤약볕 속을 아지랑이처럼 흐느적거리며 걸어와 도서관으로만 발길을 향했다. 책같이 생긴 것들이라면, 어렸을 적부터 그 나이 처먹도록 거의 하루도 손에서 놓지 않았다. 평생 셋집살이를 면치 못해 집구석이 곧 방구석이어서 따로 독방 따윈 있어 본 적이 없었기에, 모교의 뜰이나 공원이나 도서관이나 한갓진 곳이면 줄기차게 잘도 찾아내어 들락거렸다. 방 한쪽에 그나마 손바닥만 한 창문이 나 있어 간혹 깃드는 볕 기운을 따라 좀 더 훤한 데서, 고개를 책 속에 처박고 활자를 일일이 세기나 하듯이 낱장을 뒤적거렸다. 지금까지 못 보았던 책을 보면 문득 히죽거리느라 벌린 입 다물 줄 몰랐는데, 그 모습은 바보가 영락없었다. 혹시 뉘 있어 그 꼬락서니를 보고서, 기이한 책 구절을 몰래 훔쳐 읽거나 시구절을 모작할 그럴듯한 문구를 새로 찾아낸 줄로 여겨 주면 다행이었다.

그랬다. 취미라고 해봤자 그는 남의 시를 읽고 그에 따라 시 짓는 것을 좋아하여, 병을 얻어 끙끙 앓는 사람처럼 웅얼거리는 게 일이었다. 제 딴에 심오한 이치를 깨치는 양 여겨지면 홀로 기뻐서 일어나 왔다 갔다 걸어 다녔는데, 그 모습으로 볼 것 같으면, 걸친 핫바지가 금방이라도 내려가 쫙짝인 엉덩잇살이 희멀겋게 금방이라도 드러날 듯하였고, 그 소리가 마치 암컷 만난 떼까마귀가 정신없이 우짖어대는 듯했다. 또는 아무 찍소리도 없이 못난 눈 동그랗게 뜨고 뚫어지도록 허공을 쳐다보기도 하고, 또는 마약을 한 듯한 눈매로 꿈꾸듯이 혼자 중얼거리기도 하니, 이웃 사람들이 그를 두고 '룸펜'이라고 아니 부를 수 없었다. 그는 그런 놀림조차 있는 줄 몰랐다.

남의 시를 읽고 흉내 내어 제 시 구절을 조작해내는 작업이야 곧 저 자신을 위조하는 일이지만, 젊을 적엔 그것도 할 만한 일이 아닐까. 차라리 그의 작품은 한 번도 입력된 일이 없는 AI(인공 지능)의 놀라운 제작품에 의하여, 그의 정신은 더 경편(輕便, 가볍고 간단하여 사용하기에 편리함)해지고 고매해지는 것이다.

그는 매사에 첩쾌(捷快, 민첩하고 약삭빠름)하지도 못한 주제에, 스스로의 비범한 정신적 발육 항진亢進을 과신하여 바깥세상을 보는 안목을 함부로 규정해대었다. 이러한 그의 동태를 알아주는 이가 가족이나 지인 가운데 아무도 없었기에, 이에 손수 붓을 들어 자신에 관한 일을 써 '실내서식동물전'을 집필하기로 하였다. 이름과 성은 기록하지 않았다. 뭐 하나 잘난 것도 없는 인생이기에, 딱 하나 잘한 짓으로 자신만의 독창성이 결여되었음을 고이 자인하면서, 평소 존경하는 북학파 청장관靑莊館 이덕무(李德懋, 1741~1793)의 어투를 빌어 글 하나 짓고자 해본 것이다.

2

이왕 글발 돋은 김에, 존경하는 **이상**李箱 **김해경**(金海卿, 1910~1937)의 글발에 신세를 져서 사족蛇足을 좀 보필補筆할까 한다.

독자여, 그대는 어찌하여 이 글 주변을 서성거리느뇨? 그렇게 갈 데나 읽을 게 없어서 예까지 와서 얼쩡거리느뇨? 그대는 '박제가 되어 버린 천재'를 아느뇨? 이렇게 싸가지 없는 독자들에게 함부로 말을 하게 되어, 나는 유쾌하고 청쾌淸快하다. 이런 때 시신 보관 냉동창고의 정적까지가 명쾌하고 상쾌하며 통쾌하고 호쾌하여 쾌쾌(快快, 씩씩하고 시원스럽거나 기분이 무척 즐거움)하고 흔쾌하여 금세 흠쾌欽快해진다. 단지 숨소리조차 크게 내면 사서가 금방 알아차리고 검열관처럼 서가에 이상이 없는지 훑어보는 양 슬쩍 지나치면서, 오늘도 어김없이 책상을 독차지한 채 고개를 처박은 나를 가련한 듯 힐끔힐끔 흘겨보고 지나간다. 제발 찍소리 좀 내지 말라고 경고하는 뾰쪽한 눈초리로, 심지어는 그 늙은 몸에서 체취도 풍기지 말라고 지적질을 하는 듯도 하다.

나는 육신이 흐느적거릴 만큼 피로했을 때만 정신이 은화처럼 맑아지는 까닭을 이 나이 처먹어서야 깨달았다. 케케묵은 종이 냄새가 내 폐기종肺氣腫 앓는 가슴속으로 스미면 내 마음 구석엔 으레 백지가 준비되기 마련이다. 그 위에다 나는 위트와 파라독스와 아이러니를 바둑알 포석처럼 여기에 하나 저기에 하나 화점으로 늘어놓는다. 밖에 나가 큰소리치지 못하고 속으로만 악을 쓰는 가증할 지성인의 병적 자위에 불과한 셈이다.

내 드나드는 이곳의 서가들은 바닥 칸에서 저 천장 바로 아래 윗칸까지 최대한 아가리를 쩍쩍 벌린 공룡들의 대가리 같다. 그 벌린 각 칸 아가리의 콧등 위마다 한결같이 이상의 「날개」에 나오는 '33번지 18가구'처럼 000이거나 100이거니 하여 저 900까지 나름의 번호표 문패들을 달아 붙여두었다. 이곳 '전주시 완산구 서학로 95' '누리마루 3층 라키비움 책마루'의 칸 번호라는 것도 모두 숫자들뿐이다. 대청에 여러 칸 가구들이 닭장처럼 숫자로 명칭 되고 기호화된 채, 쭉 어깨를 맞대고 늘어서서 막 벌려댄 입이 똑같고 혀처럼 내민 책들이 똑같고 그 틈새에 쌓인 먼지들도 똑같다. 게다가 각 선반에 사는 책들은 늘 팽팽하기만 한 송이 조화造花처럼 찬란히 질 줄도 몰라서 늘 권태롭다.

해도 들지 않는다. 해가 드는 것을 직원들은 질색한다. 세련된 블라인드로 창문마다 햇빛을 가리고 차단한다. 침침한 방 안에서 다들 슬그머니 낮잠을 잔다. 특히 책마루는 밤낮으로 참 조용하다. 정숙이 강제되어 있어 이를 어기면 당장 추방인 탓이다.

나는 '정든 유곽'과도 같은 이 도서관의 고객이다. 아침마다 대청 열람실에 실내등이 켜지면 이제 화려한 손님맞이가 시작된다. 늘 코감기가 미쾌(未快, 아직 나은 상태에 있지 않음)하여 비음을 달고 살면서도, 문이 열리는 오전 9시 30분 정각에 1등으로 들어서는 나는 저 동쪽 구석 끝의 책상을 사모하다 못해 하루 내내 껴안고 뒹굴다시피 한다. 이곳은 일단 전등이 켜지면 온종일 켜져 있어야 한다. 저물도록 미닫이 여닫는 소리가 잦다. 불 꺼진 밤이 낮보다 훨씬 더 화려하다. 더 정숙하다. 더 고요하다.

3

먼저, 그곳 도서관이라는 데를 한 번 가 보자스라.

프랑스 철학자 **프레데릭 그로**(Frédéric Gros, 1965~)가 『걷기, 그 철학』(Marcher, une philosophie. Paris: Carnets Nord, 2008)에서 묘사한 바를 약간 과장되게 풀자면 이러하다.

도서관에선 책들의 곰팡내 증식 향연이 한창들이다. 가격표에 0자만 겁怯없이 많이 단 도서들이 약한 채광에 환기도 거의 되지 않는 책장들 틈바구니에서 가까스로 숨 쉬며 살아있는 듯 죽어 있는 미라(포: mirra, 영: mummy) 진열장을 전시한다. 나프탈렌보다 더 강력한 곰팡이의 발화發花와 그 냄새로 책 종이들은 서서히 변질해 가는데, 활자들의 인쇄 잉크가 풍기는 화학적 독기는 그 흘겨보는 눈매가 어느 생화학실험실의 것보다도 억세고 사나워 어느 곳이든 침탈해 들 채비를 바야흐로 마친 듯하다.

끝이 보이지 않을 정도로 까마득히 쌓인 책들의 위엄으로 말할 것 같으면, 겹겹 포개지거나 나란히 뭉치어 있는 책장마저 높아서 빛도 통과하지 않는다. 대개 박물관의 '빛이 바랜' 것들은 '빛을 발하기'도 하련만, 바랜 무채색 일색의 이 박물관 서적들은 음산한 회색투성이의 실내와 같은 톤(tone)을 견지하기로 결사決死 동맹을 맺은 모양이다. 그 도서들은 끝도 없는 반론의 반론의 반론들이 시대별로 과적이 된 채, 쪽 하단마다 아니면 글의 맨 뒤에, 작은 글씨들로 장정長征의 행진을 벌이는 난외欄外의 각주脚註나 후주後註들로 빼곡하게 과밀하여 있는 것이다.7)

그곳은 가령 장터처럼 생생한 삶의 현장이 주는 생동감이나 생명력이라곤 하나도 없는 정물靜物들 투성이다. 프랑스어로 정물화(靜物畵, still-life [picture])를 **내튀르 모르프**(Nature morte)라고 한다. 프랑스어 **모르프**(morte)는 '죽음'을 뜻하므로, 그 말은 문자적으로 '죽은 자연'을 뜻한다. 이는 자연환경과는 동떨어진 위치에서 죽은 채 움직이지 않는 대상을 화가의 미적 안목에 따라 화폭에 담아낸 것이다. 도서관은 그러한 '박제된 인공 천재들'의 전시장이자, 먼지와 세월의 휴게 칸이다. 책들의 존재 자체가 그 구상하는 세계의 지향점을 잘 보여주는 그곳은 무겁다 못해 답답하며, 답답하다 못해 갑갑하며, 갑갑하다 못해 숨이 턱턱 막힌다. 거기서는 정숙해도 너무 정숙해야 한다. 자발적인 경건함이 아니라 강요된 엄중함이다.

4

이제, 서가 책들의 그 모양새 좀 보자스라.

---

7) 프레데릭 그로(Frédéric Gros), 『걷기, 두 발로 사유하는 철학』(이재형 옮김, 책세상: 2014), 34쪽. • 원제: 『걷기, 그 철학』(*Marcher, une philosophie*. Paris: Carnets Nord, 2008). • 영역판: *A Philosophy of Walking*, Translated by John Howe, (London & New York: Verso, 2014).

그들은 원래가 숙명적으로 와상臥床 체질이었다. 책은 오랫동안 죽간竹簡이나 파피루스(Papyrus) 등 원통형 두루마리 형태로서 수평으로 누워 지냈으며, 어떤 때는 긴 세월 사슬에 묶여 지내기도 했다. 나중에야 책등이 책장 바깥을 향하게 세워서 수직으로 꽂는 책꽂이 방식이 도입되자, 책은 일정한 크기로 장정裝幀이 되고 제 등짝에 제 이름과 저자의 이름을 적어 넣도록 운명이 정해졌다. 책꽂이는 책의 보관 필요에 따른 방식이긴 하지만, 동시에 책의 형식, 및 사람이 책을 바라보는 방식을 변화시켰다.

이제 책들은 좌우 틈이 헐렁하거나 비어서 옆에 기댈 게 아무 것도 없으면 기우뚱 한쪽으로 쓰러져야만 하는 본성을 갖추게 되었다. 책은 하도 기우뚱거려서 제힘으로 반듯이 서 있질 못하고 외수外數 없이 본색을 드러내어 쓰러질 수밖에 없는 것이다. 각각 다른 내용에 서로 다른 모양의 책들이지만 저 혼자서는 서 있을 수 없다는 것을 잘 아는 책들은 인간의 환심을 사기 위한 치열한 경쟁 관계 속에서도, 서 있기 위해서만큼은 상호 길드를 형성하여 서로 기대고자 한다. 실은 그것도 자기네들의 의지로는 되지 않는다. 인간의 손에 의해 우글우글 빼곡하게 바글바글 빽빽이 쟁여서 세워놓아야만 비로소 가까스로 서 있을 수 있는 순전히 피동체들인 것이다.

책들은 자신의 비직립성이 텅 빈 공간을 메우기 위한 충일充溢 지향의 세계관이라고 제법 먹물 냄새 풍기며 우겨대지만 어디 공간이 옆에만 있던가. 선반 위는 공간이 없던가. 그들은 옆 책에 기대어 직립 흉내를 내는 불구자들이다. 누워있기 민망한 듯 주 소비자인 인간을 흉내 내어 직립성을 포장하고 내세우나, 그저 얄팍한 노림수에 불과하다.

책 칸 어딘가엔 빈 구석이 꼭 있다. 자연은 무질서 상태로 나아가는 경향이 있는데, 그 무질서도(無秩序度, '무질서'의 척도)를 엔트로피(영: entropy, 독: entropie)8)라고 한다. 서가의 책들은 엔트로피의 충실한 신도들이다. 한 번 질서를 상실한 자연에선 원래 상태로 자연스러이 되돌아가지 못한다. 피할 수 없는 종말이 바로 그 섭리이다. 이제 책장 선반은 서서히 휘어진다. 하중이 임계점을 넘어서면 선반이 무너지거나 그 지지대가 부러지기도 한다. 책장이 버틸 수가 없는 것이다! 심지어 책꽂이에 정리하지 않고 차곡차곡 쌓아두었다가는 그 책 무더기가 균형을 잃고 무너져 책에 깔리거나 발등을 찍히기도 하는데, 이를 **책사태**(a book avalanche(landslide); a book pile collapse)라고 한다.

그러므로 책이 아무리 굵은 표지를 쓴들, 아무리 비싼 펄프 지질紙質과 호화판 채색 양장 및 멋진 디자인으로 표지 면을 꾸미고 장식한들, 애당초 그 와상臥像의 운명이 어디로 가겠는가. 그 속물성이야 바로 자본주의적 꿍꿍이의 모략에 불과하다.

게다가 어쩔 수 없이 자본의 이데올로기에 밀려 양장본도 못 되고 그만한 두께도 갖추지 못한 채 종이 표지를 뒤집어쓰고 세상에 나온 일부 책들은 숙명적으로 더욱 궁핍스럽다. 종이 질도 재생지여서 가볍고 두터우나 도대체 맥아리가 없다.

5

그 책들의 내용을 좀 보자스라. 앞서 말한 그따위 처지의 도서관에서 잔머리 굴려 구상된 도서들은 지방질투성이의 '뚱보거위'처럼 비만을 이기지 못하고 과체중으로 뒤뚱거린다.

전술한바 **그로**의 묘사대로, 제 의지완 상관없이 도서관 서가

---

8) 1865년 독일 물리학자 **루돌프 클라우지우스**(Rudolf Julius Emanuel Clausius, 1822~1888)가 '에너지'의 어원인 그리스어 ἐνέργεια(에네르게이아)에서 전치사 ἐν-(엔-)을 남기고, '일 또는 움직임'이라는 의미의 어간 ἔργον(에르곤) 부분을 '전환'이라는 뜻의 τροπή(트로페)로 바꾼 다음, 조합해낸 용어.

에 내리꽂힌 도서들은 이러저러한 다른 책들로부터 조금씩 뜯어 온 내용들을 짜 맞춰 편집하기를 일삼느라 극한 피상성의 경지에 올라 있다. 그 책들은 마구 베끼기의 수준까지는 아니더라도 인용문을 포식하고 주석을 과식하여, 신물 난 독자들을 더 무겁고 더 권태롭게 하고 그 삶을 더 고되게 한다.

책들은 암묵적인 동의 하에 순서나 자체字體를 살짝 바꾸면서 서로의 파편들을 주워다 조립하느라 여념이 없다. [지금 이 글도 기껏 극미極微의 양심을 발휘하여 모 도서의 내용 일부를 그대로 베끼기 민망하니 적당하게 자기식으로 풀어서 재생산하느라 한참 발한發汗한 것임을 삼가 고백하는 바이다.] 다른 수백 권 분량의 책들이 써 먹은 바들을 끝없이 되새김질하기 위하여, 책들끼리 서로 비교하고 점검하여 좀 더 정확성을 기하고 수정, 아니 고작 교정을 본 정도에 그친다. 한 문장은 한 문단으로 풀어 먹거나, 한 단락은 한 행으로 눈뭉치처럼 똘똘 뭉쳐 먹거나, 여러 군데에서 조금씩 뜯어낸 구절들을 빼곡히 주석에 달면서 한 권의 짝퉁을 새 책인 양 짜장 날조하여 찍어낼 뿐이다.9)

문자 그대로 무타농상無惰農桑10)일 성싶으나, 짜깁기의 수준에서 쉬이 벗어나지 못한다. 고대 이스라엘의 예언자 **이사야**가 말한 대로, '여기서도 조금 저기서도 조금'씩 빼어다 재조립한 그 책들을 경전이나 되는 양, 주변의 찬탄에 몸 둘 바를 몰라 송구스러이 고개를 틀어박고 있다. (『성경』 이사야 28:10, 12)

실정이 그러하니, 저자의 명성이 보잘것없고 출판사도 변변치 않으며 소장자의 관심 밖에 난 지 오래되어 신간으로서의 꽃다운 미모마저 잃어버린 노후 도서들의 운명은 이미 정해졌다. 그

---

9) 프레데리 그로(Frédéric Gros), 35쪽.
10) 게으름 피우지 않고 부지런히 농사지으며 누에를 침. — **정철**, 「훈민가訓民歌」 제13수.

비참한 신세를 말하자면, 거대 권력 계급의 도서관은 가련한 종(노복奴僕)들인 사서를 총동원하여 주기적으로 장서를 정리하고, 활용도 낮은 책들은 보존 서고로 유배형을 때린다. 말이 거창하게 보존 서고이지 그다음 차례는 고물상이거나 폐지 공장이 뻔하다. 이사移徙 업체가 가장 싫어하는 이삿짐이 곧 책인 것도 이해할 만하다. [현장 업자들에 따르면, 그 계통의 은어로 책을 '돌덩이'나 '벽돌[짝]'이라 부른다고 한다.]

6

형편이 그러하니, 도서관 붙박이들, 즉 책 좀 읽는다거나 글 좀 쓴다는 양반자(兩班者, '양반'을 낮잡아 이르는 말)들의 신세나 풍신風神 꼬락서니야 더는 볼 것도 없겠지만, 한 번 들여다보자스라.

도서관을 제 소굴로 알고 아침에 문을 열기 전부터 꾸역꾸역 몰려드는 직원이나 이용객들을 보면, 특색이라곤 파리 눈꼽만치도 없이 그저 우글거리는 데만 숙달되어 있다.

좀 점잖다는 소리 듣는 필자가 항투恒套로 하는 말이지만, 도서관의 단골손님들치고 말 없으나 위엄 있는 인물인 양 한때 우람하던 헌헌장부 풍채일랑 저잣거리 뒷골목 전당포에 되찾을 길 요원한 담보로 잡힌 채, 남은 풍신이랍시고 멀쑥한 허우대만 벗긴 삼대인 양 건들거리며 저 북망산北邙山의 대나무밭 죽음竹陰 그늘처럼 움직인다. 도서관 패들은 동물계(動物界, Animalia)・척삭동물문(脊索動物門, Chordata)・포유강(哺乳綱, Mammalia)・영장목(靈長目, Primates)・사람과(科, Hominidae)・사람족(族, Hominini)・사람속(屬, Homo) 분류에서 이탈된 제3의 인종으로 '실내서식동물 문門'에 속한다고나 할까.11)

---

11) 생물분류단계(生物分類段階, Biological taxonomy)는 스웨덴 식물학자인 **카를**

프레데릭 그로의 묘사를 더 빌자면, 도서관에는 거북목 환자들이 열람실 책상 하나씩 차지한 채 처박혀들 앉아있다. 굽은 모가지 잔뜩 구부리고 무릎을 접은 듯 허리 숙인 채 움츠린 그 등신들의 열병식이란 참 가관도 아니다.

큰 머리와 가는 팔다리에 뱃속 창자가 눌리고 배배 꼬여 올챙이 배꾸리의 한 치 다섯 푼 아래 단전丹田이 볼록 불거진 저 호흡 질환자들은 양다리 쫙 벌린 채 통통한 굼벵이처럼 꾸물거리며, 주당 120시간이라도 구석 의자에서 엉덩이를 뗄 줄 모르고 근로勤勞하기로 체념한 듯싶다. 마치 영기靈氣 바닥난 지 오랜 무녀巫女가 옛 추억만 곰실거리는 제단 앞을 좀체 떠나지 못하는 것처럼, 보잘것없는 몰골들로 눈만 까막까막하는 열람객 대부분은 책상 앞을 천애天涯의 낭떠러지에서처럼 아등바등 매달려 있는 쓸쓸한 족속들이다.

책의 고주망태들이 끄적거린 책들마저 어찌나 둔중한지 소화할 엄두도 내지 못한다. 자신의 체험과 체득은 전무全無한 채 남이 쓴 책만을 읽고 토대 삼아 써댄 글들이기에, 다른 책들의 노예를 자처하고 설설 기어들었다 하겠다. 행여 왜곡 인용했는지 확인 절차에 피 말리고 뼈 삭히는 고행을 하느라 실제 나이보다 훨씬 더 노쇠하다. 다른 이들의 사유를 빌려오느라 쓸데없는 지방 살만 가득 낀 그들은 모창・모방・흉내의 대가들이다.12)

'장님 개천 나무라고 소경 넘어지면 막대 타령이라'더니, 그들은 성격마저 별쭝스러워(말이나 행동이 보통 사람과 다르고 이상한 데가

폰 린네(Carl von Linné, 1707~1778)가 체계화한 바를 기초로 하여, 역(域, 이하 라: Dominium; 영: Domain)-계(界, Regnum; Kingdom)-문(門, (동물) Phylum/ (식물) Divisio; Phylum/ Division)-강(綱, Classis; Class)-목(目, Ordo; Order)-과(科, Familia; Family)-[족(族, 라・영: Tribe)]-속(屬, Genus)-종(種, Species)의 순으로 정해져 있다. 본서 126쪽 각주 81) 비교.
12) 프레데릭 그로(Frédéric Gros), 34쪽.

있어) 글이 잘 안 읽힌다거나 글이 잘 안 나온다고 투덜대는 데는 일가견을 갖춘 푸념의 대가들이다.

다들, 껍질이 부르튼 입술 틈에서 삭은 막걸리 냄새의 구취를 지독하게 풍기는 호흡기 질환자인데도, 목과 허리가 녹작지근해지거나 하면 건물 뒤편에 나가 짐짓 쓸쓸한 얼굴을 짓고 애꿎은 담배만 뻑뻑 빨아댄다. 어쩌다 화장실에 드나드는 것도 어찌나 꾸물거리는지 보는 이가 측은지심 충만해지거나 답답해 죽을 지경이다. 바람 쐬러 바깥에 나가본들 싱싱한 영감靈感은커녕 발상은 어렴풋하고 윤곽은 하염없이 가물거릴 뿐이다.

그들은 첨탑 돌벽 안의 자가自家 수감자收監者 또는 자발적自發的 수인囚人들이다. 수번표囚番標만 왼쪽 가슴에 안 달았지 모두가 한 가지 복장인 듯하다. 스스로 구금을 즐기거나 그 정신적 반경이 차츰 커지는 것도 아닌 듯싶다. 차디찬 사방 벽돌벽을 공손히 머리맡에 모시고 제때 짬밥이 안 나와도 군말 없다. 삭막한 시멘트 통로 한쪽으로 철문들이 자로 잰 듯 쭉 나열된 도서관 형무소의 수감자들은 제 엉덩이들은 모조리 의자에 헌납하고 책을 못 보아서 맺힌 한이 몇 겹에 걸쳐 쌓인 성싶다. 그렇다고 하여 책들을 얼마나 해독하는지 알 길이 없다. 그저 열심히 책 읽는 체하는 양 보인다.

그네들은 싱그러운 봄바람 살랑대는 화사한 봄철 꽃구경은 좀벌레들이 달리기 시합을 연신 벌이는 책 속에서만 한다. 이글거리는 여름철의 싱싱한 초록 숲과 터질 듯한 푸른 파도 물살은 이어폰 속 최면 주문呪文으로만 즐긴다. 가슴 후련한 가을날의 드높은 하늘과 만산홍엽의 황홀감은 머릿속으로만 한다. 살에는 듯한 겨울날 삭풍 속 사방이 훤한 겨울 들판에 나서서 콧물 생글 맺히며 마시는 커피 한 잔의 맛은 감은 눈에서만 되새긴다.

그런데도 그네들은 만사에 있어서 실제 경험한 이보다 더 잘 아는 척 말수는 좋아, 천박한 청자聽者들을 그럴듯하게 현혹하며 풀어 먹고 산다. 오직 허구를 늘어놓을 때만 그렇다. 그렇지 않고 진실을 말하려면 금방 어눌해지고 버벅거린다. 진실은 체험의 자식이자 한배 씨족임을, 그 현묘한 이법理法의 섭리를 그들은 도저히 근접할 길이 없는 것이다.

그들은 본래부터 꼿꼿이 선다는 개념은 없다.

벽시계의 시침 분침 초침들이 열나게 돌고 돌아 드디어 해가 기울고 석양빛 비끼는 듯하면, 급기야 퇴청을 강요하는 도서관 직원 꼴이 쳐다보기도 싫은지 슬그머니 풀어 놓았던 가방 짐들을 꽁꽁 싸 들고 매고 이고 지고 검색대 문 사이로 훌쩍 나서기는 한다. 그래도 그냥 집으로 갈 수만은 없다.

뭔가 아쉬운 미련이 남았는지 시름없는 듯 주차장 연석緣石 턱에 걸터앉아 썩은 물 한 모금 들이킨 늙은 닭처럼 무심한 낮달만 쳐다보다가 가래침 탁탁 뱉고는 허름한 짐가방 짊어진 채 도서관 후문 밖으로 능구렁이 담 넘듯 사라진다. 어떤 여자애들은 왕년에 놀던 이웃집 언니들 한 가락을 보고 꽤 부러워한 적이 새삼 생각난 듯, 짧은 치마 아래 뭉툭한 두 장딴지를 얌전치 못하게 포개고 앉아서 부앗김에 애꿎은 껌만 쫙쫙 씹어댄다.

7

고자리 떼처럼 사람들 바글대는 도서관에서 근무하는 젊은 직원들은 그 표정부터가 이미 벌써 애늙은이의 안색 경지에 진입하여 버렸다. 정신적 청소년기가 없는 것이다.

양계장 우리13)에 갇힌 산란계産卵鷄들은 병아리 때 강제로 부

---

13) '배터리 케이지'(Battery cage)라 하여, 크기는 0.05㎡ 안짝으로, A4 용지를 반으로 접은 것보다 조금 큰 정도로서, 아주 비좁기 그지없는 동물 학대의

리 자르기(Beak trimming)를 하여 서로 쪼아대지 못하게 한다. 또한 24시간 전등을 환히 켜놓으니 잘린 부리로 끊임없이 먹어댄다. 어두우면 닭은 사료를 먹지 않는 탓이다. 그것도 속성 사료여서, 일찍 조숙해진 병아리들은 무정란을 낳기 시작하면서도 어미 암탉처럼 '꼬꼬' 하는 게 아니라 여전히 삐약거린다. 아기가 알을 낳는 셈이다. 닭들이 '꼬꼬'할 무렵이면, 이미 폐계 수준이어서 지상의 생을 마감할 때가 코앞이다. 그동안 털갈이도 알 낳는 데 방해된다고 하여 강제로 닭의 생 털을 다 뽑아낸다. 이런 열악한 환경에선 어린 닭들이 이유도 모르고 죽는 '빨닥병'(Sudden Death Syndrome)에 걸리는데, 그럴 성싶으면 죽기 전에 얼른 도축하여 상인들에게 후닥닥 팔아넘긴다.

  사서들은 출근하여 직장에 발을 들여놓는 순간부터 푸줏간에 들어선 소의 표정이다. 다들 무채색 의상에 파리한 낯빛의 무표정으로 그림자처럼 움직인다. 걸음걸이도 활기나 생동감이라곤 한 톨 없이 늘 흐느적거린다. 반복적인 쳇바퀴의 삶에 지쳐 체념을 신조로 삼은 표정이 역력하다.

  출근 때부터 유일하고도 가련한 소망은 퇴근뿐이다. 그 시간만 기다린다. 그 외에 미래는 없다. 그들은 도서관 자동문을 좀비처럼 나서는 바로 그 순간부터 형형한 눈빛을 띠며 비로소 크게 숨을 몰아쉬는 것이다.

8

  인간의 곧선걸음[직립보행直立步行]에 유의한 프랑스의 철학자·극작가·비평가인 **가브리엘 오노레 마르셀**(Gabriel Honoré Marcel, 1889~1973)은 **호모 비아토르**(Homo Viator)라는 말을 창안해

처절한 현장이라 하겠다.

내었다. 이는 '전령傳令'또는 '사자使者'를 뜻하는 라틴어 **비아토르**(Viator)에서 착안한 말인바, 문자적으로 '길 위의 사람' 즉 '[길 위를] 떠도는 인간'을 의미하며, 대체로 '여행하는 인간' 즉 '나그네'를 가리킨다.

호모 비아토르는 실내의 책상 앞에 처박혀 앉아서가 아니라, 야외를 걸으면서 구상한다. 얽매인 데 없이 활달하고 자유로운 그의 사고는 다른 책들의 노예이기를 거부한 것이기에 생기발랄한 청춘으로 그 신바람을 한시도 잃지 않으며, 다른 이들의 사유를 적당히 표절하느라 용쓰지 않는다.

정신력이란 경쾌하면 경쾌할수록 천상 높은 경지에 오르내리며 저 어느 무저갱보다 더 심오한 깊이를 누비는 법.

그저 생각하고 판단하고 결정을 내리기만 하면 되는 그의 사유에서는 비단결 같은 몸놀림과 바람결 같은 창의적인 춤사위의 선이 눈부시게 느껴진다. 유연한 육체의 에너지와 도약을 역동적으로 담아내는 건강미로 충만하다. 사고의 대상 그 자체에만 충성을 다하면서, 지식으로 이루어진 그의 깊은 늪은 현기증이 날 만큼 수직 물기둥으로 치솟을 수 있는 것이다.14)

9

그나마 성격이 톱톱한 나는 모처럼 교양있어 보이게끔 전주 서학동捿鶴洞의 국립무형유산원 라키비움 3층 책마루를 한 번씩 들러본다. 비교적 신출新出내기인 이 도서관은 어디보다도 방문객들이 적은 편이어서 한갓지고 여유롭다.

물론 도서관 특유의 갑갑한 분위기는 마찬가진데, 도서관치곤 책이 태부족인데도 서가들은 위풍당당만큼은 누구에도 뒤지지

---

14) 프레데리 그로(Frédéric Gros), 35쪽.

않겠다는 듯 진한 곰팡내 풀풀 풍기며 쭉 버티고 서 있다.

사서는 묵은 책 내음이 가시라고 가습기에 방향제를 듬뿍 넣어 천장 높이 수증기를 칙칙폭폭 뿜어댄다. 모처럼 날 따라온 아내는 독한 냄새로 골치가 지끈거린다고 호소하는 통에, 나는 사서 몰래 코드를 잡아 빼어놓곤 했는데, 사서는 어떻게든 알아차리곤 나 몰래 코드를 다시 꾹 꽂곤 하였다.

가습기는 참 성실도 하다. 누가 뭐라든 코드만 꽂고 버튼만 눌러주면 어떤 상황이든 아랑곳하지 않고 영원히 수증기를 칙칙폭폭 뿜어댈 기세다. 소장 도서의 습기 관리에 지장이 있는가는 상관할 바 아니다. 그러지 않다면 가습기는 자신이 금방 퇴출당할 것임을 잘 인지하고 있다는 증좌가 아니랴.

도서들은 '[국립] 무형유산원 [정보] 자료실'이라는 스탬프 자국만 삐뚤빼뚤 선명할 뿐 헌책들이 대중이다. 사방이 다 유리창이어서 채광 하나는 잘 되어 있다.

문제는 환기다. 공기 순환이 거의 없어 무성한 곰팡이의 왕국으로, 변질이 한창 진행 중인 책 낱장들은 여전히 활자의 석유 냄새 탓인지, 공기에 독한 기운이 서려 있어 잔기침이 잘 낫지 않는다. 착하고 성실한 청소부들이 제 업무에 성심성의를 다하려는 그 근무 의지와 사명감으로 겨울엔 난방을 여름에는 냉방을 이유 삼아 창문은 꼭꼭 닫아건 채 초강력 진공청소기를 열나게 돌려대는 통에, 청소기가 꽁무니에서 마치 폭죽처럼 내뱉는 미세 먼지들이 그 밀도를 최대한으로 높여, 우리네 콧속에 두꺼운 딱지가 금방이라도 덕지덕지 낄 처지이다.

또 한편으로는, 그들이 책상이고 창턱이고 화장실이고 의자고 간에 거의 모든 기구들을 하나의 같은 걸레로만 닦는 일이 없기를 극진하고 간곡하게 바랄 뿐이다.

서두고書蠹攷

1

조선시대에, 유생儒生들은 왕이나 어떤 신료의 언행이 원칙에 어긋나는가 싶으면 일제히 상소를 올리는 등 시위를 벌이곤 하였다. 일제강점기 때는 청소년 학생들이 저항적 독립운동에 공공연히 참여하였으며, 해방 이후로도 젊은 학도들이 1960년 4·19 경자혁명庚子革命과 1980년 5·18 광주 경신항쟁庚申抗爭에 이르기까지 사회운동의 주도 세력으로 성장해 왔다. 특히, 군사 역적 치하의 1980년대에, 대학생들이 노동 현장으로 집단 투신한 일은 전 세계적으로도 공전절후의 일이었다.

당시 노동운동계는 노동자 출신을 '노출勞出', 학생운동 출신을 '학출學出'이라 불렀다. 또한 '먹물'이나 '쁘띠 [부르주아]'라는 말로 나약한 지식인의 관념적 성향을 지적함과 동시에, 민중 노동자의 단순·무식함을 강인성의 요인으로 꼽았다. '계급 문제의 해결만이 사회문제를 해결할 수 있다'는 인식으로, '불순 위장취업자'가 되어 신분을 숨기고 취업한 학출들은 몸에 밴 '먹물'을 빼느라 이도 저도 되지 못한 어정쩡한 존재로 시절을 버텼는데, 그들을 '진짜 노동자'와 분리하여 색출하려는 자본가와 군사독재 정권의 끝없는 음모와 이간질 또한 피할 수 없었다. 차츰 '무학자無學者' 노조 운동가들의 의식이 높아진 반면, 대학 내 학생운동은 쇠퇴해 갔다. 소련 사회주의의 붕괴 이후로, 1980년대 노동운동에 대한 평가도 사람의 가치관에 따라 달라진 것이다.

이러한 시대적 배경에서, **학삐리**란 말이 생겨났다. 그 어휘는

'글을 배운 사람'이라는 '학필學筆'에 ['사람'의 뜻을 더하는] 접미사 '이'가 붙은 '학필이'란 말이 일상 구어체의 센 어감을 빌어 다소 경멸적 속어로 굳어진 말이다. **먹물**은 [특히 말만 많고 행동이 수반되지 않는 자로서] 공부깨나 한 사람을 얕잡아 이르는 수사어修辭語이다. 또한 '학력'을 환유한 **가방끈**은 그 '길고 짧음'의 시각적 형상화로 일상적 조롱어가 되어 널리 쓰인다.

2

문자적으로 '책벌레'(Bookworm)는 오래된 책의 종이를 조금씩 갉아 먹고 사는 벌레류를 총칭하는데, 대체로 좀벌레·[인삼벌레 등의] 유충·진드기 종류·[다듬이벌레과의] 먼지다듬이나 책다듬이 등을 가리킨다. 한자로는 '좀 두蠹'자를 써서 '서두書蠹'라고 부른다. 중고 서점 등 헌책방에서 사온 책에 묻어 옮기는 경우가 허다하다. 퇴치제로 나프탈렌이나 햇볕 등이 가장 좋은데, 후자일 때는 책의 변색을 감수해야 한다. 책벌레들은 눈에 띄는 족족 털어내거나 손톱으로 이[슬蝨]를 잡듯이 눌러 죽이면 되며, 또한 추위에 매우 약하므로 겨울철까지 기다리거나 책을 냉동실에 넣어 두면 효과가 있으나, 그 대신 책에 성에가 끼지 않도록 주의할 필요가 있겠다.

확대 적용되어, '책벌레'는 책밖에 모르는, 또는 많은 책을 읽기만 하고 활용할 줄 모르는 사람을 비꼬는 말이 되었다. 그들 대다수는 인쇄된 활자가 눈에 보여야만 마음이 놓이는 활자 중독자들이다. 그리하여 '책벌레'(Bookish person)란 단순한 긍정적 의미로 서적수집을 도락道樂 삼아 즐기는 애서가(愛書家, 장서가藏書家, Bibliophile) 수준을 넘어서, 장서벽藏書癖에 홀린 서적광(書籍狂, bibliomania)의 경지에 등극한 자들을 말한다. 대개 애서가들은

'점잖고'(gentle) 교양을 갖춘 선비들이다. 그런데, 그 서적광들의 집안을 들여다볼라치면, 수천수만 권의 책들이 난동 부린 듯 온 집구석에 흩어진 형세가 벌어져 있기 일쑤인데, 도대체 '젠틀'은 어디 가고 '광기'(Madness)만 남았는지 의아스러울 정도이다.

그러한 동서고금의 유별난 책벌레들과 그 일화를 두루 엮어놓은 책이 있다. 바로 그것은 미국 저술가 **니콜라스 A. 바스베인스**(Nicholas Andrew Basbanes, 1943~)의 『점잖은 탐닉의 광기』(*A Gentle Madness: Bibliophiles, Bibliomanes, and the Eternal Passion for Books*, ISBN 0-8050-3653-9, 584 Pages, Henry Holt, 1995)인데, 일독의 재미가 보통 아니다.15)

▲ *A Gentle Madness*의 초판본 표지(First edition cover).
• 출처: Wikipedia *(https://en.wikipedia.org › wiki › A_Gentle_Madness)*

---

15) 영문 초판본 7,500부가 도서 소장가들의 아우성 속에 출간 단 3일 만에 매진되었다. 한국어로, 표정훈·김연수·박중서의 공역판共譯版 『젠틀 매드니스―책, 그 유혹에 빠진 사람들』(뜨인돌, 2006)이 나와 있다.

그 도서는 책에 미치다 못해 온갖 책들을 쓸어모은 고금의 기괴한 '애서광愛書狂'들의 별의별 이야기를 해학적이고 감칠맛 나게 모아 놓았다. 고대 이집트의 알렉산드리아 도서관에서부터 현 21세기에 이르는 숱한 괴짜·외골수·마니아의 애서가들에 관한 질려버릴 만한 이야기들로 꽉 차 있다.

어쩌면 수집가란 일정부분 미쳐야, 다시 말하면 무서울 정도의 '점잖은 광기'가 있어야 할 수 있는 직업이다. 장서들을 모두 '수집'한 장본인은 다름 아닌 '책 도둑'이었다. 책에 미친 그 수집가들은 '세상에서 가장 고귀한 질병에 걸린 환자들'로서 희귀본을 차지하기 위해 별별 짓이 다 벌인다. 기실, 이 '광기의 바보 수집가들' 덕분에 희귀본 책들은 휘몰아치는 역사의 파동 속에서도 보존되었다. 그들이 홀라당 빠진 수집벽蒐集癖의 대상은 곧 인류의 역사와 문화가 총체적으로 집적된 결과물이었다.

우리 기성 사회가 교육하고 그 준칙으로 내세우는 점잖음이나 멀쩡함이란 별로 생기를 띠지 않고 양전한 창백함으로만 무장되어 있다. 극적인 설렘의 요소가 없는 것이다.

하지만 '불안한 혁신'이란 푹 빠져 미치지 않으면 도달할 길 없는 뜬구름 덩어리이다. 성인이 되어도 평생 '사춘기의 본질인 성性'으로부터 제대로 회복하지 못한 채 단 한 번뿐인 인생을 탕진하고 만다. 성의 본능적 유혹 자체인 그 사춘기로부터 저 스스로를 제대로 끄집어 꺼내려면, 뭔가에 미쳐야 한다. 바로 책은 그러한 광기의 용암 발원지이다.

그 용암으로 침례를 받을 때, 우리는 실제로 광기를 획득한다. 바로 그럴 때, 인간 이전의 성분들이 인간 자체의 성분인 양 착란에 빠지는 상태를 홀연히 벗어날 수 있다. 그래야 만이 비로소 이겨내는 인간으로서의 생존자가 된다. 그럴 때, 훗날 당도하는 멀쩡함 또는 점잖음이란 가히 신선의 영토일 수 있다.

3

 흔히 '글쟁이'들은 '학삐리'(← '학필學筆', 본서 38-39쪽 참조) 근성이 있어서 웬만한 일이 아니고서는 책상 앞을 좀처럼 떠나려 하지 않는다. 조명이 흐린 방 안에서 책 속에 파묻힌다든지 아니면 기껏해야 컴퓨터나 켜고 그 안의 세계에 몰입하여 자료들이나 뒤지기 일쑤이다.

 이러한 **방안통수**들은 거개가 제 집구석이나 책 냄새 텁텁한 도서관에 자신을 은닉시키는 '집돌이·집순이' 족속이다. 대나무로 유명한 전라도 담양潭陽은 대나무 악기인 통소洞簫를 만들어 그곳 향토어로 '통수'라고 부른다. 여기서 유래된 '방안통수'란 숫기 없이 제 방구석에서나 통소를 신나게 불어대는 몰골로서 '집안에서만 큰소리 빵빵 치는 사람'을 일컫게 되었다. 더 나아가 바깥출입을 거의 하지 않아서 시야가 좁고 편협한 사람을 가리키기도 한다. 이들을 이르는 또 다른 유사어들로, '방구석 여포呂布'16)나 '구들목 장군' 또는 '안방 챔피언' 따위가 난무한다.

---

16) 사회[생활]에는 극도로 소심하면서도, 인터넷 속이나 자신에게 익숙한 집안 등 어느 특정 영역 내에서만 위풍당당한 사람. 중국 역사를 보면 통일왕조 후한이 멸망하면서, 군벌들 세력 다툼 끝에 조위曹魏·촉한蜀漢·손오孫吳의 세 나라가 천하 쟁패를 벌이는 삼국시대가 이어지며, 결국 위나라를 계승한 서진西晉이 천하를 통일한다. 바로 그 후한(後漢, 동한東漢)과 서진 사이의 삼국시대(三國時代, 220~280) 때 최강의 무장武將 중 하나이자 패륜아로서 [원말명초元末明初 뤄관중(나관중羅貫中, 1330?~1400)의 소설 『삼국지연의三國志演義』에서] 위세가 대단했던 뤼부(여포呂布, ?~199)에 빗대어 지칭한 신조어. [삼국시대 오吳나라의 신원미상 인물이 쓴 **차오차오**(조조曹操, 155~220)에 관한 전기傳記인]『조만전曹瞞傳』및 [동진東晉 말기의 정치가이자 남북조시대 유송劉宋의 역사학자] 페이쏭지(배송지裵松之, 372~451)가 주석을 단 [서진 역사가 첸쑈우(진수陳壽, 233~297)의 사찬私撰 역사서]『정사正史 삼국지三國志』7권「위서魏書」'제7 여포呂布' 등의 사료史料를 보면, '사람 가운데엔 여포가 있고, 말 가운데엔 적토가 있다.'(人中有呂布, 馬中有赤兔。)는 말이 나돌 정도였다.

이보다 증세가 더 심각한 현상으로, **히키코모리**(引ひき籠こもり, Hikikomori, 은둔형隱遁型 외톨이)는 사회적 위축(社會的 萎縮, social withdrawal)의 전형으로 사회생활을 극도로 피하고 집이나 방 등 특정 공간에서 나가지 않거나 못하는 사람을 일컫는다.17)

또한 **니트족**族(Not in Education, Employment or Training, NEET)은 나라에서 정한 의무교육을 마친 뒤에도 진학이나 취직을 하지 않고 직업훈련도 받지 않는 사람들을 말한다. '맨손'이라는 뜻의 **백수[건달]**白手[乾達]은 뾰족한 직업이 없는 실업자失業者들이다. 이들이 곧 일제 때 1930년대 경성에 대거 양산되어 출몰하던 **룸펜**(lumpen)들이다. 원래 '누더기·넝마'를 의미하는 그 독일어는 **룸펜-프롤레타리아**(lumpen-proletariat)의 약자略字로, 제정 러시아 시대의 서구파 자유주의자를 이른다. 이후 그 말은 지적 노동에 종사하며 그 본질적 속성이 반항과 불안 및 무기력 따위라고 할 지식계급층을 가리켰는데, 특히 계급의식이 빈약하여 혁명 세력이 되지 못하고 떠돌이 생활에 젖은 부랑자들을 일컫게 되었다. 그 룸펜 지식인의 전형적인 인물이 곧 **이상**(李箱, 1910~1937)이다. 룸펜의 슬픈 자화상은 **채만식**(蔡萬植, 1902~1950)의 단편소설 「레디메이드 인생」(1934)에도 잘 나타난다.18)

한편, **비자발적 독신**(非自發的 獨身, involuntary celibacy; incelhood; incel[dom]) 또는 **연애격차**戀愛隔差는 경제용어인 '비자발적 실업' (involuntary unemployment)과 유사하게 자본주의 경제체제 하에서, 연애나 결혼할 의사는 있으나 이성 또는 동성 상대의 유효수요有效需要가 부족하여, 제 의지와 달리 연애나 혼인 관계에 있

---

17) 히키코모리는 외부와 교류가 일절 없이 철저히 자신을 고립시키는 데 비하여, **오타쿠**(일: オタク; おたく)는 특정 대상에 대해 집착적 관심을 가진 자들로서, 자신과 같은 취향이나 취미를 가진 사람들과 온라인상에서든지 가끔 만나든지 간에 서로 어울리거나 일종의 친목을 형성한다는 점이 다르다.
18) 졸저『시대의 극복 시대의 회복』, 222쪽 참조.

지 않은 상태 등을 가리킨다.

이들의 가열된 행진이 이르는 종착지에는 '폐인廢人' 즉 아무것도 못 할 정도로 망가지는 처절한 상태가 기다린다.

4

'선비의 나라' 조선에 유별난 책벌레들이 많았다. 그 까닭은 당시의 학습법이 책 하나를 통째로 다 외운 다음에야 다음 책으로 넘어가곤 하는 방식이었기 때문이다.

조선 전기의 문신 괴애乖崖 김수온(金守溫, 1410~1481)은 가만히 앉아서 독서 하는 게 아니라, 책을 한 쪽씩 찢어서 소매에 넣고 다니며 읽다가 내용을 다 파악하면 그 종이쪽을 내버리곤 하였다. 문제는 남의 책을 빌려서 읽으면서도 그런 짓을 했다는 것이다. 어느 날, 괴애가 후배인 범옹泛翁 신숙주(申叔舟, 1417~1475)에게 고서 한 권을 빌려달라고 청하자, 그의 못된 버릇을 잘 알았던 범옹은 거절하다가 끝내 못 이기고 빌려주는 대신, 열흘 안에 책을 다 필사한 뒤 되돌려주기로 조건을 달았다. 괴애가 열흘이 지나도 무소식이자, 다급해진 범옹은 그의 집으로 책을 찾으러 갔다. 그런데 아 글쎄, 괴애의 방에는 빌려준 책 낱장들이 사방 벽과 천장에 덕지덕지 붙어 있었다. 왈, '앉아서 읽느니보다 이렇게 읽는 것이 편하구먼'하더라는 것이었다.

임진왜란 때 제1차 진주성 전투를 승리로 이끌면서 장렬하게 전사한 진주晉州 목사牧使 김시민(金時敏, 1554~1593)의 친손자 백곡栢谷 김득신(金得臣, 1604~1684)은 손꼽히는 노력형 다독가多讀家이다. 어릴 때 천연두를 앓아서인지 그는 다소 아둔하여 학습 진도가 늦었고 10세가 되어서야 글을 깨우치기 시작했다. 불과 몇 시간 전에 공부한 것조차 잊어버릴 정도로 기억력이 약하여 공부가 힘들었지만, 누구도 그의 독서벽을 막지 못했다. 오죽했으면, 그의 나이 만 21세 때 아버지 김치(金緻, 1577~1625)가 임종하면서 공부 좀 작작하라고 유언을 남길 정도였다.

하지만 그는 아랑곳하지 않고 식사 때나 걸을 때나 책을 놓지 않았다. 일례로, 그는 쓰마첸(사마천司馬遷, c. 145~c. 86 B.C.E.)의 『사기열전史記列傳』 「백이열전伯夷列傳」은 1억 1만 3천 번 읽었다는데, 당시 단위로 억億은 10만이었다고 하니 정확히 11만 3천여 번 읽은 셈이다. 그의 『백곡집栢谷集』 「독수기讀數記」에 따르면, 1만 번 이상 읽은 책의 수가 무려 36편이나 된다. 그래서인지 그의 서재를 '억만재億萬齋'라고 불렀다.

이렇게 엄청난 노력을 기울인 끝에, 1642년 38세가 되어서야 사마시司馬試에 합격해 진사가 되고 환갑이 다 된 59세 때에야 성균관에 합격했다. 한번은 뛰어난 명시를 한 수 우연히 읽게 된 백곡은 그 시를 암송하려고 되풀이하며 읽었는데, 친구가 이를 보고 그 시의 지은이가 바로 '백곡 자네'라고 일러주어서야 비로소 자신이 지은 시임을 알게 되었다고 한다. 자신이 쓴 글조차 잊어버린 것이다. 그는 어찌나 지독한 반복 학습의 도사였는지, 옆에서 질리게 듣던 하인도 다 외울 정도였다고 한다.

조선 인구의 10%가 사망했던 악몽의 경신·신해대기근(庚戌辛亥大飢饉, 1670~1671, 조선 제18대 왕 현종 11~12년) 때도 당시 70대였던 그는 살아남아 여든까지 살았다. 그는 아내와 딸을 먼저 보냈는데, 장례를 치르면서도 곡소리를 내는 대신 책에 푹 빠져 읽고 있었다고 하니 참으로 혀를 내두를 만한 책벌레라 하겠다.

말년을 충청도 괴산槐山 땅에서 지내던 그는 1684년 재물을 약탈하던 명화적(明火賊, 횃불을 들고 무리 지어 약탈을 자행한 떼강도)에게 피살되었다. 그의 묘갈명(墓碣銘, 묘갈(무덤 앞에 세우는 돌비석으로 위가 둥그스름함)에 새기는 글)에는 이런 글이 적혀 있다.

재주가 남만 못하다고[不猶人] 스스로 한계를 짓지[畫] 말라. 나보다 어리석고 둔한[魯] 이도 없겠지만, 종국에는 이뤄낸 이름이 있게 되었다. 모든 것은 힘쓰는 데[勉強] 달려 있을 따름이다.

무이재불유인자획야(無以才不猶人自畫也). 막로어아(莫魯於我). 종역유성(終亦有成). 재면강이이(在勉強而已).
　　　　　　　　— 『백곡집』「부록」'묘갈명.'

그 이후 자신만의 시 세계를 창조해 내는 시인으로 명망을 얻었고 그의 문집 『백곡집栢谷集』에 많은 시문들이 전한다.

가장 유명한 책벌레는 조선 후기의 북학파 실학자로서 한민족의 '간서치看書痴'인 청장관靑莊館 이덕무(李德懋, 본서 24쪽 참조)이다. 서출로 태어나 가난한 집안에 몸마저 약하여 병치레가 잦았던 그는 조선 제22대 왕 정조(正祖, 1752~1800, 재위: 1776~1800) 때 초대 '규장각 외각 검서관檢書官'을 지냈다.

어느 엄동설한에 그는 높은 열로 눈이 출혈된 지경 속에서도, 책을 병풍처럼 쌓아 문풍지를 파고드는 칼바람을 막으면서, 동상 걸린 손가락으로 책을 놓지 않고 책장을 넘기며 책 읽기를 멈추지 않았다. 하도 가난해서 겨울이면, 책을 이불처럼 덮고 잠들기도 했다. '글을 배운 뒤 스물한 살까지 단 하루도 책을 놓은 적이 없다'고 말하며, 24살 때까지는 '세상의 모든 책을 다 읽겠다'는 야망을 품었다. 그는 제 서재도 '구서재九書齋'라고 칭했는데,19) 책에 관련된 것이라면 싹 다 하겠다는 뜻이었다.

---

19) 구서九書: ① 책을 읽는 독서, ② 책을 보는 간서看書, ③ 책을 간직하는 장서藏書, ④ 책의 내용을 뽑아 옮겨 쓰는 초서抄書, ⑤ 책을 바로잡는 교서校書, ⑥ 책을 비평하는 평서評書, ⑦ 책을 쓰는 저서著書, ⑧ 책을 빌리는 차서借書, ⑨ 책을 햇볕에 쬐고 바람 쏘이는 폭서曝書 등.

아르헨티나 출신의 캐나다 작가 **알베르토 망구엘**(Alberto Manguel, 1948~)은 『은유로서의 독자: 여행자 유형, 상아탑 유형 및 벌레 유형』(*The Traveler, the Tower, and the Worm: The Reader as Metaphor*, University of Pennsylvania Press, 2013)이라는 저술에서, 활자에 몰입하는 책 애호가들, 아니 책 중독자들의 유형을 3가지로 분류하여 소개한다.

① '여행자'(travelers) 유형의 독자는 세계 인식(Recognition of the World)을 위한 독서를 한다. (7쪽) 그들은 깨달음을 얻고자 앞으로 나아가는 순례자처럼 책 속으로 전진해가면서 세상을 인식한다. 대표적 인물이 『신곡神曲』(이: *La Divina Commedia*, 영: *The Divine Comedy*)의 작가 **단테**(Durante degli Alighieri, 1265~1321)이다. 그는 지옥(地獄, Inferno) → 연옥(煉獄, Purgatorio) → 천국(天國, Paradiso)을 거쳐 마침내 제10천天인 지고천(至高天, Empireo)에 이른다. 텍스트의 세상을 여행하며 과거(읽은 부분)와 미래(읽을 부분)를 넘나드는 그 여정은 과거 행적을 돌아보고 미래 행로를 예견하는 인생길과 같다. 이처럼 '독서의 경험'과 '삶의 여정에서 겪는 경험'은 거울처럼 서로를 비춘다.

② '상아탑 속의 은둔자'(recluses in the Ivory Tower) 유형의 독자는 '세상으로부터의 자아 소외'(Alienation from the World)를 위해 독서를 한다. (51쪽) 이의 대표적 인물은 '**햄릿**'(Hamlet)이다. 그는 책을 통해서만 지식을 습득한, 그리하여 종잡기 어렵고 우유부단한 책상물림으로, 질질 끌고 경솔하며 충동적이고, 철학적인 또는 명상적인 성격에 속한다. '비활동적이고 사회문제에 무관심한' 그와 같은 독자들로 인해서, 지식인은 민중으로부터 불신받는 현상을 초래한다.

③ '세계의 고안자로서의 책벌레'(The Bookworm as Inventor of the World) 유형(89쪽)은 '[굴속에] 숨은 책벌레'(burrowing worms)

로, 책에 담긴 지혜를 얻기보다는, 마치 좀벌레처럼 닥치는 대로 책을 게걸스럽게 먹어 치우고 삼켜서 무수한 단어들로 제 속을 잔뜩 채워 넣는다. 이의 유형으로, 프랑스 소설가 **귀스타브 플로베르**(Gustave Flaubert, 1821~1880)의 작중인물 **보바리** 부인(Madame Bovary), 스페인 소설가 **미겔 데 세르반테스**(Miguel de Cervantes Saavedra, 1547~1616)의 작중인물 **돈키호테**(Don Quixote), 러시아 소설가 **레프 톨스토이**(Leo Tolstoy, 1828~1910)의 작중인물 **안나 카레니나**(Anna Karenina) 등이 있다. 생쥐나 시궁쥐처럼 이들에게 책은 영혼을 풍요로이 하는 자양분이 아니라 헛된 욕심을 채우는 사료飼料에 불과하다. 이 유형들이 언제나 부정적이지만은 않는 연유는 인간이란 '단어를 섭취하고, 단어로 이루어져 있으며, 단어가 존재의 수단'인 이른바 '독서 하는 피조물'(reading creatures)인 까닭이다. 또한 인간은 단어들을 통해 현실을 파악하고, 그 단어들에 의하여 자아도 확인되는 존재이므로 어쨌든지 간에 독서 행위는 계속될 수밖에 없다.

5

급변하는 세상 무대의 장면들과 그 가치관으로 인해 우리 뇌리에는 미지의 디스토피아에 대한 두려움이 트라우마처럼 자리 잡았다. 어느 경우엔 뭐가 현실이고 뭐가 가상인지 구분되지 못할 정도로 가상假像이 현실보다 더 현실적으로 보이는 **시뮬라크르**(프: simulacre)의 세상이 되었다.[20] 갈수록 세분화하는 시대의

---

[20] 현대에 들어 심상(이마쥬image))이 현존재를 대신하는 바람에 그 쓸모를 잃어버린 규범 등 모든 것이 해체되면서 실재와 가상·원본과 복사·실물과 허상의 구분이 점차 소멸되어 가는 현상을 포스트모던 증후군으로 간주한다. '가상假像·거짓 그림'을 의미하는 라틴어 **시뮬라크룸**(simulacrum)에서 유래한 프랑스어 **시뮬라크르**는 '시늉·흉내·모의模擬·가상 공간' 등 '가장假裝'의 뜻으로, '모조품·가짜 물건', 또한 '실제로는 없는데도 종종 존재물

추세에 휘말린 채 '전문성'이라는 병적인 당위에 사로잡히면 곧 '전문가'라는 외곬수의 '바보'가 되며, 다른 것에 대해서는 무지하여 편향적으로 된다. 그리하여 아는 것이 그만큼 얕고 보잘것없다는 뜻의 관용구로 '습자지 같은 지식'이라는 말이 쓰인다. 이른바 '습자지 잡학꾼'(superficial erudition)이라 칭하는 이들은 어설픈 필력의 무의미한 횡설수설로 뒤죽박죽되어 앞뒤 안 맞는 잡동사니만 늘어놓는다. '자의식과잉 돌팔이'이기가 쉽다.

제 눈을 혹사하는 게 일상이다 보니 흔히 두꺼운 렌즈의 안경을 낀 '책쟁이'들21)은 서로가 싫다. 번거로운 것이다. 다 나만

보다 더 생생한 실재물로 있는 것처럼 인식되는 [인공] 대체물'이나 '모조심상模造心象'을 지칭한다. 프랑스 사회학자 **장 보드리야르**(Jean Baudrillard, 1929~2007)는 주장하기를, 모사模寫된 심상이 현실을 대체하다가 더 이상 모사할 실재가 없어지면 결국 모사된 심상이 실재보다 더 실제 같은 하이퍼-리앨리티(hyper-reality, 초과-실재)가 생산된다면서, 현대 제3열의 시뮬라크르 이론을 내세웠다. 존재하지 않지만 존재하는 것처럼 실존물보다 더 생생하게 인식되는 시뮬라크르가 작동하는 동사적 과정을 **시뮬라시옹**(simulation, '시뮬라크르 하기')이라고 한다. 원본 없는 심상일 뿐인 시뮬라크르가 현실을 대체할 때, 현실은 그 심상의 지배를 받기에 이르면서, 오히려 시뮬라크르가 실제 현실보다 더 현실적인 것으로 역할을 한다. 실제보다 더 실제적인 시뮬라크르는 기왕의 실체 존재물과 전혀 무관한 독자적인 일개 현실로 기능하는데, 그리하여 우리가 지금까지 '실제'라고 여겼던 것들은 바로 이 비현실의 시뮬라크르로부터 산출된다. 과거엔 '실제 대상'을 흉내 내고 모방하여 그 심상을 복사해냈지만, 지금은 오히려 '실제 대상'이 '꾸며낸 가장된 이미지'를 열심히 따라가야 할 판국이 된 것이다. 이 탓에 현대인은 자기 정체성의 의문에 봉착한다. 졸저, 『산문시 150년』, 567-580쪽 참조.

21) 시력은 독서 경력과 별 상관이 없다고 한다. 눈의 초점이 고정되면, 가성근시(假性近視, pseudomyopia)라 하여, 일반 근시와 다르게 피로할 때 [망막에 상이 잘 맺히도록 수정체 두께가 조절하여 굴절력을 변화시키는] 눈의 조절력이 떨어진 상황에서, 일시적으로 근시 상태의 증상이 생긴다. 물론 눈의 피로가 풀리면 시력이 다시 돌아오지만, 이런 상황이 반복되고 안경의 도움을 받게 되면 진성 근시로 발전한다. 안과에서 시력 검사할 때 눈에 아트로핀(atropine, 부교감신경 차단제 계열의 약제)을 넣는 것은 이 가성 근시 증상을 없애기 위해서이다. 밤에 불을 제대로 밝히거나, 피곤할 때 일단 잠부터 잔다면, 눈의 피로 회복과 시력 유지에 좋다고 한다.

잘난 맛으로 살기 때문이다. 실제로 자아의 주체성에 확실한 사람들은 정신과 생각에 충실한 채로 나돌아다닐 줄을 안다. 진정한 제 자아에게 다가가 들어서기 위하여 떠나는 것이다. 물론 떠돌아다닌다고 하여 다 양심에 충실한 것은 아니지만, 그들은 제 양심에 충실한 이들로서 떠돌아다닐 줄은 안다.

'제자리 집착'형인 따개비 족들은 밀려드는 원양의 파도로부터 몇 가지 뜬소문을 들으려고만 하지, 그 현장에 가볼 생각이라곤 애당초 없는 족속이다. 그저 매 순간 다른 파도들이 흘려준 지식과 정보의 찌꺼기만을 주워 모아 이리저리 뜯어 맞춰 제멋대로 조작한다. 와 닿는 제 귀와 제 살의 감촉만 믿는다. 그네들의 허망한 '공간'은 절대로 싱싱한 신생의 '현장'이 되지 못한다. 그저 공소한 터전에 불과할 뿐이다.

차라리 유목민이 진정한 정착민이다. 여기나 저기나 광활한 세상이 다 내 자리이기 때문이다. 기이한 낯선 데를 향한 호기심이 발길을 살렸고 정신을 넓혔으며 그 이성과 양심을 심화시키는 것이다. '한곳에 머무르기'에만 애걸복걸 집착하는 골수 집돌이·집순이 품종들은 제 자리만 살짝 비켜나면 애환이니 어쩌니 하면서 금방 죽는 줄 알고 엄살을 떨어댄다.

끝으로, 영국의 학자이자 사상가 **프란시스 베이컨**(Francis Bacon, 1st Viscount St. Alban, 1561~1626)의 『수상록』(*Essayes: Religious Meditations. Places of Perswasion and Disswasion. Seene and Allowed*, 1597) 「학업學業에 대하여」(*Of Studies*, 1597 초판, 증보판 (enlarged) 1625)에 나오는 글 한 토막으로 입가심을 하자.

어떤 책들은 그저 맛만 보면 되고 어떤 책들은 통째로 꿀꺽 삼켜야 하고, 몇몇 책들은 꼭꼭 씹어서 소화를 잘 시켜야 한다. 즉, 어떤 책들은 부분적으로 대충대충 읽으면 되고 어떤 책들은 다 읽되 굳이 면밀하게 안 봐도 되며 몇몇 극소수의 책들은 온전히 다 읽되 공력을 들여 주의 깊이 읽어야 한다.

Some books are to be tasted, others to be swallowed, and some few to be chewed and digested: that is, some books are to be read only in parts, others to be read, but not curiously, and some few to be read wholly, and with diligence and attention.

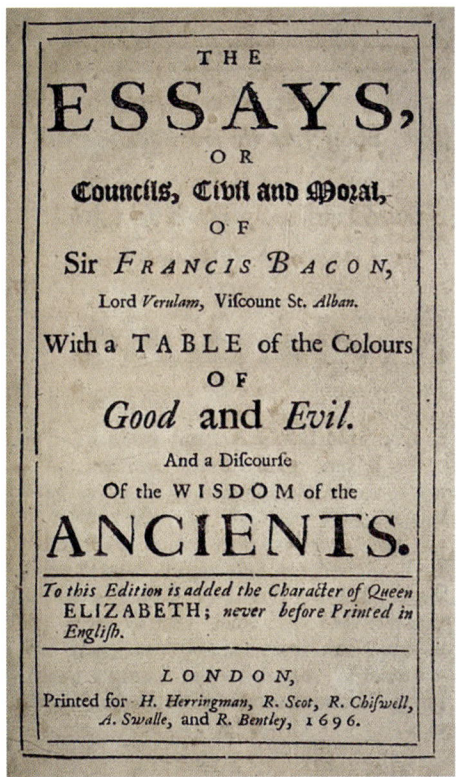

▲ 프란시스 베이컨의 1696년 판 『수상록』 표지.
• 출처: Wikipedia(https://en.wikipedia.org › wiki › Essays_(Francis_Bacon))

도보여행 · 1: 옛 진안사거리를 둘러보다

1

나는 전주시 태평동太平洞에서 태어나, 어렸을 적에 중노송동으로 이사 와서는 온갖 철부지 개구쟁이짓을 서낙히(극성맞게) 다하며 지냈다. 맏아들인 나는 귀공자로 다소 오만스레 자랐으나, 중학교 때 가세가 크게 기우는 바람에, 지인들의 손가락질과 멸시와 홀대를 받으며 셋방살이를 전전해야 하는 처량한 꼴로 영락零落한 채 사춘기를 보내며 크게 겸허해진 곳도 여기서였다.

자연스레 내 청소년 때의 방랑도 이즈음 그 첫발을 떼었다.

진안사거리 동쪽길

전주풍남초등학교와 전주북중·고등학교가 대각선으로 마주 보는 이 사거리에서 동쪽 오르막길을 쭉 따라 올라가면, 왼쪽에 공설운동장(이전 인봉리 방죽이자 현 문화촌 주택가)이 있었고, 오른쪽으로는 전주 상고商高와 시인 **신석정**(辛夕汀, 1907~1974) 님이 거주하던 '비사벌초사比斯伐草舍'의 동네가 보였다.

길 따라 동쪽으로 더 올라가면 '마당재'가 나왔다. 이 재는 산자수명한 기린봉(麒麟峰, 307m)이 인봉리麟峰里로 뻗어 내리는 북쪽 산록을 동서로 넘어가는 야트막한 고개였다. 나는 한때 한자漢字도 잘 모르면서, 그 재의 이름이 [넘어 다니는] 행인들의 걱정을 덜어준다는 착한 의미로 '망우忘憂재'인 줄로 알았다. 그때 내가 어찌하여 그렇게 유식하게 생각했는지는 지금도 아리송하다. 그런데 그 재를 아무리 오르내려도 막연한 슬픔과 쓰라린 우수憂愁 같은 것이 좀체 가시질 않았다. 그리하여 '망우재'는 그럴듯한 상상으로 끝장났고, 그 재는 본래 '마당재'였을 뿐이다.

 백두산에서 한반도의 척추를 이루며 뻗어 내린 백두대간白頭大幹은 [금강錦江·섬진강蟾津江·남강南江 수계의 분수령을 이루는] 장수군長水郡 영취산(靈鷲山, 1,075m)에서 분기점을 이루며, 서북쪽 금남호남정맥錦南湖南正脈으로 가지 친다. 이 정맥은 완주군完州郡과 진안군鎭安郡 사이의 경계인 주화산(珠華山, 565m)22)에서 다시 갈라져, 북으로 금남정맥이 뻗고, 남으로 호남정맥이 정읍井邑 내장산(內藏山, 신선봉神仙峰 763m)을 거쳐 광양光陽 백운산(白雲山, 약 1,220m)에 이른다. 그 뻗어 내린 호남정맥이 만덕산(萬德山, 762m)에서 지맥 하나를 가지 쳐서 기린봉과 승암산(僧岩山, 중바위, 306m)을 이루었다. 중이 고깔을 쓴 모양이라 하여 붙여진 이 중바위산 등성이는 톱날 같은 차돌바위 모서리들이 날카롭고 뾰족하다. [지금은 잡목이 우거져 가까이서도 바위 등성이가 잘 보이지 않는다.]

 기린봉 남쪽 자락에서 중바위에 이르는 능선 줄기를 '당그래봉' 또는 '일자봉'이라 불렀는데, 이는 그 산줄기가 전주시의 우아동 방향(기린봉 뒤쪽 즉 동쪽의 아중리 방죽 인근)에서 보면 일一자로 보이고, 남원 가는 길목인 남쪽의 상관上關23)에서 보면 당그래(고무래 정丁) 같이 보이기 때문이다.

 기린봉 서쪽 골짝과 마당재에서 흘러 내려오는 실개천은 인봉리 방죽[인봉지麟峰池]24)을 이루었다. 이 방죽을 흘러나온 물은 기

---

22) 이곳을 기점으로 하여, 금강(錦江, 진안군鎭安郡 정천면程川面 정자천程子川)·섬진강(蟾津江, 진안군 부귀면富貴面 부귀천富貴川)·만경강(萬頃江, 완주군完州郡 소양면所陽面 소양천所陽川) 등 3개 강의 수계水系가 나누어진다.
23) 남관진南關鎭의 위쪽이라 하여 붙여진 지명. 상관면 소재지인 신리新里에서 임실과 완주의 경계 고개인 슬치재 쪽으로 더 가면 남관南關이 나온다.
24) 기린봉麒麟峰에서 명칭이 유래된 인봉리는 말 그대로 '기린봉 산자락에 감싸 안긴 자연마을'인데, 후백제 왕궁터라는 주장도 나왔다. 마을 앞 방죽인

린봉 동쪽 골짝에서 내려오는 노송천老松川25)에 합류되면서 전주천에 유입되고, 그 물은 결국 전주시 팔복동八福洞 가리내[楸川] 추천대楸川臺에서 삼천(三川, 세내)과 합류해서 만경강의 상류 지천들 가운데 하나가 되어 마침내 황해 바다로 도도히 흘러든다.

마당재를 넘어 터벅터벅 걸어가면 아중리牙中里와 아중리방죽(1952년 착공, 1961년 완공)이 나온다. 여기가 기린봉 뒤쪽 즉 동쪽의 가파른 산자락 아래인데, 방죽 둘레길을 따라 쭉 돌아가면 동쪽 산골 깊이에 어금니같이 자리 잡은 왜막실倭幕室26)이 보인

인봉지는 기린봉에서 흘러내린 계곡물이 흥건히 고이고 주변에 오랜 정자나무들이 듬성듬성 서 있어서 여름철 피서객들이 자주 찾는 도심 변의 유일한 유원지였다. 특히 전주 부성의 동문(東門, 현 동부시장 인근)과 북문(北門, 옛 오거리 인근)까지의 드넓은 지대(현 노송동 일대)가 다 논밭이었는데, 그 방죽은 논밭의 귀한 농업용수 공급원이었다. 그곳이 택지로 개발되면서 별 쓸모가 없어지자, 1949년 그 방죽을 메워 윗부분은 경마장을, 아랫부분은 공설운동장을 조성하였다. 1969년에는 중앙정보부와 문화촌文化村 주택단지가 들어섰다. 그 중앙정보부 자리에는 현재 전주정보영상진흥원이 들어서 있다.

25) 기린봉 남쪽 골에서 발원하여 구도심인 남노송동과 옛 전주역(현 시청) 앞 및 중앙시장 등을 관통해 흘러내려서, [기린봉 북쪽 산록에서 발원하여 인후동과 진북동을 흘러온] 건산천乾山川 북문교(北門橋, 현 전주고속터미널 앞)에 이르는 3.4km의 도심 자연 하천. 1960~70년대에 복개되어 도로와 주차장 및 상가 터로 사용되다가, 2010년 전후하여 복개 판을 걷어내고 자연형 생태하천으로 되살려내었다.

26) 1592년 임진왜란壬辰倭亂 때 왜군은 유독 전라도 땅만을 범접하지 못했던 터라, 1597년 정유재란丁酉再亂 때는 전라도 공략에 힘을 쏟았다. 전북 남원성을 점령한 왜구는 전주 부성의 정황을 살피고자, 먼저 완주군 상관면 원색장元塞墻 마을 뒤 성황 고개를 넘어 이곳 골짜기에 막사를 짓고 군대를 주둔시켰다. 혹은, 그 이전인 임진왜란 때 마근대미재(막은댐)에 세워놓은 허수아비를 보고 왜구들이 그 옆 골짜기를 넘어오다가 모두 몰살당했다고 하여 왜망실倭亡室로 불렸다는 설도 있다. 아마 왜구의 패망을 간절히 바라던 마음이 반영된 말이 아닌가 싶다. 우리말 '실'은 골짜기[谷]나 골[洞]을 뜻하며, 흔히 '골 어귀에 형성된 마을'에 이 글자가 붙는다. 이를테면, 전북 '임실任實'에서 '임'은 '그립고 사랑하는 사람', '실'은 '골[洞, 마을]'인데, 임실이라는 한자 취음取音으로 굳어진 명칭이다. [취음取音이란 본디 한자어가 아닌 낱말에 그 음만 비슷하게 나는 한자로 적는 일을 말하는데, '생각'을 '生覺'으로, '대접'을 '大楪'으로 적는 따위가 그 예다.] 한편, 그곳에 전주 풍남문豊南門에 쓸 기

다. 이 동네 안쪽 계곡으로 쑥 들어가서, 나무꾼들이나 다녔을 법한 험한 산길을 굽이굽이 오르다 보면 숯재가 나온다. 이 험준한 묏길은 상관上關 수원지 위쪽 의암리(衣岩里, 옷바우)의 윗동네인 계월리桂月里로 이어진다. 아마 이 길을 넘어 다닌 사람으로서 현재 생존해 있는 이는 거의 없는 걸로 안다.

수원지 길은 의암리와 계월리를 지나 비좁은 고갯길을 동쪽으로 넘어, 소양면 화심리花心里, 그리고 만덕산 곰티재(427m)나 모래재(413m) 초입인 신원리新元里에 가닿는다. 그 깊은 산 굽잇길 곰티재 너머가 곧 진안鎭安이다. 이 잿길에서 차 사고들이 하도 발생하여 모래재를 새로이 뚫었으나, 여기서도 마찬가지여서 지금은 또다시 전진로 잿길이 신설되었다.

2

진안사거리의 북쪽 진안 가는 길: 국도 26호선

전주 남부 공동배차장27)에서 출발한 진안행 버스는 팔달로를 거쳐 우리 동네인 이곳 '진안사거리' 즉 전고와 풍남초등학교가 대각선으로 마주하는 사거리를 지나갔다. 당시까진 이곳 매표소에 고원지대인 무진장(무주茂朱 · 진안鎭安 · 장수長水)으로 가는 사람들이 제법 붐볐다. 버스는 사거리의 북쪽 길 노선, 즉 전고의 동쪽 담장 길을 따라 '서낭당'을 넘어가면 예전의 '창원 고약膏藥' 앞을 지나쳐갔다. 이전에는 그곳에서 생산되는 시커먼 고약 덩이

와를 굽던 가마터가 있었고 그곳 흙이 꽤 단단한 점토라 하여 '외막골'로 불렸다고도 한다. 이곳에 묵었던 일부 왜군이 조선인으로 귀화하고 터전을 잡으면서, 완산 김씨나 전주 김씨 혹은 왜막실 김씨로 살았다. 아중리 방죽을 건너온 겨울철 삭풍이 얼마나 독한지 '왜막한풍倭幕寒風'이란 말이 생겨났다. 마을 주민의 족보에 따르면, 이곳의 원명은 '봉광리鳳廣里'였다고 한다.
27) 1974년 12월, 전주 다가동多佳洞의 남부 공동배차장과 진북동鎭北洞의 북부 배차장이 폐쇄되고, 금암동金岩洞에 시외버스터미널이 신설되었다.

를 헐거나 곪은 데 붙여서 효험을 보곤 하였다.

그 길 오른쪽 구릉지대에 포도밭 과수원이 있었으며 그 너머로 '가재미'와 '진버들'이라는 자연마을이 띄엄띄엄 있었다. 상전벽해桑田碧海라, 지금은 다 아파트 단지가 들어차서 어디가 어딘지 헷갈릴 정도로 산천이 변했다.

하여간 좌고우면左顧右眄하지 않고 비포장 흙길을 따라 '도마刀馬다리'를 지나서 쭉 가면 '안덕원安德院'이 나왔다. 여기 왼쪽으로 곧바로 유리병 공장이 있었는데, 직공들이 긴 대롱을 쳐들고 훅 불면 시뻘건 유리 액체 방울이 전구 알처럼 부풀어 오르는 게 길가에서도 보였다. 어찌나 희한한 광경인지 한참 구경하느라 하루 일정을 망치기도 했다. 뭐, 당시에 그저 낭인浪人 신세의 나로선 딱히 정해진 일정이랄 거야 있는 것도 아니었지만.

국도 26호선은 '소리개재(솔갯재)'로 이어지고 그 오른쪽에 '말씻내[세마천洗馬川]' 똘물이 흘렀다. 이 근방 들녘이 '세마평洗馬坪'이니, 곧 용진면龍進面 금상리(今上里, 법수메)다. [이곳 가소可所마을에 태조 이성계(李成桂, 1335~1408, 재위: 1392~1398)의 넷째 왕자 회안대군 이방간(懷安大君 李芳幹, 1364~1421)의 묘소가 있다.]

왼쪽으로 제법 졸졸졸 흐르는 용진천을 거슬러 길 따라 쭉 한참을 걸어서 '용진삼거리'와 바위굴 '단암사丹巖寺'를 지날 즈음에, 그 개천은 소양천이라는 이름을 얻게 된다. 이윽고 황운교黃雲橋를 건너면 소양所陽 면사무소 소재지인 '황운리黃雲里'에 이른다. 여기서 황운천黃雲川 개울의 아시방 철제 다리를 건너 산골 속으로 쑥 들면 거기가 '망표'(望表, 젓보래, '먼저 있었던 근처 마을에서 곁으로 바라보이는 마을'이라는 뜻) 동네이다. 그 동네를 뒤로 하고 황운 방죽을 지나는 오르막 묏길을 따라 험준한 응봉산(鷹峰山, 475m)과 묵방산(墨房山, 527m)을 삐뚤빼뚤 넘어가면, 앞서 말한 아중리와 왜막실 동네가 서쪽으로 저 멀리 또아리 틀고 있으며,

남쪽으로는 역시 앞서 말한바 상관수원지 상류의 산골 '계월리桂月里'에 이른다. 아마 이 길도 다녀본 사람도 거의 없을 터이다.

황운리를 지나 '마수교馬水橋'에서, 그 왼쪽 길은 종남산(終南山, 약 610m) 송광사松廣寺와 오성리五城里28)로 간다. 오성리에서 굽이굽이 추줄산(崷崒山, 위봉산, 524m) 잿길을 땀 뻘뻘 흘리며 오르다 보면, 그 고비를 꼴깍 넘기 직전에 자그마한 홍예형虹蜺形 석문石門이 보인다. 이끼 가득한 이 돌문 속을 통과하면 '위봉마을'이다. 마을을 지나면 '위봉폭포威鳳瀑布'가 나오고, 산허리 묏길을 타고 시름없이 따라가다 보면 오지奧地 가운데 오지인 완주군 동상면東上面 수만리水滿里에서 발길이 멈춘다.

지금은 다리가 놓였지만, 그때는 동상저수지를 건너가려면 마을의 배를 얻어 타야 하였다. 여기서 서쪽으로 산 고개를 넘으면 고산면高山面 안수산(安峀山, 556m) 계곡으로 이어지며, 이 골짜기 속으로 구름에 낮달 가듯이 세월을 잊고 가면 오산리五山里를 지나 끝내 고산면 소재지에 닿는다.

나는 이 힘겨운 길을 도보여행한 적이 있다. 수만리 주민들은 이 재를 건너서 고산으로 나다니곤 하였다.

소양 마수교에서 개천은 왼쪽에 두고 방천길을 따라 반듯이 거슬러 올라가면, 오른쪽에 원등산(遠燈山, 청량산淸凉山, 715m)과 방죽으로 오르는 샛길이 나온다. 그 길을 놔둔 채, 개울 골짝으로 쑥 들어가면 해월리海月里 다리목[다리多里] 동네가 나온다.

마수교에서 동쪽으로 가는 국도 26호선은 지형이 꽃 속처럼 생긴 화심花心마을에 이르러 아까 상관수원지를 넘어온 길과 만나면서, 곰팃재와 모래재의 초입인 신원리新元里에 다다른다.

---

28) 오도리五道里와 외성리外城里가 합쳐진 마을로, 오도리에서 북쪽으로 험한 오도치五道峙 고개를 굽이치며 꼴깍 넘으면 고산면高山面 성재리聖才里와 남봉리南峰里가 나온다. 외성리는 위봉산성 바깥쪽이라 하여 붙여진 이름이다. 지금은 위봉산 동네까지 그 근방 일대가 모두 대흥리大興里로 편입되었다.

3

진안사거리 남쪽 길

전주풍남초등학교 옆구리의 철도 건널목을 건너 구도심으로 가는 이 남쪽 길을 따라가면 '관선동觀善洞 파출소'가 나온다.

그 길은 한옥마을 쪽 전주천 가의 '오목대梧木臺'와 '한벽당寒碧堂'에 이른다. 관선동 파출소에서 서쪽으로 반듯이 길다랗게 뻗어 내린 도로가 본정本町이라 하여 곧 전주시 중심 상가였다. 이 길은 곧 '동문東門사거리'를 지나 '미원탑 사거리'를 거쳐 저 다가동의 '청석동靑石洞 파출소'에 이른다.

더 남쪽으로 방향을 잡아 오목대梧木臺로 가는 길목에 '전주여중'과 '전주여고'('전여고'라고 불렸다)가 있어서, 오후 무렵이면 하루 수업을 마친 여학생들이 찬란하게 와르르 쏟아져 나왔다. 진한 녹색 바탕에다가 위쪽에 하얀 은방울이 세 갠가 달리고 가운데가 새빨간 그 역삼각형 교표校標를 저마다 볼록 돋은 가슴 위에 찬 여학생들을 나는 차마 눈 번연히 뜨고 마주 볼 용기가 나질 않았다. [당시 나는 가급적이면 등하교 시간대에는 나돌아다니지 않았다. 그만한 연령인데도 학교를 그만두고 빈둥거리는 내 모습이 부끄러웠기 때문이다. 그렇지만, 어쩌다가 학생들이 일찍 조퇴하는 시간과 예기치 않게 부딪치면 어쩔 수 없이 마주쳐야 하였다.] 그 눈부시게 하얀 옷깃의 단정한 교복 차림새와 재잘재잘 쏟아내는 청아한 수다들로부터는 얼마나 상긋한 내음이 풍겨와 우리 코끝을 톡톡 건드렸는지, 한동안 나는 그들과 눈길이 하마 마주칠까 바짝 쫄아서 고개를 푹 숙인 채 내 신발코만 바라보거나 딴 데를 바라보는 척하며 터벅터벅 뚜벅뚜벅 서둘러 지나쳐갔다.

정녕, 청순한 마녀의 젖물에 취한 듯했다.

오목대 자락을 돌아가는 이 길은 전주천 최초의 다리인 남천교南川橋를 건너는데, 이내 국도 17호선으로 들어서며 상관-슬치재-임실-오수-남원-순천-여수 등지로 쭉 이어진다.

4

진안사거리 서쪽길

이 길은 행인을 전주역(현 시청 자리)과 오거리로 이끈다.

당시 전주의 주먹은 오거리 패들이 판을 장악하고 있었다. 덩치가 산더미만 한 사내들이 거위 떼처럼 뒤뚱뒤뚱 몰려다니는 모습이 눈에 띄면, 우리는 얼른 길가 쪽으로 물러서서 그들이 지나가기를 망연히 기다리곤 하였다.

오거리를 지나면 삼남극장과 코리아극장이 있었다. 내가 북중학교를 다니던 즈음 전후하여 최초의 만화영화라는 것이 막 나오기 시작하였다. 또한 007 영화와 중국의 외팔이 무협 영화가 유행하여, 푼돈이 모아지면 사복으로 갈아입고 몰래 영화관에 들락거렸다. 영화를 보고 온 다음 날이면 학교에서 쉬는 시간마다 그 본 장면들을 서로 지지 않고 이야기하느라 정신이 없었다. 덕분에 지어내어서 보태는 허세와 거짓말이 늘어났는데, 좋게 말하자면 허구적 상상력이 턱없이 커져만 갔다.

아버지의 직장인 전북석유회사가 바로 오거리 인근에 있었다. 지금의 전북은행 경원동 지점 자리다. 아버지는 왜정 때 조실부모하고 작은 할아버지 댁에서 천덕꾸러기로 빌붙어 살았다. 그곳 '전북 완주군 상관면上關面 용암리龍岩里 52번지'는 슬치재로 올라서는 초입의 산골 마을이다. 산골 사람들은 맞은편 산 중턱에서 증기기관차가 유난히 허연 연기를 칙칙푹푹 내뿜으며 오르막 철길을 숨차게 올라가는 모습을 한참씩 지켜보곤 하였다.

아버지는 비포장 흙길을 따라 한두 시간 남짓 슬치재를 걸어 넘어서 임실군任實郡의 관촌館村국민학교를 다니셨다. 그 후 왜정 말기에 징용으로 차출되어 갔다 오신 뒤로, 아버지는 그 작은 할아버지의 용암리 집에서 산간 논들의 농사일을 거들다가 사촌 동생들도 많다 보니 입에 풀칠하기가 여간 눈치 보이는 게 아니었다. 아버지는 집을 떠나기로 작정하였다. 급기야 철길을 따라 한나절 이상을 걷고 걸어서, 남관역南關驛을 지나 [한길과 철도가 교차하는] 작은 구름다리를 건너면 신리역新里驛이 보였다. 이어서 철길 가로 월암리月岩里와 각시바위가 나오고, 머지않아 한벽당이 보였다. 이렇게 전주 시내로 나온 아버지는 어찌어찌하여 조그만 석유회사의 경리과에서 일손을 보태기 시작하였다.

곧 경인공란(庚寅共亂, 한국전쟁)이 터졌다.

다행히 아버지는 천하의 사고무친에 혈혈단신 독자인데다가 나이도 징집 연령을 간신히 넘어섰기에 징병을 피한 채 무사하게 지냈다. 전주는 온고을이라는 그 지명에 걸맞게, 폭격을 당한 곳이 한 군데도 없을 정도로 비교적 안온한 편이었다.

1950년 여름철, 불과 몇 개월 동안의 인공人共 시절을 보내고 곧 그해 9월 인천상륙작전으로 인민군들이 북으로 다 올라가는 바람에, 전주는 더더욱이 안정을 되찾고서 휴전할 때까지 몇 년간은 전쟁 기미를 거의 모르고 지낼 수 있었다. 지금의 반촌盤村인 반대산盤擡山 자리의 전주 형무소에서, 아버지는 인민군이 1950년 9월 하순경 추석 전후하여 쫓겨가면서 처단한 민간인 시신들이 산더미를 이룬 광경을 보았다. [전주형무소는 전주교도소가 되어 정반대 쪽인 지금의 평화동 문정리文亭里로 이전하였다.]

전란을 벗어난 아버지는 휴전이 되자 계속 회사에 다닐 수 있었는데, 그즈음 어머니를 중매로 만났다. 거의 10살 차이를 극복하고 두 분은 1955년 초에 결혼하였다. 그동안, 아버지는 당시 야간학교인 전주상업중학원에도 다니셨던 것 같은데, 그 학교는 5·16 신축군란辛丑軍亂 이후엔가 '일송중학교'로 교명을 바꾸었다. 이 허름한 붉은 벽돌담의 단층짜리 일송학교가 오거리에 있던 아버지의 직장 바로 뒤편에 소재하였다. 1970년대 초반에 그 학교는 저 멀리 북쪽 끝 덕진德津 공원 인근의 가련산可連山 속으로 이전해 가면서 지금의 전주덕진중학교가 되었다.

내가 한때 좋아하던 한 동갑내기 소녀애가 전고 서녘의 날멩이 동네인 물왕멀(무랑멀)에 살았는데, 건축 청부請負 사업을 제법 크게 하는 부잣집 셋째 딸이었다. 그는 종교적인 문제로 중학교를 중퇴하고 잠시 집에서 쉬다가, 내가 전고를 다니던 1970년대 초에 그 덕진중학교로 편입하여 들어갔다. 당시 그네와 달리 우리 집안은 가세가 급격히 기운 터에, 그것을 핑계 삼아 나는 곧 학교를 그만두고 낭인 생활에 접어들었지만, 그 소녀애는 이후 전주여고에 거뜬히 합격하여 들어갔다. [전주사람들은 전주여고를 그냥 '전여고'라고 부른다. 그때는 전여고가 풍남동 한옥마을 쪽에서, 전주농고 옆 인후동 2가로 막 이사해간 무렵이었다.]

그로부터 몇 년 후, 내가 서울 근교 남한산 자락의 어느 제한된 구역에서 한바탕 수난을 겪고 고생을 치르던 무렵, 그 친구는 서울의 한 미대에 진학하였다.

이후 귀향한 나는 주변 사람들 몰래 절치부심하여 교과서들을 잡았다. 무려 7년 만의 학교 공부였다. 기연히 고졸검정고시를 치러서 단번에 합격한 나는 내친김에 바로 예비고사를 거쳐 그해 12월 전북대학교 인문대 본고사에 합격하고야 말았다.

그런데, 그 친구가 어떻게 내 소식을 알고 연락해 오더니, 진한 회갈색 장지갑을 입학 선물로 건네주었다. 그 후로, 나는 여전히 나아지지 않은 어려운 생계 속에서도 때늦은 공부를 석박사까지 몰아치우느라 정말 정신없이 20대 후반과 30대 초반을 때려치우듯이 보냈다. 그사이에 우린 그냥 무덤덤하게 몇 번 만나 싱거운 안부 이야기만 나누다가 헤어지곤 하면서 별 교제다운 교제를 못 한 채 지냈다. 얼마 후, 그는 호주의 한 건실한 청년에게 시집을 갔으며, 딸 하나 낳고 지금껏 잘 산다고 한다.

얼마 전 코로나 때, 어찌어찌하여 줌(zoom)으로 그 친구의 친정어머니와 화상 통화를 할 기회가 생겨서, 그로부터 그간의 근황을 들을 수 있었다. 실은 지금 나의 처가댁과 나의 아들 부부도 호주 시드니에 살고 있는데, 같은 종교를 신봉하던 터여서 서로들 간에 비교적 잘 알고 지내는 사이였다. 딱히 별다른 이유가 있는 것도 아니었지만, 나는 왠지 그 친구에게 직접 연락을 취하고픈 마음이 얼른 내키지 않았다. 모두가 다 풋내기 시절에 얼핏 나눴던 아련한 회억의 한 토막에 불과한 것을.

어쨌거나, 나는 유년 시절을 주로 전주시 중노송동과 남노송동에서 보냈지만, 아직도 아버지에 대한 그리움과 죄송스러움으로 본적지를 옮기지 않고 '완주군 상관면 용암리 52번지'에 그대로 놔두었다. 장남인 주제에 나는 제 도리도 못 하고 불효를 많이 저질러서, 아버지가 돌아가실 때까지 속만 썩이고 애꿎은 청춘 세월만 축냈다. 지금은 아버지의 본적지에 아무런 연고도 없지만, 본적지까지 옮기거나 하여 거기를 떠나면 더 큰 불효를 저지르는 것만 같은 심정이다. 내 아내와 외동이 아들의 적籍도 그 회한에 찬 아버지의 본적지에 떡하니 이름을 올려놓아 둠으로 해서, 못다 한 아버지에 대한 정 한 가닥이나마 가까스로 매달아 둔 듯하여 마음속 아픔이 적이 달래지곤 한다.

5

언젠가 진안사거리에서 전고 담 아래 개천에서 죽은 신생아 사체가 발견되어 한바탕 소란이 일었다. [지금은 하천 복개공사覆

蓋工事가 된 상태여서, 주민들은 그 개천이 있었는지조차 모른다.] 윗동네 어느 집의 처녀가 아기를 낳아서 버렸다는 소문이 흉흉히 나돌았다. 검은 모자 끈을 턱 밑에 내려서 단단히 조여 맨 순경巡警들이 자전거들을 타고 한바탕 몰려와 법석을 떠는 통에 진안 사거리 주변 동네가 한동안 바람 잘 날 없었다.

가끔 '왜년 거지'가 마당재 쪽 어딘가에서 길을 타고 내려와 [지금의 시청 자리인] 전주역 쪽으로 갔다. 그 거지는 누더기옷을 능히 수십 벌은 겹겹으로 껴입었는지 아예 커다란 폐의敝衣 다발이 굴러다니는 것 같았다. 아이들은 '왜년'이라고 부르며 돌을 던지거나 욕을 해댔다. 그가 어디서 사는지 아는 사람은 아무도 없었다. 인봉리 방죽이었던 공설운동장 어느 한구석에서 노숙한다고도 했고, 어느 다리 밑에서 산다는 소리도 들렸다. 그 거지는 짖궂게 놀려대는 우리를 향하여 흰자위 희번덕거리며 꾀죄죄한 손가락을 쳐들고 허공을 휘저어대면서 한바탕 뭐라고 꽥꽥 소리를 지르곤 했는데, 무슨 말인지 도통 알아들을 수가 없었다. 간혹 사거리에 서서 눈을 뒤집어 까고 게거품을 물며 방언을 줄줄 게워대는 어느 교회 전도사 같은 형용이기도 하였다.

전고 앞을 지나 오거리로 가는 철도 건널목 인근에 활석공장滑石工場, 즉 곱돌공장이 있었다. 시커먼 증기기관차 화물칸에서 얼음덩이 같은 돌멩이들이 쏟아지곤 했는데, 그 대부분이 고운 푸른빛과 회색과 흰색 무늬 등이 섞인 곱돌들이었다. 우리는 철조망 담 사이로 삐져나온 곱돌들을 몰래 주워와서는 잘 다져진 흙땅 위로 죽 그으면 하얀 줄이 그어졌다. 그걸로 땅에 별의별 그림을 다 그리기도 하였다. 미끌거리는 돌의 감촉이 여간 부드러운 게 아니었다. 나중에 커서야 그 활석 변성암이 영어로 '비눗돌'(soapstone, 동석凍石)임을 알고서, 그 손길 감촉에 흐릿하게 묻어나는 유년 시절의 온갖 악동 짓과 장난과 놀이를 슬픔의 추억에 잠겨 회상하지 않을 수가 없었다. 그때 손등이 다 부르튼 채 흙 속을 함께 뒹굴던 그 꼬맹잇적 친구들은 다 어디서 어떻게 살고 있을까.

곱돌들을 욕심내어 나는 몇몇 친구들과 어울려 그 활석 공장 철조망 안으로 몰래 기어들어 갔다가, 거기 사장이나 직원에게 들통 나서 걸리면 영락없이 붙잡히기도 하였다. 한바탕 욕설과 함께 꿀밤 몇 대 얻어터지곤 빈손으로 돌아와야 하였다.

활석 공장 뒤편, 즉 전주역 철로 변 동쪽으로 유곽遊廓의 집창촌集娼村이 형성되어 있었다. 시내 쪽에서 보면 그곳이 '철뚝 넘어'라 하여 속칭 '뚝너머'로 불리었다. 공식 명칭은 '선미촌善美村'이라는 다소 고운 이름이었지만, 청소년 출입이 금지된 우범 지대이었다. 그 비좁은 골목길 속 허름한 문간들마다 선정적인 이름의 간판들이 걸려 있었고, 어둑해지기만 하면 그 간판 위에는 늘 쬐끄만 빨간 색등들이 켜져서 밤새도록 반짝이곤 하였다.

여기가 곧 서노송동인데, 바로 그 동네를 관통하여 신작로가 곧게 나서 '전주 형무소'와 '중앙시장'으로 이어졌다. 아직 도로 정비가 채 안 되어서 비만 오면 길은 질퍽거리는 진창으로 변하는 통에, 지나갈 때면 바지 끝이나 신발이 아주 엉망이 되기 일쑤였다. 어스름 무렵이면, 거의 반라의 여자들이 나와서 싸구려 화장품 냄새를 진하게 풍기며 행인의 손까지 잡아끄는 호객행위를 서슴치 않아서 나어린 우리까지 매번 기겁하곤 하였다.

전주 북중 다닐 때, 같은 학년의 동무들 몇 놈이 작당하여 그곳에 갔다가 발각되는 바람에 여지없이 퇴학 처분을 당하였다. 그 동창들의 이름을 아직도 잘 기억하지만, 철없이 들끓던 사춘기 시절의 호기심과 치기가 담뿍한 그 일탈을 탓해 무엇하랴.

도보여행·2: 발길 닿는 대로

　나의 10대 청소년 시절을 생각하면 빈속의 시큼한 위액과 담즙이 목구멍으로 역류하여 치밀어 오른다. 인상을 잔뜩 찌푸리며 다시 꿀꺽 삼키지만, 우거지상을 하고선 한참이나 입맛을 다셔야 한다. 여러 상념이 소의 혓바닥처럼 뒤죽박죽 내 뇌리 한쪽을 쓸어낼 때마다, 실제로 헤엄을 못 치는 나는 늘 파도에 휩쓸리는 듯한 아득한 느낌을 받았다. 그 물결이 밀려 나갈 때면 드러난 개펄 바닥에는 또 다른 내가 몸부림쳐대고 있다.
　참 철없던 시절. 희대의 기형畸形 정권인 유신 군사독재가 막 설치던 그때, 나는 급격히 기운 터수[가세家勢]를 핑계 삼아 전고全高를 휴학하고 십 대 후반의 그저 헛헛한 마음을 매급시 여기저기 떠돌아다니는 것으로 때웠다.
　난 학교에 정을 붙이지 못했던 터라, 끝내 복학하지 않고 중퇴하였다. 곧바로 고졸 검정고시를 준비한다거나 어려운 가계를 돕기 위해 하다못해 자그마한 돈벌이라도 하려는 착한 생각은 꿈도 꾸지 못한 채, 이른 아침이면 얼른 부엌을 뒤져 밥 한 그릇 대충 먹고 작은 배낭 하나 달랑 멘 다음, 정처 없이 집을 나섰다. 비좁은 집구석에서 와자지껄 비비기도 싫고, 또 등교하는 교복 차림의 이웃 학생들과 마주치기도 싫어서, 집을 일찍 나와 교외 쪽을 돌아다녔다. 주로 인적 드문 시골길을 쏘다녔다. 당시는 새마을 운동으로 온갖 법석을 떨던 시절이라 시골도 마냥 한갓진 것만은 아니었지만, 그래도 시내보다는 사람들과 부딪히는 일이 덜했다. 경제 일변도의 산업화 물결을 타고 농촌의 이농현상이 전성기에 달하던 시절이어서 시골에 노인들만 남기 시작하던 때였다. 전고 옆 물왕멀(무랑멀)을 넘어 농고 쪽으로 쭉 내려갔다가 그 옆길을 따라 쭉 올라가면 아리랑고개가 나왔다. 그곳은 건지산 남쪽 한편의 공동묘지였다. 그 아리랑고개에서 건지산으로 들어가는 왼쪽 오솔길 끝에 저만치 우뚝 솟아 있는 화장터 굴뚝과 까마득히 서쪽으로 이어진 공동묘지가 보였다.

나는 그곳 공동묘지를 지나서 건지산 속으로 들어가 맴돌며 지내기도 했는데, 그 일은 나중에 또 말할 기회가 올 터.

화장터로 들어서지 않고 비포장 한길을 따라 걸어가다 보면, 길은 [현재 전주역 자리인] 신기리新基里 앞을 지나 오르락내리락하면서 돌고 돌아 급기야 초포草浦다리29)로 이어졌다. 여름철마다 이곳의 다리 밑은 물놀이 나온 피서객들로 바글바글하였는데, 마치 여름나기의 통과의례용 제물인 양 꼭 한두 명씩은 익사를 당해야 강더위의 여름날이 가는 것 같았다.

송천동松川洞과 전미동全美洞이 어깨를 나란히 하는 그 다리 초입에서 왼쪽으로 틀면, 제35사단 뒷길과 진조리眞助里가 나온다.

1957년 연말경, 전형적인 농촌 마을들인 완주군 조촌면 오송리五松里와 시천리詩川里30)는 그 이름자 하나씩 따서 송천동이라 짓고 각각 송천동 1가와 2가로 편입되었다. 또한 초포면草浦面 전당리全堂里와 미산리美(微)山里도 글자 하나씩을 따서 전미동全美洞이라 하고 각각 전미동 1가와 2가로 편입시켰다.

조선 제21대 **영조**(英祖, 1694~1776, 재위: 1724~1776)가 건지산乾

---

29) 원래 구한말에 완주군 초곡면草谷面과 회포면回浦面이 합면되어 초포면이 되었고, 지금은 인근 전주시 전미동과 호성동湖城洞, 및 완주군 삼례읍參禮 하리下里와 용진면 상운리上雲里 등으로 해체·통합되었다.

30) 전국의 호수戶數와 구수口數를 기록한 문서인 『호구총수戶口總數』(1789, 정조 13, 9책, 筆寫本)에 '송천동'은 확인되지 않으나, 완주군 조촌면助村面의 주된 마을로 용소리龍巢里와 필천리筆川里가 명확히 표기되어 있다. 그 가운데 '붓내'라는 이름이 한자화된 마을 필천리는 후에 시천리로 바뀌었다.

止山 조경단肇慶壇에 시조 묘를 봉안할 때, 영의정 **김치인**(金致仁, 1716~1790)은 중대사를 도신(道臣, 관찰사)에게 일임시켜서는 안 된다고 주장하고 왕명을 받아서 전주를 직접 찾은 적이 있다.

건지산에서 송천동의 야트막한 골짜기 일대를 둘러본 그는 '마른 땅이 끝나고 미채(薇菜, 고비나물)가 시작되니, 가히 만인萬人을 먹여 살릴 땅이로다.'(건말미초(乾末薇初)31) 가활만인지지(可活萬人之地))라고 하였단다. 순우리말로 '솔내'라고 부르는 '송천동松川洞'이란 명칭이 다소 인위적이긴 하지만, 만경강과 전주천 및 그 실개천 지류들을 그리고 건지산 일대의 소나무 군락 등을 감안할 때, 지세에 썩 어울리는 면도 있다고 하겠다.

초포다리를 건너자마자 오른쪽 소양 쪽으로 길을 틀면 **구억리** 九億里가 나온다. 그 반대인 봉동 쪽 큰 비포장도로(국도 17호선)로 따라가다 보면 운곡리雲谷里가 보이는데, 당시는 바로 그곳이 시내버스 종점이었다. [2012년부터 그곳에 완주군청이 들어서면서, 2015년 10월 용진면은 용진읍龍進邑으로 승격되었다.]

구름 피어오르는 골짜기 마을이라 하여 이름 붙은 운곡리는 원래 '못골'이었는데, 서정성이 넘치다 못해 선仙의 기미가 다분한 마을 이름 '구름골'이 '구름골말'로 바뀌고 다시 한자 표기에 따라 그리된 것이다. 운곡리 신봉新鳳마을 진입로에는 내가 떠돌던 당시쯤 원활한 농업용수 공급차 신봉제新鳳堤가 막 조성되던 참이었는데, 지금도 여전하여 약 천 평(3,305㎡) 규모로 여름철엔 분홍 연꽃이 피어나서 '덕진 연못' 못지않게 장관을 이룬다.

초포다리를 막 넘어 봉동 방면의 큰길을 버리고 이면도로인 지금의 목효로牧孝路를 따라서 동쪽으로 저 산골 깊이 쑥 들어가

---

31) '건말乾末'은 건지산의 '건지乾止'와 한자 뜻이 같고, '미초薇初'는 '미초薇草'(고비나물)와 음이 같으므로, 일종의 언어유희가 되겠다.

면 완주군 용진읍 상삼리上三里 설경雪景마을이 보인다. 학이 날아가는 모양이라고 해서 학선동鶴蟬洞이었는데, 일제 때 눈 온 경치가 빼어나다고 하여 그런 명칭이 새로 붙었다. 일제 때 붙여진 억지 한문 투 이름이 하나둘이 아니지만, 그래도 몹시도 서정적인 그 이름만 생각하면 금방이라도 첫 눈발이 희끗희끗 나울짝거리다가 이윽고 펑펑 쏟아지면서 하늘 가득 환상의 신선계를 이루는 모양이 선하다. [여기서 소로길을 타고 동쪽으로 가면, 서방산(西方山, 약 612m)과 종남산(終南山, 약 610m) 쪽으로 이어진다.]

　나는 그 시적인 마을 이름에 반하여 거의 매해 한두 번씩은 걸어서 이 골짝 마을을 지나가곤 하였다. 다사로워 방방 발길이 뜨는 봄날, 다듬잇살이 잘 오른 연둣빛 옥양목 저고리가 내 맨살 어깨 위로 감겨오는 듯한 송홧가루 속으로 꿈결같이 잠겼던 적이 기억난다. 또는 청량한 삽상颯爽함이 만상의 혈류로 흘러드는 가을날 운치에 마치 최면인 양 젖어 든 적도 있었다.

　물론 겨울에도 온몸 웅크리고 두 손 모아 호호 불며 가본 적이 몇 번 있으나, 정작 눈 구경을 제대로 해본 기억은 없어서 좀 아쉽기도 하였다. 설사 눈 오는 날일지라도 그 용진길은 어찌나 삭풍이 센지 찾아가 구경할 엄두도 안 난데다가 그때마다 시간도 좀체 나지 않았으며, 어쩐지 예전처럼 눈도 그리 잦지 않은 겨울이 되고 말아 지금껏 때를 놓치곤 했다.

　어느 늦여름날. 그날도 온몸에 허연 흙먼지 뒤집어쓰고 쏘다니다가, 점심도 걸러 허기진 채로 설경마을 어귀에서 털썩 주저앉아 쉬던 참이었다. 당시는 새마을 사업이 한창 진행 중이라 주민들은 정신없이 시멘트 블록을 찍어대었다. 초가집 지붕들을 슬레이트(slate, 천연 점판암의 얇은 석판)로 바꿔 얹거나, 담장이나 집의 흙벽을 헐고 그 블록들로 교체하느라 난리 속이었다.

　저 삼례 쪽 들판에서 용진의 비산비야 마른 능선까지 한때를 장악했던 초록 기운이 시방 은근한 검초록빛을 베어 물기 시작하였다. 논은 통일벼들이 뾰쪽뾰쪽 빼곡히 자라고 있었다. 한 달 남짓만 있으면 허전한 추석이 들이닥치면서, 곧 단풍 들게 될 천기天氣의 첫 모금을 들이킬 터였다.

초가을 초입의 바위틈에서 개울이 막 건져 꺼낸 듯한 허연 해의 한 토막 살덩이가 그 땡볕을 나락들이 익기 좋게 내리쬐고 있었다. 나른한 들바람이 이른 가을의 한숨 한 오라기를 둘둘 목에 감은 채 불어왔다. 굽이진 들길에서 주운 이른 가랑잎을 경전 낱장처럼 소중히 내 윗도리 옷깃에 끼우고 언덕 자락 작은 바윗돌 위에 앉아 빈둥거리는 내 앞을 젊은 손수레 엿장수(본서 75-78쪽 참조)가 지나갔다. 나를 슬쩍 흘겨보는 눈치가 예리하다.

한참 후에 짐빠자전거(본서 78-80쪽 참조)를 탄 생선 장수가 '생선이요 생선!'하고 외치며 지나갔다. 그 두 장사치들은 마을 안에서 서로들 만나 한참 이러저러한 정보를 주고받으며 쉬는가 싶더니, 이내 각자 다른 길로 언덕 너머 사라져갔다. 간중리澗中里로 빠지거나 소양 쪽으로 넘어가겠지.

나는 낡은 배낭에서 막걸리가 좀 남은 낡은 군용 물병을 꺼내 거듭 들이켰다. 허기진 뱃속이라, 술기운은 순식간에 제 세상을 만난 듯 요동치기 마련이다. 알딸딸하게 햇볕을 즐기는 내 앞으로 웬 젊은 걸승乞僧 하나가 헐렁하게 축 처진 빈 바랑을 둘러맨 채 지나치다가 나랑 눈이 마주쳤다. 나보다 훨씬 더 추레한 차림을 한 그는, 자신을 한심스레 바라보는 허름한 모양새의 나를 향하여 두 손 모아 공손히 고개를 숙였다. 나는 그저 멀거니 바라만 보았다. 그의 동냥자루 봇짐 걸망에서 희미한 염불 소리의 영혼 한 자락이 삐죽 고개를 내밀고 있는 게 보였다.

이상하게도 다른 때는 전혀 생각나지 않다가도, 늘 연말이면 한두 차례씩 뜬금없이 설경마을의 설경이 생각난다. 설경의 설경 한 번 제대로 즐긴 적이 한 번도 없었건만, 마치 질리도록 보아 온 양 아주 익숙하고도 친숙한 설경의 생생한 설경 마을이 내 철없던 스물 환절기의 이쪽과 저쪽을 아련하고도 생생한 추억으로 되살려내는 것은 어째서일까. 아마 그 '공간'이 내 마음의 '현장'으로 거듭나 살아 있기 때문일까.

▲ 상삼리 설경마을 전경 - 디지털완주문화대전
• 출처: 한국향토문화전자대전(http://www.grandculture.net › wanju › multimedia)

2000년 전후하여, 익산-장수 고속도로가 건립되어 그 마을 아래로 지나가는 바람에 고즈넉한 산골 마을 분위기가 거의 사라졌다. 2012년부터 지번地番 주소가 도로명 주소로 바뀌게 된 뒤로 마을 인근의 모든 주변 길이 다 '설경길'로 불린다. 인근 산자락 위 저만치에 '설경제雪景堤' 방죽이 있다.

한편, **구억리**九億里는 그 [설경마을로 가는] 목효로와 [소양 쪽으로 가는] 구억명덕로九億明德路 사이의 가운데쯤에 있다. 바로 이 마을에서, 조선의 영·정조 때의 판소리 근세 8명창이자 '가중

호걸歌中豪傑'인 **권삼득**(權三得, 본명: 권정(權亻+政, 1772~1841)이 나왔다. [당시 행정면은 전라도 전주부全州府 용진면 구억리였다.]32) 그는 향반鄕班 출신 가문의 반대를 무릅쓰고 판소리계에 투신하여 [외가인] 남원 지역에서 활동함으로써 명창 반열에 올랐다.

그의 판소리 유파流派는 동편제東便制 가객歌客이다.

당시 판소리는 서편제의 계면조(界面調, 설움조) 일색이었다. 그는 설렁제(덜렁제 혹은 권마성제勸馬聲制) 선율을 개발하여 남성적인 기운을 도입함으로써 판소리의 표현 영역을 넓혔다. 그의 특장特長은 「흥보가」를 잘하였고, 그의 더늠(판소리에서 명창이 자신의 독특한 방식으로 다듬어 부르는 어떤 마당의 특징적인 한 대목)은 그 가운데 '제비 후리러 나가는 대목'이었다.

'권마성勸馬聲'33) 가락에서 나왔다는 설렁제는 호령하듯 거드럭거리며 높은 소리로 길게 내질러 외치다가 차차 내려오며 뚝뚝 떨어지는 성음 가락으로서, 아주 경쾌하고 씩씩한 느낌을 준다. 이 호탕하여 특이한 가조歌調를 두고 **신재효**(申在孝, 1812~1884)는 그의 「광대가廣大歌」에서 '권생원權生員 사인士仁 씨는 천층절벽千層絶壁 불끈 소사(솟아) 만장폭포萬丈瀑布 월렁궐렁 문기팔대文起八代 한퇴지韓退之'라 하여 절벽에서 떨어지는 폭포에 빗댔다.

---

32) 권삼득의 출생지에 관해, 『남원지南原誌』(1972)는 '남원시 주천면朱川面 무수리(無愁里, 현 장안리長安里)'라고 한다. 그러나 [최초의 판소리 연구 문헌으로, 판소리를 한민족의 예술로 평가한] 전북 김제 출신의 재북 학자 **정노식**(鄭魯湜, 1891~1965)의 『조선창극사朝鮮唱劇史』(1940)에는 '전북 익산益山 남산리(南山里, 현 여산면礪山面 제남리濟南里)'로 나오고, 『안동 권씨 대동보安東權氏大同譜』에는 '완주군 용진면 구억리'라 했다. 최근 판 『남원지』(1992)엔 '전북 완주군 봉동鳳東 출신, 남원 주촌방(朱村坊, 현 주천면) 노씨盧氏 외손外孫'으로 나온다. 부친 **권래언**(權來彦, 1739~1816)의 문집 『이우당유고집二憂堂遺稿集』은 '완주군 용진면 구억리'라고 알려준다. **권삼득**은 외가인 남원에서 판소리를 수련하고 줄곧 거기서 활동하였으며, 가문에서 쫓겨난 후에 익산에서 살았던 듯싶다.
33) 말이나 가마가 지나갈 때 위세를 더하기 위하여 그 앞에서 하졸들이 목청을 길게 빼어 부르는 소리. 임금이 나들이할 때에는 사복司僕 하인이 소리를 질렀으며, 그 밖의 경우에는 역졸驛卒이 소리를 질러댔다.

구억리 뒷산 작약골에 그의 묘와 함께 그가 소리를 공부했다는 '소리 굴'이 있으며, 묘 오른편 앞쪽에 조그마한 '소리 구멍'이 패어 있는데, 일설에 거기서 소리가 들린다고 한다.

운곡을 떠나, 지나는 차량마다 꽁무니에 먼지 깔때기를 포대처럼 달고 가는 흙먼지 속을 뚫고 봉동 방면으로 걷다 보면, 길굽이 왼편에 봉동천의 이쪽 즉 용진 쪽으로 봉동읍 **구만리**九萬里가 보인다. [봉동 쪽에서 볼 때 고산천 건너편에 위치한 유일한 봉동의 마을이다.] 만경강 상류 지류들인 고산천(高山川, 봉동천)과 소양천所陽川의 합류 지점에 자리한 이 자연마을은 두 하천 사이의 홍함지(洪涵地, 범람원汎濫原) 지형인데도, 하천 퇴적물의 충적토(沖積土, 물에 흘러 내려와 흙·모래가 쌓여 생긴 충적층沖積層의 흙으로, 농사짓기에 딱 좋음)가 비옥하여 농산물이 잘 자라는 탓에 멀쩡하게 남아 있다. 흙먼지 뒤집어쓴 채 야트막한 길 굽이를 돌아가던 도보 나그네들은 누가 먼저랄 것도 없이 '아 글씨, 구억리보다 구만리가 더 먼 디는 시상에서 예밖에 없을 것이여'라고 실없는 우스갯소리를 한마디씩 꼭 내뱉으면서 쌓인 여독을 달래곤 한다. 전주 쪽에서 볼 때 그렇다는 말이다.

이 동네가 조선 태조太祖 **이성계**李成桂의 4남 회안대군懷安大君 **이방간**(李芳幹, 1364~1421)의 유형지로, 당시 행정지명은 전주부全州府 동용진면東龍進面 구만리九萬里였다. 함경남도 함흥咸興 태생의 대군은 소 타고 다니기를 좋아하여서, 호가 망우당忘牛堂이다.

그는 1398년(태조 7년) 8월, 동생 정안군靖安君 **이방원**(李芳遠, 조선 3대 태종太宗, 1367~1422, 재위: 1400~1418)이 제1차 왕자의 난을 일으켜 [조선의 초대 왕세자인] 어린 이복동생 의안대군宜安大君 **이방석**(李芳碩, 1382~1398)과 **정도전**(鄭道傳, 1342~1398) 및 **남은**(南誾, 1354~1398) 등 그 밖의 중신들을 제거할 때 가담하여 정사공신定社功臣 1등에 책록策錄되었다.

1400년(정종 2년) 제2차 왕자의 난 정변 때, 대군은 동생 **이방원**에게 패하여 한양 서동西洞으로 퇴각하다가, 아들 의령군義寧君 **이맹중**(李孟衆(宗, 조선왕조실록), 1385~1423)과 함께 생포되었다.

이후 귀양살이로 몰려난 회안대군은 여러 유배처로 이배移配되어 전전하다가 '전주부 동용진면 구만리'로 배지配地되어 1398년(34살)부터 1420년(56세)까지 22년간 거주하였다.

'용진龍進'이라는 지명에는 '임금 자리에 나간다'라는 뜻이 담겨 있으며, 당시 전주부에서는 구만리의 대군을 '왕'으로 대접했다고 한다. 대군은 그 봉작명封爵名 '회안懷安'처럼 '편안함을 품기'는커녕 지독한 '회한悔恨'의 삶을 살았다.

구만리 저 위쪽으로 봉동교가 보이는데, 만경강 상류인 봉동천을 가로지르는 이 다리를 건너야 봉동읍鳳東邑으로 들어갈 수 있다. 그 교각을 '마그내다리'라고 하는데, 이는 구만리에 유배된 **회안대군**이 거기까지 나오지 못하도록 금족령을 내려서 생긴 말이라고 한다. 즉 '냇가에 가까이하지 말라'는 뜻의 '막근천莫近川'이 '막근내 → 마그내'로 받침탈락이 된 것이다.

한편, 이곳 하천의 수량이 부쩍 적어서 '마른내'라고 했는데, 왜정 때인 1922년 위쪽 고산高山에 대아저수지大雅貯水池가 세워지고 맑은 물이 철철 흘러내리는 '맑은 내'가 되면서 '마그내'란 말이 나왔다고도 한다.34) [1965년, 대아저수지의 위쪽 산 계곡에 농업용수를 위한 동상저수지東上貯水池가 또 준공되면서 이곳은 2단계

---

34) 원래 인근 마을 이름이 **마근리**麻近里 즉 **마그내**인데, 이는 농업용수로 이용하고자 고산천(봉동천)을 막은 보洑를 말하며, '막은내 → 마그내'로 변했음을 알 수 있다. 천변을 낀 마을 가운데 만가리萬家里가 있었는데, 1914년 왜정 때 행정구역 폐합에 따라 현 신지리新池里에 편입되었다. 그 인근 봉동천을 **만가리천**萬里川이라고 불렀으며, 여기가 곧 전주팔경全州八景 가운데 하나인 '동포귀범東浦歸帆'의 **동포**이다. ● 참고: 마당목 - 디지털완주문화대전_향토문화전자대전(http://wanju. grandculture.net › wanju › 기관명_신지리)

저수지 지대가 되었다.]

고산면 어우리於牛里의 한자를 더러 '御牛里'라고도 쓰는데, **회안대군**이 종종 소[牛]를 타고 행차하여 그런 표현이 생겼단다. 또한 대군이 개울물 깊은 데서 뭘 주워 담는 것을 보고 지나는 이가 '잘도 하시네요.' 하며 말을 건네니, 이에 '이도 다 슬기일세'라고 대꾸한 이후로, 냇물 고동을 '다슬기'라고 부르게 되었다고도 한다.

말년에, 대군은 와병 중인데도 당시 퇴위한 태종太宗 **이방원**의 권고로 상경하다가, 무리한 탓에 1421년(세종 3년) 충청도 홍주목(洪州牧, 현 충남 홍성군) 은진恩津에서 객사한다.

대군의 시신은 이곳 전주부 동용진면 금상리(今上里, 현 전주시 덕진구 우아동35)) 법사산(法史山, 일명 법수뫼)으로 운구되어 안장되었다. 금상리今上里는 '임금 마을'을 뜻한다. 후세인들은 한 맺힌 인근 법사봉의 모습을 '법사장한法史長恨'이라고 부르며, '완산승경完山勝景 32곳' 가운데 하나로 꼽아 그 한을 되새긴다.

전라북도 기념물 제123호로 지정된 그 묘소는 조선시대의 일반 형태와 달리, 전북 태인泰仁의 불우헌不憂軒 **정극인**(丁克仁, 1401~1481) 묘처럼 부부 묘가 세로로 안장되어 있다. 아래가 부인의 묘이며, 위가 **회안대군**의 묘이다. 이 못자리가 군왕지지君王之地라 하여, 지기地氣가 왕성히 흐르는 혈처穴處에 불뜸을 떠버렸다. 지금도 뜸을 뜬 자리가 남아 있다.

---

35) 1957년 11월 6일, 완주군 초포면 우방리牛方里 및 용진면의 아중리牙中里와 산정리山亭里 일부가 전주시에 편입되면서, 우방리를 우아동 3가로, 아중리를 우아동 1가로, 산정리 편입지를 우아동 2가로 배정하였다. '우아동'은 우방리의 '우牛'자와 아중리의 '아牙'자를 따서 지었다.

도보여행 · 3: 발길 뻗는 대로

훨씬 훗날에야 읽게 된 거지만, 19세기 초 영국의 문학비평가이자 미술평론가 **윌리엄 해즐릿**(William Hazlitt, 1778~1830)은 '도보여행'을 다룬 사상 최초의 수필 「여행 떠나기에 관하여」(*On Going a Journey*, 1822)36)의 첫머리에서, '나로선 혼자서 길 떠나는 것을 좋아한다'(I like to go by myself.)고 선언하며 홀로 떠나는 도보여행의 홀가분한 즐거움을 줄줄이 내세웠다.

당시 나로선, **해즐릿**의 '혼자 여행'이라는 약간 호사로울 정도로 고결한(?) 이상理想은커녕, 그저 번거로운 주변사를 벗어나서 혼자 있고 싶었고, 또 딱히 시간을 소일할 데도 마땅찮아 별수 없이 그리고 청승맞게 '홀로 도보여행'을 택했을 뿐이다.

남루한 행색으로 무람없이 나돌아다니다 보면, 꼭 이 길목 저 길가에서 부딪히는 사람들이 있다. 그들은 엿장수와 생선 장수였다. 다들 '독고다이'37)로 싸돌아다니는 장돌뱅이들이다.

내가 떠돌아다니며 만났던 엿장수들은 대개가 나이가 장년 이상들이었으나, 한번은 드물게도, 형뻘로 바짝 마른 갈비씨 청년을 만난 일이 기억난다. 소양 단암사丹巖寺를 막 지나서 안쪽 골짜기로 쑥 들어간 어느 마을 초입의 둥구나무 아래, 그는 빛바

---

36) 오로지 걷기에 역점을 둔 거의 최초의 글이랄 수 있는 이 수필은 《신新 월간지》(*New Monthly Magazine*) 1822년 1월호(January, 1822)에 발표되고, 같은 해 출판된 수필집 『식탁 담화, 인간과 예의범절에 관한 수필집』(*Table Talk, Essays on Men and Manners*, 1822)에 수록되었다.

37) 떠돌이. 또는 혼자 활동하는 것을 즐겨서 홀로 행동하거나 혼자 결정하고 실행하는 사람을 뜻하는 은어. '특공대特攻隊'의 일본 발음인 '톳코타이'(とっこうたい)가 그 어원이다.

랜 군복 차림으로 더벅머리에 성긴 주근깨의 파리한 낯짝을 하고 앉아서, 아까부터 애꿎은 꽁초 담배만 뻑뻑 빨아대고 있었다. 좀 더 소상히 말하자면, 뱁새눈 빈대코 상판에 하관은 무쪽같이 쭉 빤 채로, 어수선하고 스산한 관상의 기氣를 사방 주위에 울적하게 발산하였는데, 영양실조 기색이 역력한 낯빛은 남루한 행색과 어울려 나 같은 처지가 보기에도 참 불쌍하게 보였다.

우리는 이 길 저 길에서 서로 지나친 끝에, 며칠 후 다른 동네에서 다시 한번 마주쳤다. 그는 초면이 아니어서, 즉 안면을 좀 텄다고 아무 말 없이 새끼손가락만 한 엿토막 하나를 엿가위로 톡톡 쳐 잘라주며 내게 맛보라고 건네주고는, 눈도 안 마주치고 건성으로 '뭐 하고 다니냐'고 혼잣말처럼 묻는 것이었다. 나는 뭐라 할 말이 없어서 그냥 이 근방에 산다고 말했다. 그런데, 우리가 스쳐 지나간 곳이 저기 진안 가는 모래재 아래 화심花心, 완주 송광사 지나 위봉폭포 재로 넘기 전의 오성리五城里 마을, 저 골짝 원등산遠燈山과 인근 다리목 동네, 봉동 입구의 마그내 다리 등등인데 '그게 다 늬네 동네냐'고 묻는 눈동자가 틀림없어서, 민망한 나는 씩 웃을 수밖에 없었다. 허기진 배에 그 엿토막 하나의 꿀맛이란! 한 토막 갖고는 너무 허전하여 입맛만 버리고 말았다는 소리가 목구멍에서 삐져나오려는 것을 참느라 얼마나 용을 썼는지 모른다. 내 보기에 처참할 정도로 불쌍하게 보였던 그가 한편으로 나를 보면서 얼마나 더한 동정심을 느꼈을까 생각하니 뭔가 뜨거운 가래 같은 것이 울컥 가슴을 치밀어 올랐다. 그 뒤로 나는 멀찌감치서 엿장수 무쇠 가위 부딪치는 듯한 소리만 들리면 화급히 다른 데로 발길을 돌리곤 하였다.

지금 생각하니, 측은하게도 그는 내가 짐짓 그 자신을 피해 다녔음을 이미 눈치챘던 것 같다. 또다시 생각해 보니, 불온할 정도로 날카로운 가위의 원래 심상에서, 그는 짤캉찰캉대는 참으로 투박한 무쇠 철의 억센 부딪힘 소리를 통하여, 싹둑싹둑 잘라내는 파괴적 기능을 훌훌 벗어던지고, 오히려 흥겨운 노랫가락 장단용을 생산해내어 흥을 돋우면서 어린 손님들을 모아들이는 등 화합의 장을 조성한 기능으로 거듭나게 했던 게 아니던가. 땡전 한 푼 없이 떠돌던 나로선 그의 엿가락 하나 갈아주지 못해서, 지금도 마음 한쪽이 아리다. 허연 밀가루 속에 파묻힌 채 쫙 펼쳐진 엿판 덩이에서 아이들이 가져온 고물 가치에 걸맞게 엿가락을 토막토막 떼어낼 때도, 그 철가위는 커다란 손잡이의 둥근 부분으로 엿끝을 대고 툭툭 쳐서 떼어내는 기능을 한다. '그야말로 가위에서 가위의 기능을 가위질해 버린 것이 엿장수 가위이다.'(이어령(李御寧, 1934~2022), 「우리문화 박물지」 중에서)

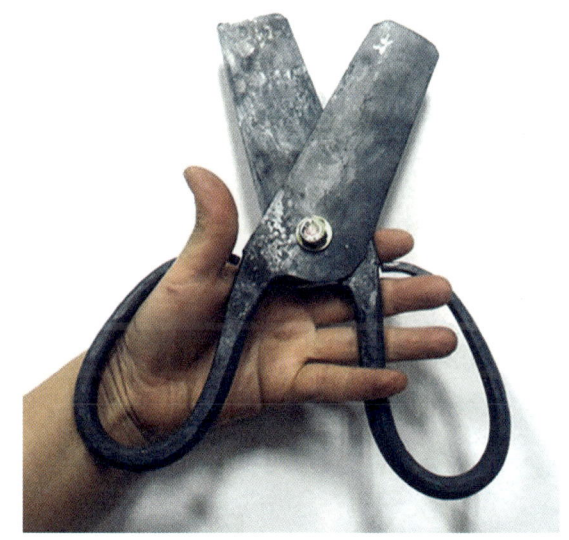

• 쇼핑몰 '11번가'의 33,000원 짜리 '엿장수 가위'(2024. 2. 8. 현재)

엿장수 가위는 곰 토템이 지닌 투박미의 절정이다. 그 멋대로 생긴 듯한 형태와 그 거친 쇳소리 음향이 절묘한 공감각의 융화라는 변증법을 거치면서 무명 남녀노소를 한마음으로 모아들이는 그 위력은 곧 민초 대중이 낳은 위대한 전통 악기가 아니고서는 이룩하지 못할 천지 이법의 기운이 되시겠다.

지난날 중화의 겉치레 격조에 광신했던 유자儒子의 사대事大 취향이나, 근래 서구의 세련된 실용 천하를 향한 맹목적 흠모 취향 등 지배계급들의 행패를, 같잖은 듯 일거에 떨쳐 내버리는 그 도도함은 서민적 피지배계급의 위상을 앙양시킨다. 인공물인 무쇠 가위의 몰골로 인위적 작동을 통해 재생산해낸 그 촬캉촬캉 소리는 그보다 더 자연스러워질 수가 없다. 그 자연미는 '손수手' 자를 쓴 '절대 수동手動'의 강자임을 스스로 과시하면서, 온 나라 도농都農의 온 거리를 장악하여 지금에 이른다.

그다음으로, 자주 만난 게 생선 장수이다.

용진면과 소양면 전체가 제 '나와바리'38)라며 매일 그 지역을 거의 한 바퀴씩은 돌며 어장(?) 관리를 하는 생선 장수 '강씨姜氏'는 새벽 일찍 '야깡'(어물 시장)에 가서 생선을 떼어 짐바리(짐빠) 자전거의 뒷판에 싣고는 동네마다 다 훑고 다니는 일종의 순회 행상인이다. 여기저기 길목에서 몇 번 스치면서 낯을 익히게 된 그는 늘 어금니를 앙다문 듯한 입 모양을 했는데, 가끔은 무슨 노래를 소락빼기로 꽥꽥 지르며 잽싸게 지나쳐가곤 하였다.

어느 여름날, 한 동네 모정에 드러누운 내 옆으로 주춤주춤 다가와서, 그가 먼저 말을 걸어왔다. 땀 뻘뻘 흘리는 이마를 연신 훔치던 그는 자기가 '강 아무개'라며, 나보고 이름이 뭐냐는 것이었다. 나는 딱히 할 말도 없고 해서 그냥 '정 씨에요'라고 대꾸하였다. 잠깐 그는 뚱한 표정으로 날 쳐다보더니, '성이 정

---

38) Nawabari(縄張り, なわばり). '세력권·구역'이라는 뜻의 왈본어日本語에서 나온 속어. 일종의 영역표시로서 '자기 구역을 설정하다'라는 의미로, 개들이 오줌을 여기저기 싸대고 다니는 행위나, 어린 학동들이 교실에서 책상에 줄 긋고 넘어오는 물건은 제 것이라고 우기는 일 등이 이에 해당한다.

이고 이름이 씨란 말이요?'하고 희한하다는 듯한 낯의 표정으로 되묻는 것이었다. 어처구니가 좀 없던 나는 엉겁결에 '아니, 그냥 정 가라구요'라고 짧게 대답했다.

그제야 표정을 푼 그는 묻지도 않은 자기 나이까지 스물 얼마라고 말하며 '생선 장시'의 신세타령을 한참 늘어놓고는, 제일 장사가 안되는 때가 여름 나절이라고 투덜대었다. '시한'(겨울철)에야 장사가 되는데, 그때는 춥고 들바람이 하도 드세어서 돌아다니는 게 보통 고역이 아니지만 그래도 벌이가 제법 '쏠쏠'하다는 것이었다. 나는 그때 '쏠쏠하다'는 말과 그 대충의 뜻을 처음 배웠다. 그는 나에게 뭐하고 돌아다니냐고 묻지를 않은 거의 유일한 사람이었다. 그 뒤로, 그는 내가 멀리서라도 눈에 띄면 '어이, 정 선생'하고 오른팔을 벌떡 치켜들며 아는체하고는 짐바리 자전거를 타고 씽씽 지나쳐갔다. 내가 보든 말든 늘 그랬다.

이렇게 나는 감히 십 대 후반부터 '선생' 칭호를 들은 푼수였던지라, 처음엔 그 칭호가 과분하여 몹시 어색하고 송구스러워 어쩔 줄 몰랐으나, 그는 과연 선견지명이 있는 사람이었다.

그로부터 7년 후, 고졸 검정고시를 거친 나는 곧바로 좀 더 큰 학교에 진학하여 전고 5년 후배들과 함께 수학했으며, 또 어찌저찌하여 모교에서 분필 가루를 한동안 마시게 되었으니, 그나마 그 호칭에 걸맞게라도 지내게 된 것은 바로 그 강 씨의 참칭(讖稱, 앞일을 미리 예언하는 칭호) 덕분이 아니었을까 싶기도 하다.

지금 가만 생각해 보니, 그는 엿장수 총각보다 훨씬 더 노련한 토박이 장사꾼으로서 지역 주민들과 친숙하게 지내는 일이 곧 장사 비결이었던 것 같다.

생선 장수 강씨는 '자발적인 무인가無認可 통반장'인 양 가가호호 집집마다 애경사는 물론이고 부뚜막에 숟가락이 몇 개씩 있는지까지 다 헤아렸던 모양이다. 어깨높이까지 부쩍 올라갈 정도로 생선 몇 궤짝씩을 온종일 힘들게 싣고 쏘다니느니, 웬만하면 처음 몇 동네에서 신속하게 외상으로 깔아 놓아서 장사를 일찍 끝내버린다. 그리고는 며칠 후 다른 동네로 가는 길에 들러서 별 탈 없이 외상값을 두루 수금해 가곤 하였다.

짐바리자전거와 거의 동일체인 그는 심지어 생선이 아닌 기타 생활 물품들도 주문받아 시내에서 사다 주거나, 또는 이 마을에서 저 마을로 지인들끼리 물건을 전달해주는 등 잔심부름도 해주는 것 같았다. 가히 그 지역을 제 '나와바리'라고 호언할 만하였다. 단순한 허세와 허풍 범벅의 과장만은 아니었던 것이다.

▲ 짐바리 자전거 • 출처: 이거 타봤으면 빼박 할배. | 중고악기 뮬
(https://www.mule.co.kr/m/humor/54637238)

어쩌다가 책 판매원도 만났다. 당시는 월부책 장수들의 영업이 꽤 괜찮았던 모양이다. 그들은 대개 말쑥하게 차려입은 젊은 남자들로서, 대중교통 버스를 타고 다니며 시골 마을에 들렀다. 당시에도 농촌엔 이러저러한 여유를 가진 주민들이 드물어서, 그들은 동네 이장이나 넉넉해 보이는 집들만 찾아다녔던 모양인

데, 그나마도 별로 실익이 없었거나 수지가 썩 맞지 않았던지 시골로 출장 다니는 일은 거의 없다고들 하였다.

최초의 책 장수는 조선시대로 거슬러 올라간다. 당시는 상업적 영리의 목적으로 서적 매매를 중개하던 전문 서적상을 ['거간쾌僧'자를 써서] '책쾌冊儈'나 '서쾌書儈' 또는 '서책쾌書冊儈' 및 '책거간冊居間' 등으로 불렀는데, 이들이 오늘날 서적 중개상仲介商 또는 서적 외판원外販員의 조상이다.

그 서적 행상인에 관한 최초의 기록은 조선 전기인 15세기 후반 문신 김흔(金訢, 1448~1492)의 시 「옥하관우음玉河館偶吟」이며, 그 결구에 "매서인賣書人"이 언급된다.39)

이후 임진왜란 발발(1592) 전인 16세기에 류희춘(柳希春, 1513~1577)이 쓴 『미암일기眉巖日記』(1567~1577)을 보면, 그는 박의석朴義碩과 송희정宋希精이라는 '책쾌'를 통해 책을 구하곤 했다. 그들은 서책을 반가半價로 사서 전가全價로 팔아 이익을 취하였다.

조선 후기에, 서적은 상품으로 인식되며 상업 거래가 본격적으로 이루어진다. 여기저기를 돌아다니며 고객과 흥정하고 책 매매를 중개하는 유통업자이자 전문 지식을 갖춘 책 행상인行商人인 '책쾌冊儈'가 활동을 넓혔다. 당시는 책을 중시하면서도 서점업이나 세책업(貰冊業, 돈 받고 책을 빌려주는 대본업貸本業)이 발달하지 못하고 지역 간 교류와 유통 또한 활발하지 못했던 터에, 책쾌는 서적 공급과 수요 창출에 크게 이바지하였다.

---

39) 틈새로 비낀 햇살[曛斜] 뚫고 비쳐 들어 먼지를 놀려대고,
가만 앉아 향 사르며 이 몸을 살펴보네[閱].
날이 다하여 문 닫아거니[掩] 오가는 발길 끊겼는데,
때때로 책장수[賣書人]가 돌아다니고 있구나[還有].

극훈사투롱유진(隙曛斜透弄遊塵), 정좌분향열차신(靜坐焚香閱此身).
진일엄문내왕절(盡日掩門來往絶), 시시환유매서인(時時還有賣書人).
― 김흔, 「옥하관우음玉河館偶吟」(옥하관에서 우연히 읊다) 전문.

박제가(朴齊家, 1750~1805)의 『북학의北學議』(1778), 황윤석(黃胤錫, 1729~1791)의 『이재유고頤齋遺稿』(1829), 이건창(李建昌, 1852~1898)의 「혜공惠岡 최공전崔公傳」 등에서는 이들을 '서쾌書儈'40)라고 불렀다. 국가의 공식 문헌인 『조선왕조실록』과 『승정원일기』 등이나, 16세기 후반 류희춘의 『미암일기』, 18세기 후반 유만주(兪晩柱, 1755~1788)의 일기 『흠영欽英』(1775~1787) 및 조선 제22대 왕 정조(正祖, 재위: 1776~1800)의 시문집 『홍재전서弘齋全書』 등 다수의 문헌에서는 '책쾌冊儈' 또는 '서책쾌書冊儈'라고 칭하였다. 1960년대 말, 극작가이자 언론인 이서구(李瑞求, 1899~1981)는 이들을 '책거간冊居間'이라 불렀다.41) 거간이란 '어느 특정인에게 전속되지 않은 채 [중간 유통단계에서] 남의 매매 등 기타 모든 거래의 매개나 중개를 직업으로 하는 사람'이다.

서양에서는 서적 보급원들을 콜포터(colporteur)라고 불렀는데, 이는 원래 프랑스어 'co'(목)와 'porteur'(운반한다)의 합성어이다. 즉, '목이나 어깨에 봇짐을 걸어 물건을 운반한다'는 뜻으로, 전국을 순회하면서 성경책이나 종교 관련 서적들을 판매하는 행상인을 가리킨다. 지금은 단순히 책만 전하는 사람이 아니라 '책 읽기를 권하는 사람'(권서[인]勸書[시])의 의미로도 쓰인다고 한다.

서적 등 여러 관련 품목들을 팔고 다니는 이러한 현대 외판원의 애환과 비극을 담은 희곡작품이 미국 작가 아써 밀러(Arthur Asher Miller, 1915~2005)의 사회주의 리얼리즘 희곡 『어느 외판원의 죽음』(Death of a Salesman, 1949 초연)이다.

---

40) 이 용어는 이미 중국 당나라 때 학자 리췌(이작李綽, ?~862)가 편찬한 『상서고실尙書故實』에서 보인다. — 이민희李民熙, 「서적 중개인의 역할과 소설 발달에 관한 연구 시론試論」, 서울대 국어국문학과, 《관악어문연구》 제29집 (2004. 12), 401-402쪽.

41) 이서구李瑞求, 「책방세시기冊房歲時記」, 『신동아新東亞』 40호. 1968년 5월호, 252쪽.

제2부 실 · 끈 · 줄

실 · 끈 · 줄

1

창 너머 전주시 교동校洞의 자만동滋滿洞과 옥류동玉流洞 산자락에 단풍이 오색실 매듭을 꼬아 줄줄이 땋아 내리듯 번지는 오전 나절 내내, 아내는 크고 작은 소포 상자들을 꾸리느라 법석을 떨었다. 가을이면 아내는 요통을 앓았는데, 그건 그때 아들을 출산한 탓이라고 늘 투덜댔다. 그 와중에도 콧노래를 흥얼거리며 보따리들을 묶었다 풀었다 하느라 여념이 없는 그 모습은 꼭 치성致誠 드리는 의식儀式인 양 보인다.

모두가 모처럼 친정에 보낼 물건들이다. 며칠 전에 우체국에서 구해온 큰 상자는 언제쯤이나 제 속이 다 찰 것인지 기다리다가 지쳐도 벌써 지쳐버렸겠다. 원래 처가妻家 식구들은 뭔가 한 가지 것에 몰두하기 시작하면 제 옆에 벼락이 떨어져도 모르는 집안 내력이 있고 보니, 우리 아들이 꼭 그것을 외탁하였다.

나는 한때 처가에 대해 감정이 좀 소원疏遠하였다. 결혼할 무렵, 우리 집은 가세가 폭삭 기울었던데다가 나로선 전공 공부를 더 한답시고 밥벌이도 제대로 못하는 간서치看書癡 푼수였기에, 처가로서는 나를 썩 달갑지 않게 여겼음직도 하겠지만 말이다.

2

어렸을 적, 우리 집에 밥해주는 단발머리 누나가 있었는데, 그는 내 손톱을 바알갛게 물들여 준 최초의 여성이었다. 그 이름

모를 누나는 여름날이면 봉숭아 꽃잎에 백반 가루를 섞어 찧은 다음 으깨진 꽃잎 덩이를 내 양쪽 손톱들 위에 고이 놓고 멀쩡한 새잎으로 똘똘 감싼 다음 흰 실로 칭칭 묶어주어, 난 한참 동안 두 손 들고 지내야 하였다.

아들만 사형제의 맏이로 자란 나는 곱게 머리를 두 갈래로 땋아 매듭진 이웃집 소녀들의 단정한 뒷모습을 보면, 그 은은히 번지는 벌건 빛깔 봉숭앗물이 상기되어 늘 먹먹해진 가슴을 설레곤 하였다. 훗날 '치마끈으로 질끈 동여맨 허리'라는 그 잘록하고도 활달한 여성미의 전형적 몸가짐과 더불어, 소녀들의 단아한 모습은 나에겐 이상적 여성의 표상이 되었다.

온갖 악동짓을 다하고 놀면서도 노상 심심함을 덜 길 없어 안달이던 우리는 늘 아버지가 퇴근하는 저녁만을 기다렸다.

그런데, 아버지는 검은 철綴끈으로 묶인 회사의 서류 다발을 들고 귀가하였고, 저녁 식사가 끝나면 곧바로 옆방으로 들어가 주판籌板을 튕기며 장부를 정리하였다. 빨간 줄들이 빼곡히 쳐진 그 회계장부에는 아버지 특유의 필체로 된 긴 숫자들이 쪽마다 가득하였다. 아버지는 고개를 숙인 채 손가락으로 한참 주판알을 톡톡톡 튕기다가는 장부에 숫자들을 깨알같이 적어넣거나 틀리면 지우고 맞추느라 골똘하였다. 그리고는 이내 검지손가락으로 주판알들을 쭉 가지런히 정리하는 주르륵 소리가 났다.

아버지가 놀아주기를 고대하던 우리는 늘 실망하면서도 아버지가 곁에 있다는 것만으로도 저녁 날의 마음은 든든하였다. 어린 동생들은 뻔질나게 혼나면서도, 방 안에 주판을 뒤집어 놓고는 한 발을 얹고 쭉 얼음을 지치듯 밀어가며 탔는데, 그렇게 망가뜨린 주판이 몇 개나 되는지 몰랐다.

그래서인지, 나는 숫자가 관련된 과목은 잘하지 못했고 또 전공도 그쪽은 눈길도 주지 않았다. 돈에도 별 관심이 없어서 세상 물정에 어두운 채, 지금껏 아내만 힘들게 하며 꾸역꾸역 살아왔다. 내가 산수와 수학 과목만 잘했어도 아마 지금보다 더 나은 형편이 되었을 터이다. 그런데 희한한 일은 내 아들에게 벌어졌다. 난 아들만 하나 두었는데, 고등학교까지 인문계였던 녀석이 바로 대학에서 회계학을 전공했다는 사실이다. 경리과장으로 평생을 보낸 아버지의 숫자 살림을 손자가 격세유전 받았는지 참 신기한 노릇이다. 나와 아내는 전형적이 문과여서 둘 다 약속이나 한 듯이 산수와 수학에는 '젬병'이었던 것이다.

여하튼, 장부 정리를 다 마친 아버지는 서류 묶음 뒤편의 윗부분에 송곳으로 구멍 두 개를 짱짜란히 뚫은 다음, 그 구멍 속에 철끈을 넣어 앞으로 나오게 하고는, 빠져나온 철끈을 단단히 나비 모양으로 묶었다. 철끈은 그 끄트머리가 딱딱하게 처리되어 있어서, 뚫어낸 종이 묶음의 구멍 속으로 쉬이 들어가 반대쪽구멍에 삐죽 그 끄트머리 고개를 내밀었다.

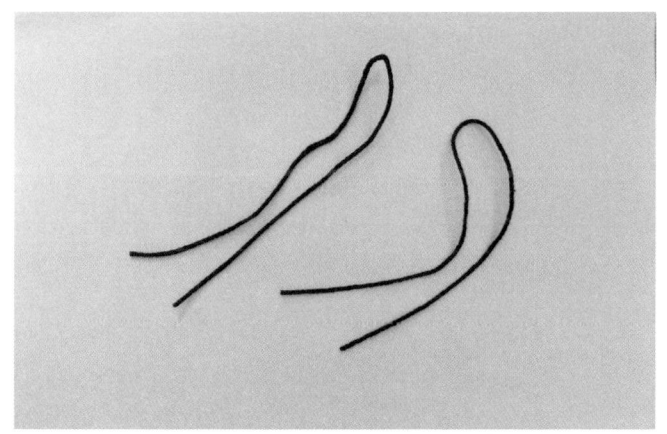

▲ 마침, 내 서랍 구석에서 찾아낸 철끈 두 가닥. 2024. 6. 촬영.

아버지는 책상 한쪽에 그 철끈 묶음의 서류 다발을 반드시 각을 맞춰 엎어놓으신 다음에서야 안방으로 와서 우리와 놀아주었는데, 그마저도 잠시일 뿐 이내 꾸벅꾸벅 졸았다. 어머니는 우리를 불러 아버지의 노곤한 잠을 방해하지 않도록 아버지가 회사의 잔무殘務를 처리하던 그 방으로 데려가서는, 장차 지상에 올 낙원에 관하여 성경 공부를 가르쳐 주었다. 그제야 우리는 비로소 다소곳이 경건해지면서 얌전해졌다.

요즘도 끝머리가 딱딱한 검은색 실끈이 쓰이긴 하는 것 같다. 내 유년의 추억에서 검은색 철끈은 아버지의 존재감 그 자체였다. 나중에 아버지는 철근을 잘못 묶는 바람에 사업이 기울었고, 우리네는 상당히 오랫동안 빈궁의 굴레에서 벗어나지 못하였다.

그리고 보니 사람도 각자 시간의 끈을 씨줄과 날줄로 엮어 생의 공간 매듭들을 지어 나가는 여정에 놓여 있는 것 같다.

3

우리네 일상 곳곳에서 끈과 매듭의 위상은 가히 돌올突兀하다. 집안 도구 하나 벽에 걸어두거나 물건 하나 싸 두려면… 정말이지, 노끈 없는 생활이란 상상할 수 없다.

실낱·실끈·실줄은 있어도, '끈낱·끈실·끈줄'이나 '줄낱·줄실·줄끈' 같은 말이 없는 걸 보면, 또한 **노끈**은 있어도 '노실·노줄'[42]이란 말이 없는 걸 보면, 그리고 **밧줄**은 있어도 '밧실·밧끈'이란 말이 없는 걸 보면, '실'은 '끈'보다 좀 가늘고 '줄'은 좀 더 굵은 것을 말하지 않나 싶다. 그러니, 실을 감아 끈을 만들고 끈을 엮어 줄을 만드는 것이리라. 그렇다면 가장 가는 가닥인 '실'은 '끈'과 '줄'을 만드는 기본요소인 셈이다. 모든 굵은 것은 가장 가는 것에서 나온다. 용도用途에 따라 명칭이

---

42) 삼을 꼬아서 만든 줄을 '삼줄'이라 하는데, 이의 향토어로 '삼-노줄'이란 말이 있긴 하다.

달라지는데, 예컨대 실이 옷감 등 직물 제작에 쓰일 때는 '씨줄'과 '날줄'이라 하며, 따로 '올'이라고 뭉뚱그려 칭하기도 한다.

　실과 삼 및 질긴 종이 따위를 가늘게 비벼서 꼬아낸 긴 줄기는 '노' 또는 '노내'라고 한다. 즉, '노[내]'는 실의 끄트머리를 놀리어 돌려 감고 엮어 올린 것이다. 이 '노'는 배 젓는 '노'와 혼동되기에 '끈'자를 붙여 '노[내]끈'이라고 구별하여 쓴다. 한 예로, 도장 따위의 손잡이에 꿴 끈이 곧 '인印끈'인데, 이때 도장은 잘 지녀야 하기에 '실'보다 더 튼튼하고, 또 휴대하고 다니려면 '줄'보다는 더 가늘어야 하겠기에, '끈'이라는 말을 갖다 쓴다.

　전해 듣기로, 형무소 감방에는 자살 등 살상을 방지하기 위해 '끈' 반입이 금지되는데, 그 안에서 빨래 등을 널리려면 끈이 꼭 필요하였다. 수인囚人들은 꾀를 내어 식빵의 포장용 비닐봉지를 길게 똘똘 만 다음, 그 한쪽 끝을 이빨에 물고 다른 한쪽 끝은 발가락들 사이에 꽉 끼어 잡는다. 그리고 입에 문 비닐 줄기 끝을 세게 당기면서, 그 줄기 가운데의 위아래를 두 손가락으로 마구 비벼대면, 똘똘 말린 비닐 줄기가 국수 가닥처럼 가늘어지면서 긴 끈으로 쭉 뽑아진다. 이렇게 만든 비닐 끈은 아주 튼튼하여 웬만한 빨래 등을 쉬이 널어놓을 수 있다. 특별히 검방檢房 나올 때가 아니면, 대개 교도관들은 감방 안에 가로질러 늘어진 그 빨랫줄만큼은 눈감아준다고 한다.

　어촌이나 선박에서 쓰이는 것은 대개 '낚싯줄'이나 '밧줄'로 통칭하는데, 대체로 노끈보다 약간 더 굵고 길게 만든 줄기를 '줄'이라고 한다. 특히 볏짚 또는 삼의 껍질이나 칡넝쿨 따위의 여러 줄 가닥을 더 굵고 길게 꼬아서 드린(하나로 땋거나 꼰) 것이 '바'다. '바'도 다른 말과 혼동을 피하고 그 느낌의 강도를 더하기 위하여 '줄'을 덧대 '밧줄'이라고 말하는데, 그러면 어감이 한결 세진다. 이 바 가운데서도, 세 가닥을 지어 더욱 탄탄하게 드린 줄을 '참바'라고 한다. '참바'에 줄을 더해 '참뱃줄'이라는 향토어를 쓰는 지방도 있다. 씨름꾼들이 허리와 다리 사이의 '샅'(사타구니 어름)에 묶는 '바'는 원래가 '샅밧줄'인데 그냥 '샅바'라고 한다. 이는 언어의 사회적 원리 중 하나인 편의성 원칙을 따른 것이다. 겉모양에 따라, 다소 넓적한 '줄'은 '띠'라고 부른다. 물건을 묶거나 동이는 데 쓰는 '띠' 가운데, '머리띠'는 머리에 '두른다'고 하며, '허리띠'는 허리에 '맨다'고 한다. 아기를 업을 때 감싸는 포대기 띠는 그냥 '띠'라 한다.

이상 떠듬떠듬 살펴본바, 실과 끈과 줄 및 기타 관련어들을 그 굵기와 탄탄함의 순서에 따라 굳이 따지자면, 대체로 다음과 같이 정리해볼 수 있겠다.

실(씨줄·낱줄·올) → [노끈]끈 → 줄(띠) → 바(참바·밧줄·샅바)

흔한 예로, 지난날 유선전화기의 줄은 늘 꼬여있곤 하였다. 그 복잡한 회로망의 줄 속에 저장된 숱한 인간들의 숱한 대화들마다 인간사 희로애락의 별별 사연들이 그 비좁은 공간 속에 비비대며 집요한 시간의 흐름을 살아갔다고나 할까. 그 비대면非對面 소통의 이면에는 숨겨진 인간 삶의 현상과 실태가 다 응축해 들어있는 것이다. 그리하여 사회적 의미망 속의 역학관계가 얼마나 꼬이는 것들인지를 웅변으로 보여주는 듯도 싶다.

집안 생활 기구들은 그 끝머리에 끈으로 고리 매듭을 지어 벽의 못에 걸어두거나, 또한 주방 도구의 손잡이엔 노끈을 감아두곤 한다. 선물을 주고받을 때도, 특히 아내가 친정에 보낼 물품들을 담은 상자의 보자기를 묶는 매듭 장식은 보내는 이의 정성과 고운 마음을 엮어서 받는 이에게 고이 전달해준다. 이렇게 일상생활의 작은 소품 하나에도 매듭은 그 기능에 더하여 여유로운 멋을 부리는 미적 감각이 깃들어 있다.

끈은 끝마디에 끝매듭을 잘 맺어야 거두는 유종의 미까지 염두에 두고 있는 셈이다.

4

단풍이 산비탈을 따라 오색실 매듭을 엮어 내리던 그해 가을, 장모님이 먼저 서둘러 딸을 시집보내기로 마음 굳힌 것은 나에게 미덥지 않으나마 뭔가 장래를 기대할만한 구석이 있다고 믿고 내린 용단이었음을 나는 마음 깊이 잘 안다.

세 남매 중 장녀이자 외딸로 자란 아내는 세상 물정에 미숙한 이십 대 초반에 가난한 우리 집으로 시집와서 고생을 참 많이 하였다. 딸이 시집간 뒤 몇 년 후에, 처가는 손아래 처남들을 따라 호주로 이민을 훌쩍 가버렸다.

아내는 한동안 그 서운함을 못내 이기지 못하다가, 세월이 꽤 흘러서야 자신의 이른 결혼이 친정에 불효였다고 자책하기 시작하면서 친정 가족에 대한 그리움으로 가슴앓이를 시작하였다. 외딸을 놔두고 이역만리 외국으로 이민을 떠나야만 했던 부모의 마음이 오죽했겠냐마는, 혼자 버림(?)받은 것 같다고 느끼는 아내의 짙은 소외감은 사무치는 그리움과 매듭을 엮어 올리며 얼마나 매년 가을을 붉디붉게 물들여왔는지 모른다.

이후 처갓집은 하나뿐인 외손주, 즉 우리 아들이 그곳에서 공부하도록 잘 보살펴주었다. 자신의 연약한 어깨와 허리를 두드려가며 아내가 오전 내내 꾸리는 소포들 속에는, 제 할아버지의 DNA를 받아서인지 전공한 회계학 계통에서 잘 살아가는 자식을 향한 극진한 마음도 담겨 있는 것이다.

비록 그 흔한 매니큐어 한 번 제대로 바르지 못했지만, 아내의 거친 손끝 마디마디마다 정성의 고운 물감이 올올이 묻어난다. 그 마음 구석구석엔 얼마나 많은 상념의 옹이와 매듭들이 풀렸다 매였다 조였다 엮이고 있을까. 새삼스레 깨닫는다. 마음의 옹이진 매듭이란 끊거나 자르는 것이 아니라 푸는 것임을.

창 너머 자만동滋滿洞과 옥류동玉流洞은 이마를 서로 박아대는 수사슴들처럼 벌겋게 달아오르고 있는데, 단풍의 날개매듭들이 울긋불긋 활개를 치며 훨훨 날아오른다.

📖 **우리말 '끈'의 형성 과정**

- 긶(15~17세기) 〉 끊(16~19세기) 〉 끈(18~19세기) 〉
  끈(18~19세기) 〉 끈(19세기~현재)

15세기 문헌에서 처음 보이는 옛말 '긶'은 ① 모음이나 'ㄱ·ㄷ'으로 시작하는 조사와 결합할 때 끝소리 'ㅎ'이 나타나며, ② 그 밖의 자음으로 시작하는 조사와 결합하거나 단독으로 쓰일 때는 끝소리 'ㅎ'이 탈락하는 'ㅎ종성체언'으로서 '긶/긴'의 이형태異形態 교체를 보인다.
16세기에, 첫소리 'ㄱ'이 된소리인 '끊'으로 바뀐다.
18세기에, '끊'의 끝소리 'ㅎ'이 완전 탈락하면서, 모음으로 시작하는 조사나 조사 '-과'와 결합할 때도 '끈'으로 쓰이기 시작한다. 이후 모음 'ㅣ'가 'ㅡ'로 바뀐 '끈' 형태가 보인다.
19세기부터, 'ㄱ'이 된소리 'ㄲ'으로 표기된 '끈'이 등장한다.

○ 각 세기별 용례의 이형태(異形態, 이표기異表記)들

▶ 15세기: 긶
- 긴혜 빼여 (『구급방언해救急方諺解』(1466)[43] 상, 50ㄱ)

▶ 16세기: 긶, 긴, 끊, 끈
- 긴과 안홀 (『번역박통사飜譯朴通事』(1517)[44] 48ㄱ) 및 끈 (『번역박통사』29ㄱ)

- 綏 긴 슈, 纓 긴 영 (『훈몽자회訓蒙字會』(1527)⁴⁵⁾ 중: 12ㄱ)
- 綏 인낀 슈 (『신증유합新增類合』(1576)⁴⁶⁾ 하 4:2ㄴ)
- 낀 홀 (『소학언해小學諺解』(1588)⁴⁷⁾ 2:2ㄱ)

▶ 17세기: 긿, 긴, 낀
- 긴홀 글러쎠 (『동국신속삼강행실도東國新續三綱行實圖』(1617)⁴⁸⁾ 열 7:11ㄴ)
- 갓긴ㄱ티 딩그라 들고 (『벽온신방辟瘟新方』(1653)⁴⁹⁾ 14ㄴ)
- 帽珠兒 갓낀 (『역어유해譯語類解』(1690)⁵⁰⁾ 상: 43ㄴ)

▶ 18세기: 긿, 낀, 끈
- 드리온 낀히오 (『여사서언해女四書諺解』(1736)⁵¹⁾ 3:66ㄱ)
- 冠纓 관낀 (『역어유해보譯語類解補』(1775)⁵²⁾ 28ㄱ)
- 낀과 면듀실 (『종덕신편언해種德新編諺解』(1758)⁵³⁾ 하: 67ㄱ)
- 목 끈 깁 (『어제내훈언해御製內訓諺解』(1737)⁵⁴⁾ 2:24ㄱ)

▶ 19세기: 낀, 끈, 끈
- 낀 纓 (『한불ᄌᆞ뎐韓佛字典』(1880)⁵⁵⁾ 173)
- 끈이 (『태상감응편도설언해太上感應篇圖說諺解』(1852)⁵⁶⁾ 3:08ㄱ)

— 출처: 국립국어원 우리말샘 (opendict.korean.go.kr)

43) 1466년(세조 12) 6월 편찬된 을해자乙亥字 한글판 『구급방救急方』을 16세기(1500년대) 중반에 복각한 의서醫書. 2권 2책. 16세기 이전의 동국정운東國正韻식 한자음 표기로 작성되어, 세조 당시 국어의 모습을 거의 원형 그대로 보여준다. 현재 일본 나고야 호사문고(봉좌문고蓬左文庫) 소장. / • 을해자: 1455년(세조 1) 문신 강희안(姜希顔, 1418~1464)의 글씨를 자본字本으로 하여 만든 금속 동활자銅活字. / • 동국정운: 1488년(세종 30)에 **신숙주·최항·박팽년** 등 학자 9명이 윤음(綸音, 임금의 명)을 받아 한국 역사상 최초로 당시의 잘못된 한자음을 바로잡아 통일된 표준음을 정하고자 매 한자음들을 훈민정음으로 기록한 운서韻書. 초간본은 대한민국 국보 제71호 및 제142호.

44) 149쪽 각주 107) 비교. 『노걸대老乞大』와 함께 고려 말부터 전해온 중국어 학습서 『박통사朴通事』(고려 말 편집)는 1423년(조선 세종 5) 6월에 주자소鑄字所에서 인출印出하였다. 1517년(중종 12)보다 1~2년 앞선 즈음에, 중국어학의 대가인 역관 **최세진**(崔世珍, 1468~1542)이 원문에 중국말의 정음正音과 속음俗

音을 한글로 달고 번역하여 낸 책이 곧 『번역박통사』(상·중·하 3권 3책)이다. 을해자 활자본. 현재 「권상 1책」만 국회도서관에 남아 전한다. '박통사'란 '박 씨 성을 가진 역관'이란 뜻인데, 신원이 확실치 않다. 모두 106절로 나뉘어 있으며, 일관된 맥이 없이 1회 완결의 형식이다. 『노걸대』처럼 중국어 발음과 우리말을 병기하였는데, 전자가 상인의 무역 활동 회화에 가깝다면, 후자는 훨씬 고급 단계의 일상생활 내용이 담겼다. 중국어와 한국어의 생생한 모습 외에 당대 풍속과 문물제도까지 담은 자료이다.

45) 1527년(중종 22), **최세진**이 어린 학동들을 위해 쓴 한자 학습서. 당시의 『천자문千字文』 등은 고사故事와 추상적 내용이 많아 어린이들이 배우기 어려웠으므로, 생활 주변에서 흔히 접할 수 있는 사물들의 한자 3,360자를 수록하였다. 매 한자마다 뜻과 음을 훈민정음(한글)으로 달아 놓음으로 한글 보급에 일조하면서, 훈민정음의 고어古語 연구에 귀중한 자료가 되었다.

46) 1574년 황해도 해주에서 **류희춘**(柳希春, 1513~1577)이 기존의 『유합類合』에 수록된 1,515 한자의 거의 배를 증보하고 개고改稿하여 편찬한 한문 입문서. 1576년(선조 9) 10월, 초판의 오류를 시정하고 서문과 발문을 붙여 교서관校書館에서 2권 1책 목활자본으로 재간행하였다. 그 편찬 동기인즉슨, 『유합』은 요긴한 한자가 많이 빠졌으며, 또 불교를 존숭하고 유교를 배척하는 내용이 들어있었다는 것이다. / •『유합』: 16세기에 조선시대 한자를 수량·방위 등 종류에 따라 구별하고 새김과 독음을 붙여 편찬한 한문 입문서. **서거정**(徐居正, 1420~1488)이 지었다고 전하나, **최세진**은 그 저자를 알 수 없다고 부정하였다. 가장 오래된 현전 선본善本은 경기도 안성安城 칠현산七賢山 칠장사七長寺판(1664, 현종 5)이며, 그 외에 이본이 10여 종 전한다.

47) 1518년(중종 13), 『소학小學』에 토 달고 풀이한 『번역소학飜譯小學』(홍문관弘文館, 전 10권 활자본)이 나왔으나 의역意譯이 심하기에, 1588년(선조 21) 이를 시정하여 직역直譯 원칙으로 『소학언해』(교정청校正廳, 전 6권 중간본)를 내었다. 도산서원陶山書院 내사본內賜本 완질完帙 소장. 1744년(영조 20), 이를 고친 『어제소학언해御製小學諺解』(궁중, 전 6권 중간본)가 나왔다. / •『소학』: 조선시대 어린이나 유교 입문자를 위한 초보 수신서修身書. 1187년, 송나라 때 **쭈즈**(주자朱子, 1130~1200)의 제자 **료즈청**(유자징劉子澄, 생몰연대 미상)이 편찬했으며, 이를 네 글자씩 묶은 것이 『사자소학四字小學』이다. 서당에서 『천자문』·『동몽선습童蒙先習』·『명심보감明心寶鑑』·『통감절요通鑑節要』에 이어 배웠다.

48) 『삼강행실도三綱行實圖』(1434, 세종 16)의 속편. 1617년(광해군 9), **류근**(柳根, 1549~1627) 편찬. 18권 18책. 목판본. 충신·효자·열녀의 업적을 기리고자, 한문으로 쓰고 한글로 풀이했으며 그림도 넣었다.

49) 조선 후기 의관 **안경창**(安景昌, 1604~?)이 왕명으로 온역瘟疫 치료에 관하여 1653년(효종 4)에 편찬한 의서醫書. 1권 1책. 목판본.

50) 1690년(숙종 16) 사역원司譯院에서 **신이행**(愼以行, 생몰연대 미상) 등이 중국어의 발음과 뜻을 한글로 풀이한 중국어 사전. 2권 2책.

끈과 사람살이

몸이 죽음 속으로 가라앉을 때에야 비로소 인간의 본질이 드러난다. 인간은 상호관계로 묶어지는 **매듭**이요, 거미줄이며, 그물이다. 오로지 그 관계들만이 중요한 문제가 된다. 몸이란 어느 누구도 놓치지 못할 낡은 항아리이다. 나는 죽을 때 제 자신에 관하여 생각하지 않는 사람을 본 적이 없다. 단연코 정말이다.

---

51) 조선 21대 **영조**(재위: 1724~1776)의 명으로, 문신 **이덕수**(李德壽, 1673~1744)가 중국 청나라 **왕샹**(왕상王相, 1789~1852)의 『여사서女四書』와 [최초의 한글 여성 교육서인] 소혜왕후 **한씨**(昭惠王后 韓氏, 인수대비仁粹大妃, 1437~1504)의 『내훈內訓』(1475, 성종 6)을 언해諺解하여 1736년 간행한 여성용 수신 교양서. / •『여사서』: ① 중국 후한後漢 **차오따지야**(조대가曹大家, c. 49~c. 120)의 『여계女誡』, ② 당나라 **송뤄자오**(송약소宋若昭, 761~828)의 『여논어女論語』, ③ 명나라 제3대 황제 영락제(永樂帝, 1360~1424, 재위: 1402~1424)의 정비正妃 인효문황후 **쉬쒸**(仁孝文皇后 서씨徐氏, 1362~1407)의 『내훈內訓』, ④ [왕샹王相의 어머니인] 명나라 왕절부王節婦 **료쒸**(유씨劉氏, 생몰연대 미상)의 『여범첩록女範捷錄』.
52) 1775년(영조 51), 역관 **김홍철**(金弘喆, 생몰연대 미상)이 『역어유해譯語類解』를 증보한 목판본. 1권 1책.
53) 1644년(인조 22) 문신 **김육**(金堉, 1580~1658)이 『소학』(본서 94쪽 각주 47) 비교)을 읽고 도덕 함양을 목적으로 저술한 수양서 『종덕신편種德新編』을 풀이한 언해서. 1758년(영조 34) 간행. 3권 2책. 목판본.
54) 영조가 인수대비의 『내훈內訓』(1475, 위의 각주 51) 참조)에 감동하여, 1737년 언해하고 발간한 책. 직접 서문 「어제내훈소지御製內訓小識」을 썼다.
55) 천주교에 대한 병인교난(丙寅敎難, 병인박해丙寅迫害, 1866) 때 조선을 탈출한 **리델**(Félix-Clair Ridel, 1830~1884) 주교가 신도 **최지혁**(崔智爀, 1808~1878)의 도움을 받아, 만주 차꺼우[분구岔溝]에서 편찬하고 일본에서 1880년 출판한 사전. 전1권 B5판 양장. 한글·한자·불어 순으로 제시되어 있다.
56) 중국 명나라의 도학자 **쉬란쩡**(허남증許纘曾, 생몰연대 미상)이 편찬한 도교 경전 『태상감응편도설太上感應篇圖說』(1655, 7책)을 조선 후기 학자 **최성환**(崔瑆煥, 1813~1891)이 1848년(헌종 14)에 재편집하여 한문본 『태상감응편도설』을 간행하였다. 그 뒤, 1852년, 만滿·한漢자의 『선악소보도설善惡所報圖說』 일부를 구하여 그 도상圖像과 한문은 원본대로 두고 만주글자만 한글로 고쳐 풀이한 언해서로 인출印出하였다. 5권 5책. 목판본.

When the body sinks into death, the essence of man is revealed. Man is a knot, a web, a mesh into which relationships are tied. Only those relationships matter. The body is an old crock that nobody will miss. I have never known a man to think of himself when dying. Never.

— 앙투안 드 생텍쥐페리(Antoine Marie de Saint-Exupéry, 1900~1944)57) 『아라스 전선 비행』(프: *Pilote de guerre*, 영: *Flight to Arras*), 제21장(XXI), Translated by Lewis Galantière. (London: Heinemann, 1942). • 출처: Flight to Arras. Iii_The Atlantic *(https:// www.theatlantic.com › archive › 1942/ 03 › flig...)*

1

'끈'과 '줄' 및 그 '매듭'은 그 형태와 용도의 기원을 유구한 인류 역사와 함께해 왔다.

고대인들은 칡덩굴과 같은 걸로 끈 삼아 나뭇가지를 잡아매어 당겨서 움막을 지었다. 사냥이나 낚시 도구에, 또는 사냥물을 끌고 올 때도 끈과 줄을 사용하고 매듭을 잘 지어야 하였다. 점차 일정한 형태로 얼개를 만드는 결구結構 방식을 익혀나가면서, 끈과 줄과 매듭 방식도 발전해 나갔다.

신석기시대의 흔적이 담긴 청동기시대의 도구 가운데서 빼꼼히 구멍이 뚫려 있는 **반달돌칼**을 볼 수 있는데, 그 구멍에 끈을 넣어 사용하였다고 하니 끈의 용도가 인류의 삶과 얼마나 오래 전부터 연루되어왔는지 가히 알 만하다.58)

---

57) 프랑스 소설가이자 공군 장교로서, 『어린 왕자』(*Le Petit Prince*, 1943)의 작가. 그는 북서 아프리카・남대서양・남아메리카 항공로의 개척자이며 야간 비행의 선구자인데, 제2차 세계 대전 때 비행 도중에 그만 실종되었다.

▲ 부여扶餘 송국리松菊里 유적遺蹟에서 출토된 청동기시대의 반달돌칼. 끈을 끼워 사용하도록 두 구멍이 뚜렷이 잘 뚫어져 있다.
• 출처: Wikipedia(https://ko.wikipedia.org › wiki › 반달돌칼)

  속이 뚫린 짧은 대롱의 **관옥**(管玉, 조옥棗玉, 대롱옥)은 한반도에서 신석기시대부터 철기시대에 걸쳐 조선시대까지 사용되었는데, 가는 끈으로 줄줄이 이은 일종의 목걸이 장식이었다. 구멍 뚫린

---

58) 신석기시대의 질그릇과 어망 등에서 매듭의 흔적이 보이는데, 흙으로 빚어 만든 가락바퀴(실을 꼬는 도구)와 골각骨角 바늘 등의 발굴물은 당시의 생활상을 보여준다. 평양의 낙랑시대 **왕우묘**王旴墓에서 광다회(廣多繪, 여러 올의 실로 폭이 넓고 납작하게 짜서 만든 띠. 본서 114쪽 각주 74) 참조.)가 출토되었으며, 중국 지린성[吉林省] 지안셴[集安縣] 통꺼우[通溝]에 있는 고구려 **무용총**舞踊塚 벽화의 주실主室에서도 **끈목**(여러 올의 실로 짠 끈을 통틀어 이르는 말)의 자취가 나왔다. 오랜 세월 전승된 매듭은 고려시대에 귀부인들의 사치품이었다. 조선시대에 들어와 그 용도가 다양해져 꽃가마나 의상 등 실생활 전반에 이용되었고, 궁중 내에 매듭의 전문장인인 '매집장每緝匠'을 두기까지 하였다. 전래하는 장식용 매듭은 ① 궁중의 복식, ② 실내 장식용품에 쓰인 **유소**(流蘇, 본서 114쪽 각주 74) 참조.), 및 ③ 항간에서 여인들이 즐기던 섬세하고 작은 것 등으로 대별된다. 큰 작품은 궁중에서 숙련된 장인이 만들고 작은 것은 솜씨 있는 상궁들이 만들었는데, 여러 문헌에 이따금씩 매듭에 관한 내용이 간간이 거론될 정도로 널리 보급되었다.

머리 부분이 크고 굵으며 꼬리로 가면서 가늘게 꼬부라진 **곡옥**(曲玉, 곱은 옥)은 초승달 모양의 옥구슬인데, 원삼국시대原三國時代 이전부터 왕관이나 목걸이에 걸어서 사용되었다.

이후로 호주머니용으로 허리에 찼던 황금색 국화꽃 무늬의 **비단 주머니**나 신체 부위에 따른 여러 가지 **치레 걸이** 등 다양한 의상 장신구마다 끈목으로 된 술과 매듭이 어김없이 쓰였다.

2

서양에서 '매듭을 묶다'(Tie the knot)는 '결혼하다'라는 뜻도 지닌다. 전하건대, 그 말은 가난한 농부가 신부의 반지를 살 형편이 못 되어 대신 가느다란 끈을 신부의 손목에 묶어주었다는 데서 유래되었다나 뭐라나. 결혼을 나타내는 영어 단어 중 하나인 wedlock에서 lock는 곧 자물쇠를 뜻한다. 그만큼 부부간의 하나 됨, 즉 결속력을 강조하는 말인 듯싶다.

이른바 '소드의 법칙'(Sod's law)은 끈과 상관성이 깊다. 어떤 일을 하려들 때마다 뜻하지 않게 방해받는 상황을 가리키는 말인데, 예컨대 소풍날이면 꼭 비가 오는 경우에 해당한다. 그것은 오래전 학교의 소사小使 아저씨가 승천하려는 이무기 같은 영물靈物을 낫으로 죽여서가 아니라, 바로 그 법칙 때문이다. 이는 신발 끈에도 해당된다. 외출 전에 신발 끈을 탄탄히 묶지만, 하필 꼭 다급한 순간마다 기다렸다는 듯 신발 끈이 맥없이 풀리곤 하여 어찌나 애를 먹여서 신경질이 나는지, 한동안 쌓아왔던 인격과 교양의 수련이 그만 일거에 물거품이 되기도 하는 것이다.

그리스 신화에서 그리스 본토 아테네의 **테세우스**(Theseus)는 지중해 크레타(Crete)섬에 있는 크노소스(K(C)nossos) 궁전 속 미궁(Labyrinth)에 들어가 괴물을 물리쳐야 하였다. 하지만 설사 괴물을 물리칠지라도 미궁을 빠져나올 길이 막막했다. 마침 크레타 왕 **미노스**(Minos)의 딸인 **아리아드네**(Ariadne)가 검과 붉은 실타래를 챙겨 주어서, 실을 줄줄 풀며 미궁에 들어간다. 치열한 대결 끝에 그는 검으로 반인반우牛人牛牛의 야수 인간인 **미노타우로스**(Minotaur)를 처단한다. 그리고 풀린 실을 거슬러 감으며 미궁을 가까스로 빠져나온 뒤, **아리아드네**와 함께 크레타를 탈출한다. 누구도 살아나오지 못했던 미궁을 빠져나올 수 있었던 것은 곧 생명선 기능을 한 그 실 줄기 덕분이었다. 훗날 **테세우스**는 그리스 본토의 패권을 장악하면서, 여러 도시국가들을 아테나이(Athênai, 아테네) 아래 **시노이키스모스**(synoikismos, '정치적 통일'(the political unification))을 한 사상 최초의 통일 왕(the unifying king)으로 등극한다. 그리하여 그리스의 아테네 문명은 지중해의 해양 문명인 미노스(Minos) 문명 즉 크레타 문명으로부터 벗어났다. 이렇게 그리스 초기 역사에 실타래의 역할은 지대하였다.

서양에 '**고르디우스의 매듭**'(the Gordian Knot)에 관한 고사故事가 전한다. 지금의 터키 지역인 아나톨리아(Anatolia, 소아시아(Asia Minor)) 중서부의 고대 왕국 프리기아(Phrygia)는 왕이 없어서 내전으로 대혼란을 겪던 중일 때, 제사장은 신탁받은 대로 이륜마차를 타고 나타난 **고르디우스**(Gordiu(a)s)를 왕으로 추대한다. [그의 아들이 훗날 뭐든지 손만 대면 금으로 바꾸는 **미다스**(Midas) 왕이다.] 정세가 안정되고 나라가 평온을 되찾자, 왕 **고르디우스**는 수도 고르디움(Gordium(on))을 세우고 그 이륜 전차를 기념하기 위해 튼튼한 끈 또는 줄로 아주 정교하게 얼키설키 매듭을 지어 신전에 묶어 둔다. 그러자 '그 끈의 매듭을 푸는 자가 아시아의 왕이 될 것이다'라는 신탁이 내렸다.

훗날 마케도니아의 대왕 **알렉산드로스 3세 메가스**(Alexander III Magnus, 356~323 B.C.E.)는 페르시아 원정길에 이곳을 들렀다가

99

그 매듭의 실마리나 끄트머리를 찾기는커녕 냉큼 그 끈을 단칼에 잘라 버렸다고 한다. 문자 그대로 쾌도난마快刀亂麻의 해결법이었다.59) 이후로 '고르디우스의 매듭'은 '고도의 난문제'(an intractable problem)를 창의적인 사고로 돌파구를 찾아내어 수월히 해결하는 일, 즉 '해결 불가능한 매듭의 풀기'(disentangling an "impossible" knot)를 비유하여 쓰인다. 그런데 대왕이 매듭을 정상적으로 풀지 않고 칼로 끊어버린 탓에, 그의 사후에 제국은 대왕 휘하의 장군 네 명에 의한 4개 국가로 분열되었다고 한다. 고대 문헌마다 대왕이 그 매듭을 푸는 일화가 조금씩 다르다. **플루타르코스**(라: Plutarchus, 영: Plutarch, c. 46~120 C.E.)는 그리스 역사가 **아리스토불루스**(Aristobulus of Cassandreia, c. 375~301 B.C.E.)의 기록을 인용하여, 대왕이 매듭의 고정용 대못을 찾아 뽑아낸 다음 끈의 양쪽 끝을 찾아서 풀었다고 전하기도 한다.

영국 극작가 **셰익스피어**(William Shakespeare, 1564~1616)의 사극 『헨리 5세』(1600) 서두에서, 켄터베리(CANTERBURY) 대주교가 이 매듭을 언급한다.

---

59) 중국 남북조시대南北朝時代에, 북조北朝 북제(北齊, 550~577)의 사서史書 『문선제기文宣帝紀』에 따르면, 동위東魏 효정제(孝靜帝, 524~552, 재위: 534~550)의 대승상 까오환(고환高歡, 496~547)은 원래 선비족화鮮卑族化한 한족漢族으로, 그의 부하 대부분은 북방 변경지대의 선비족이었다. **까오환**은 어느 날 아들들의 능력을 시험하고자 얽히고설킨 삼실을 하나씩 나눠주고 풀어보라고 시켰다. 다른 아들들은 어지럽게 헝클어진 삼실을 한 가닥씩 풀어내느라 안간힘을 쓰는데, 차남인 **까오양**[고양高洋]은 칼을 뽑아 엉킨 실타래를 단번에 쾌도난마快刀亂麻로 싹둑 자르고 득의양양하며 '난자수참(亂者須斬, 어지러운 것은 베어버려야 합니다)!'이라 호기롭게 소리를 내질렀다. **까오환**은 아들 양이 장차 큰 인물로 성장하리라며 내심 기뻐했는데, **까오양**은 훗날 효정제에게 선양받아 북제를 세워 **문선제**(文宣帝, 526~559, 재위: 550~559)가 된다. 그런데, 그는 잔혹한 폭군이 되면서 '쾌도난마'와 '난자수참'은 결국 폭정을 가리키는 말로 변질하고 말았다. 이후 그 고사성어들은 '날랜 칼로 복잡하게 뒤얽힌 삼을 한 방에 잘라 베다' 곧 '어지럽게 엉킨 일이나 정황情況을 재빠르고 명쾌하게 처리하다'의 뜻을 지니기에 이른다.

그에게 어떠한 정책 사유事由를 갖다 대어도
아무리 '고르디우스의 매듭'일지언정 왕은 풀고 말 것입니다
마치 양말대님 풀듯이 익숙하게 말이죠.

Turn him to any cause of policy,
The Gordian Knot of it he will unloose,
Familiar as his garter
— Shakespeare, *Henry V*, 제1막(Act 1) 제1장(Scene 1), 45-47행.

3

동아시아에는 [운명의] 붉은 색실60)이 두 남녀 연인 사이의 인연을 이어준다는 문화 요소가 널리 퍼져 있다. 이는 중국 당唐나라(618~907) 때 **리푸옌**(이복언李復言, 생몰연대 미상)의 저술 『속현괴록續玄怪錄』에 처음 수록된 '**웨샤라오렌**(월하노인月下老人; 월하빙인月下氷人) 설화'와 연관된다. 그 내용인즉슨, **웨샤라오렌**이 '붉은 끈'으로 발목을 묶은 남녀는 반드시 맺어진다는 것, 즉 언젠가 맺어질 남녀는 '보이지 않는 운명의 붉은 실'로 이미 서로 이어져 있다는 것이다. 이 운명담運命談은 하늘이 정해 준 천생배필의 인연은 거부할 수 없다는 운명[결정]론적 의식과 시각을 보여준다. 북송(北宋, 960~1127) 때 소설집 『태평광기太平廣記』(981)에 실린 이 설화의 소설 「정혼점定婚店」이 한반도에 유입되면서 그 이야기가 퍼졌으리라고 추정된다. 그리하여, **허난설헌**(許蘭雪軒, 본명: 허초희許楚姬, 1563~1589)의 「규원가閨怨歌」61) 6행에서 '월하月下의 연분緣

---

60) 중국어: 훙셴[홍선紅線], 일본어: 아카이이토(赤あかい糸いと).
61) 조선 후기 **홍만종**(洪萬宗, 1643~1725)의 『순오지旬五志』에는 그 작가가 허난설헌의 동복同腹 남동생 **허균**(許筠, 1569~1618)의 첩 **무옥**巫玉이라고 나온다.
/ •『순오지』: 조선 17대 왕 **효종**(孝宗, 1619~1659, 재위: 1649~1659) 때, 36세의 문신 **홍만종**이 고사일문古史逸聞·시화·양생술養生術·삼교합론三敎合論·속언 등을 저술한 잡록. 2권 1책. 필사본. 보름 만에 완성된 책이라 하여 그

分으로'는 '부부의 인연으로'라는 뜻임을 알 수 있다.
　중대하고 신성한 의식인 전통 혼례에서, **청실홍실**(←청사홍사靑絲紅絲)은 '남색과 붉은색의 명주실 테(동그랗게 포개어 감아 서려 놓은 실의 묶음을 세는 단위)'를 말하며, '부부의 연緣'을 상징한다. 동양의 우주론적 사상은 만물이 음양의 법칙에 의해 움직이며 천지 우주의 모든 근본원리가 청실홍실에 있다고 본다. **청**은 음으로 여자를, **홍**은 양으로 남자를 상징하므로, 청실홍실을 묶는 것은 곧 남녀의 결합을 의미했다.62)
　혼례식 전에 신랑집에서 신붓집으로 혼인을 청할 때, 납채納采라 하여 사주단자四柱單子를 '청실홍실'로 곱게 엮어 함函에 고이 담아 보냈다. 먼저 간지(簡紙, 두껍고 품질 좋은 장지壯紙로 만든 편지지)에 신랑의 사주(四柱, 四星) 즉 생년生年・생월生月・생일生日・생시生時의 네 간지干支를 적어서 다섯 칸으로 접은 다음, 봉투에 넣으나 봉하지는 않는다. 그리고 청홍靑紅 겹보를 홍색이 밖으로 나오도록 싸는데 그 중간 부분을 청홍색실의 '나비매듭'으로 묶는다.63) 이어서 납폐納幣라 하여, 혼약 성립에 대한 감사 표시로 신랑집에서 신붓집에 예물을 함函에 넣어 보낼 때, 채단(綵緞, 혼인 때, 신랑 집에서 신붓집으로 미리 보내는 청・홍색의 비단)의 경우 홍단은 청색 종이에 싸고 홍색 실로, 청단은 홍색 종이에 싸서 청색 실로 각각 동심결(同心結, 두 고를 내고 맞죄어 매는 매듭)을 맺는다.

　책명이 붙었다. 작가 생전에 간행되지 못하고 필사본으로 전해진다.
62) 일부 민속학자들은 청실홍실을 '음양의 결합'이 아니라 '양의 결합'으로만 해석한다. 즉 동쪽인 **청**과 남쪽인 **홍**이 둘 다 '양'으로 상호 결합하여서 서쪽과 북쪽의 '음'을 극복한다고 주장한다. 따라서 혼례식을 비롯한 신성한 의식에서의 청・홍 사용은 부정을 쫓아내고 악귀를 몰아내어 주위를 깨끗이 정화한다는 데 의미를 둔다고 보는 관점이라 하겠다.
63) 나비매듭은 서양 문화의 '나비넥타이'에서 보인다. 왠지 귀여운 듯 의젓한 '나비넥타이'의 '나비매듭'은 간편하게 양복의 단정한 핵심을 잘 살려준다. 누군가 멋들어지게 표현한 바대로, '나비매듭에서 비롯된 나비넥타이가 수많은 남자들의 양복 위에 사뿐히 올라앉아 매듭의 역사를 풍부하게 한다.'

이때, 청홍의 두 끝을 따로따로, 즉 청단은 홍실로, 홍단은 청실로 접어서 그 허리에 색깔이 엇바뀌게 낀다. 함띠는 흰 무명천을 말아서 함진아비가 매도록 한다.

혼례식 날, 신랑 신부가 처음 대면하는 초례상醮禮床에도 송죽(松竹, 소나무와 대나무 가지)이 꽂힌 꽃병 두 개를 양쪽에 놓고 그 사이와 술잔 위에 청실홍실을 걸어 놓고 서로 잔을 주고받는다. 송죽은 굳은 절개를 지킨다는 언약의 상징물이다.

이어서 혼례를 마치고 폐백을 드릴 때까지, 청실홍실은 부부 한 쌍이 탄생하는 과정을 지켜 주는 수호신 노릇을 하였다.

신부는 신랑이 보낸 청실홍실이 곧 자기네 사랑을 끝까지 결합해 주리라 믿으면서 남편의 사주단자를 평생 장롱 깊숙한 곳에 두고 죽을 때까지 보관했다. 이후 남편의 사랑이 식어감을 느낄 때면 누가 볼세라 청실홍실로 묶은 남편의 사주단자를 몰래 꺼내어 옛정이 되살아나길 기원하며 한숨을 짓곤 하였다. 시집살이가 고달플 때는 그 실을 어루만지면서 믿음직한 남편의 사랑을 확인하고 스스로 위로 삼기도 했을 터이다. 남편을 여읜 경우엔 그 실을 더듬으며 가슴 설레던 옛 추억을 되새기거나 남몰래 눈물을 적셨으며, 또 부인이 죽은 후에는 청실홍실을 관속에 넣어 한평생 한 남편만 섬겼다는 증표로 삼기도 했다.

예전에 우리네 아름다운 등불 가운데, 대오리나 쇠로 만든 틀 안에 촛불을 넣고, 붉은 사紗로 만든 비단을 겉에 둘러씌운 등燈은 홍사紅紗초롱 또는 홍사등롱紅紗燈籠이고, 푸른 사紗로 겉을 둘러씌운 초롱은 청사靑紗초롱 또는 청사등롱靑紗燈籠이라고 불렀다.

4

인연因緣의 '연'자는 '묶음'을 뜻한다. 도움을 주고받을 만한 인간관계나 인맥을 의미하는 **연緣줄**(인연이 맺어지는 길, network)이 적잖게 필요할 때도 있지만, 대개 사회정의를 말아먹는 적폐積弊로 작용한다.64) 그와 연루된 속어로서, '백그라운드'(background)에서 나온 '빽'(back)은 그 인맥의 연줄 중에서 사회의 후진성을 가장 여실히 드러내는 지표이다.

일신의 영달에 집착하여 '썩은 동아줄'에 매달렸다가 떨어진 호랑이 꼴을 면치 못한 이가 한둘이 아니다.65) 오갈 데라고는

---

64) [주로 인터넷상에서] 지인들과 파벌을 형성하는 용어인 '친목질'은 그릇된 친목 행위를 비하하는 말로, 주로 공공집단이 내부 친목 집단에 의해 사유화됨을 가리킨다. 가령, 우리 현대사에서, 군대 내의 정치군인 사조직이 비밀리에 작당하여 군사 역적질을 도모하는 등 본래 집단의 의미나 기능을 뒤흔드는 경우에 해당한다. 현실 세계에서는 혈연·지연·학연을 통한 인맥[질]이라는 말이 널리 쓰인다. 인터넷 커뮤니티는 그 주목적이 친목이어서, 길드(guild)나 혈맹의 결속력을 함의하지만, 이는 집단 괴롭힘의 유발 요인이 되기도 하여 공동체의 패망을 초래할 수도 있다.

65) 전래동화「해와 달 이야기」의 줄거리: 옛날 옛적 한 두메산골 오두막집에 가난한 엄마와 어린 남매가 살았는데, 엄마는 여러 재를 넘어 마을로 품팔이 다녔다. 어느 날 한 부잣집에서 떡방아를 찧어준 품삯으로 떡을 얻어 머리에 이고 귀가하던 엄마를 으슥한 고갯길에서 호랑이가 그만 잡아먹고 말았다. 호랑이는 엄마 옷을 입고 남매마저 속여 잡아먹으려고 집을 찾아왔다. 마침내 호랑이의 정체를 알게 된 남매는 집 뒤꼍 감나무 위로 도망쳤다. 호랑이가 따라 올라오자 하느님이 동아줄을 내려주어 남매를 구하였다. 그러나 흉악한 호랑이에겐 썩은 동아줄을 내려서 떨어져 죽게 하였다. 하늘에 올라간 누이는 달이 되고 동생은 해가 되었다.

▲『해와 달 이야기』 소재 우표. 우정사업본부, 1970년 1월 발행.
• 출처: C0393-396/ 동화시리즈(제3집) 해와 달 기념우표_ 우문관(https://woomoon.com › product › c0393-3961-동화시리...)

하나 없이 처량한 '줄 끊어진 박첨지'66) 신세가 되는 것이다. 그 속담은 '끈 떨어진 뒤웅박67)'이라고도 달리 표현되며, '뒤웅박' 대신 '갓·둥우리68)·망석萬石중이69)' 등을 넣어 쓰기도 한다. 이 모두가 탄탄하게 연결한 끈이 떨어져서 꼼짝을 못 하게 됨을 비유한다. 쓸데없이 된 처지를 일러 '줄 없는 거문고'나 '실 끊어진 연'꼴이 났다는 식의 유사 표현이 유독 많기는 하다.

전통 매사냥에서 갓 잡은 매를 길들일 때, 줄 한끝에 매어서 주는 밥 즉 '줄밥'을 이용한다. 매는 제 발에 달린 고리가 줄에

기원 16세기 무렵부터 구전되던 영국 민화로 1734년 첫 출판된 동화『잭과 콩나무』(Jack and the Beanstalk)도 이와 유사한 내용이 있다.

66) 인형극을 놀리다가 끈이 떨어지면 꼼짝 못 하듯이 의지할 데 없어 활동이 멈춘 가련한 처지를 이르는 말. 충남 서산시 음암면音岩面 탑곡리塔谷里의 충남 무형문화재 제26호 '서산瑞山 박첨지朴僉知 놀이'는 남사당패에 의해 전해진바, 인형을 매체로 한 사회풍자 민속극으로, 고려 때부터 지배계급사회의 모순을 풍자하면서 서민층에서 즐겨 놀았다. 꼭두각시놀음·홍동지놀음·꼭두박첨지놀음 등으로도 불린다. '박'은 인형을 바가지로 만든다는 데서 비롯되고, 벼슬 '첨지'는 양반을 해학적으로 풍자한 이름이다. 마을 주민 주연산(朱連山, 1903~1993)이 남사당패 출신 유영춘(생몰연대 미상)에게서 인형 제작법·놀이 방법·재담 등을 배워 지금의 놀이 형태로 구성하고 1954년부터 사랑방 마루에서 연행演行하다가, 현재 마을 주민 20여 명이 보존위원회를 구성하여 명절날 마을 놀이로 행한다. 박첨지 마당 네거리와 평안감사 마당 세거리의 2마당 7거리로 구성된 이 마당극은 막 뒤에서 여러 사람이 인형을 움직이며 관객과의 문답 형식으로 진행된다. 주인공 박첨지를 통해 퇴폐적인 가부장적 양반사회의 모순을 해학과 풍자로 승화시킨 한민족 유일의 이 마을 단위 민속인형극은 그 가면·탈·풍물 또한 예술 가치가 높다.

67) 박을 타거나 쪼개지 않고 그 꼭지 언저리에 한두 주먹만 한 구멍을 뚫고 속을 파내어 만든 바가지.

68) 짚이나 대 또는 싸리 따위로 바구니와 비슷하게 엮어 둥글게 만든 그릇. 둥주리.

69) 고려 때부터 행했던 사월 초파일 관등놀이의 하나인 '망석중놀이'에 등장하는 나무 인형으로, 몸통을 높이 세우고 팔과 다리를 꿴 다음 아래에서 줄을 당겨 움직이는 인형. 그림자극과 줄인형극의 요소를 지닌 망석중놀이는 글 모르는 민중에게 부처의 가르침을 쉽고도 재미있게 전하기 위해 만든 것으로서, 끝없는 탐심과 영욕을 쫓는 인생의 덧없고 무상함을 일깨우는 내용이며, 현전하는 유일한 전통 그림자극이다.

꿰어진 탓으로 달아나지 못하고 그 줄을 쭉 따라가서 그 끝에 달린 밥을 먹으려고 한다. 이로부터 재물을 탐하다가 남에게 이용됨을 빗대어 '줄밥에 매로구나'라는 말이 나왔다. [또한 줄로 쇠붙이를 쓸고 깎거나 손질용 줄로 손톱 끝을 다듬는 줄질을 할 때 쓸리어 떨어지는 부스러기도 '줄밥'이라고 한다.]

'끄나풀'이란 말이 우리 눈길을 '끈'다. 문자적으로 '길지 않은 끈의 나부랭이 즉 오라기'를 가리키는 말로, '감정의 끄나풀'은 썩 좋지 않은 감정의 여운이 채 가시지 않은 상태를 말한다. 한편, '끄나풀 노릇을 하다'는 밀정처럼 다른 사람의 앞잡이 노릇을 하는 짓을 얕잡아 이르는 말이다. 일본어로 '끈'[紐(히모), 뉴]은 은어로 '여자에게 얹혀사는 백수 사내'를 뜻한다는데, 우리말로 '기둥서방'쯤 되겠다.

문득, 매듭은 옹이를 연상시키기도 한다. 예컨대, 관솔옹이는 솔가지에서 뻗어 나온 가지의 자국이다. 험한 일을 많이 한 내 친구 하나는 솥뚜껑만 한 제 손바닥의 굳은살을 보여주면서 '옹이 박혔다'면서 쓸쓸히 웃곤 하는데, 이때 내 가슴은 가을날 뜨락처럼 얼마나 휑해지는지 모른다. 또한 옹이는 비유적으로 귀에 박힌 말이나 가슴에 맺힌 감정 따위를 이르기도 한다. 그래서 '옹이[가] 지다'는 '마음에 언짢은 감정이 있다'를 뜻하여 '옹이 진 마음이 풀리다'와 같은 표현이 쓰인다.

중국 유교문화의 커다란 폐해 중 하나로, 유난히 우리 한민족은 학업 수준과 관련된 '가방끈'의 길고 짧음에 부쩍 예민하다. 이에 한술 더 떠서, 한민족 근대사의 군사 역적들이 한민족의 어린 동량지재(棟梁之材, 기둥이 될 만한 인재)들에게 끼친 가장 큰 도덕적 해악은 '무력武力이 곧 천하의 정의正義'라는 원시적이고 야만적이며 패악적인 사도邪道의 정례화定例化이다. 그러니 누군들 '진정으로 올바른' 삶을 추구하려 들겠는가. 주인의 등에 칼을 꽂아서라도 센 힘의 강짜와 억지만 부리면 만사형통인 것을. 사람에게 충성을 안 한다면서도 저를 향한 충성만을 강제하는 현 세태를 볼 때, 아마 저는 사람도 아닌 모양이렷다. 이제 '학업'이란 말이 자아 수련과 함양의 의미는 더더욱 퇴색되어 버리고 오로지 세속적 출세나 출사出仕 절차로 굳어진 이상, '가방끈'에 은닉된 참담한 사회적 속성은 '연줄'을 최고의 필수불가결한 악덕으로 승화시키고 말았다.

어느 사회나 문제의 가장 큰 유발 요인은 인간관계. 사람살이에서 흔히 생기는 갈등을 암유暗喩하여, '매듭진 것이 있으면 풀어라'고들 말한다. 끈과 매듭을 잘 지으면 호박이 넝쿨째 굴러오지만, 그렇지 못하면 줄줄이 포승捕繩줄에 엮이는 처지로 전락할 수 있다. 명분 없는 괜한 일들에 힘줄 굵게 나서지 말고, 매사에 '결자해지結者解之'의 책임감으로 엉켜진 매듭들은 잘 풀고, 벌인 일은 잘 매듭지어야겠다.

이렇게 '엉킨 실타래는 당기지 마라'는 우리네 속담은 속전속결의 실용성보다는 자연 질서의 순리나 천지 이법에 순응하라는 뜻에 더 역점을 둔다. 억지로 당기지 말고 느슨히 놓아줌으로써 풀어가는 동양적 슬기의 여유가 가득 묻어난다. 가치 기준이 하루아침에도 급변하는 요즘, 일 처리와 마음 씀씀이에 있어서 느긋함이라는 인생 운용법의 철리哲理가 절실하게 요망되는 말이겠다. '실 엉킨 것은 풀어도 노 엉킨 것은 못 푼다'고 풀기 어려운 때도 있으므로, 함부로 만용 부리지 말고 겸허할 필요도 있겠다.

5

'고'는 ① 순우리말로는 [옷고름과 노끈 따위의] 매듭이 풀리지 않도록 한 가닥을 고리 모양으로 잡아 빼어 맨 것을 일컬으며, ②

'인고忍苦'의 옛말로 '괴로움[苦]'을 뜻하고, 또한 ③ [한민족의 기층문화基層文化에서 한 자리를 차지하는 굿과 관련하여] 망자가 이승에서 풀지 못해 가슴에 맺힌 원한을 표상한다. 굿은 인간의 죽음과 긴히 관련된 문화로서, 죽음을 부정적不淨的으로 보는 세계관에 바탕하여 죽은 자가 산 자에게 해를 끼치지 못하도록 시신을 결박하는데, 이때의 동심결同心結 매듭도 '고'라고 부른다.

▲ 1980년대 진도 씻김굿의 고풀이. • 출처: 전남일보
(《홍대신문》 2018. 03. 13일 자 참조)

'고풀이'는 [기둥에 묶어 놓은 천 매듭을 하나씩 풀어가면서] 망자의 한이나 원冤으로 구상화된 '고'를 풀어 맺힌 이승의 한을 달래준다는 굿 대목이다. 여기서 '고'는 상기한 세 가지 의미를 모두 표상한다. 이는 전라도 무속에서만 볼 수 있는 풍습이다. 망자를 저승으로 보내는 씻김굿에서, '고풀이'는 기다란 흰 무명이나 베로 7~12개의 매듭을 둥그렇게 지어서 한쪽 끝을 기둥에 매어 고정한 뒤 무녀가 다른 끝을 쥐고 무가를 부르면서 잡아당김으로써 하나씩 풀어가는 해원解冤의 의례이다. '고苦'의 매듭을 풀

어주면서 망자를 고로부터 해방시켜 준다는 뜻이다. 이때 사용된 고는 길닦음에서 '질베'로 사용된다. 망자가 생전에 매듭처럼 한 맺힌 '고'지만, 다 풀리어 자유로운 존재가 되면 이제 '[열린 저승]길'이 된다고 한다. 이러한 이승과 저승의 연결에는 결국 천지 삼라만상의 상응과 조화가 담겨 있는 것이다.

6

사람의 삶은 끈과 매듭으로 그 시종始終을 이룬다. 한 생명은 동맥 두 가닥과 정맥 한 가닥이 서로 꼬인 탯줄(Umbilical cord)을 잘 끊고 매듭지으며 세상에 등장한다. 탯줄은 신경조직이 없어 잘라도 통증이 없다지만, 아무튼 탯줄처럼 제때 제 곳에서 잘 '끊'어야 하기에 '끈'이 아닐까.

출산한 집 대문에, 어른 키만한 높이로 중간이 약간 처지게 인人줄 또는 금禁줄을 친다. 숯덩이나 빨간 고추를 작은 생솔가지와 함께 간간이 꽂은 이 매듭 줄을 보면, 누구나 반갑고도 다소 삼가는 마음이 환히 든다. 그리고 그것은 '젖줄'을 연상시키기도 한다. 일반 새끼줄은 짚을 오른쪽으로 엮어나가는데, 왼새끼인 금줄은 볏짚 두 가닥을 왼쪽으로 맨다. 이 줄 매듭에는 봉쇄와 해방의 맺고 푸는 행위적 의미가 담겼다.

초상을 치를 때, 시신은 일곱 마디로 묶었고, 염습殮襲을 하거나 관 뚜껑을 맬 때는 두 개의 고를 내고 맞죄어서 풀리지 않게끔 역시 동심결로 매듭을 짓는다.70) 죽은 이 즉 망자亡者를 싣고 떠나는 상여 역시 온통 휘장의 끈과 매듭으로 치장하는데, 이렇듯 '끈'은 끝마디에 끝매듭을 잘 맺어야 유종의 미를 장식할 수

---

70) 이에 못지않게 단단한 매듭으로 **외과 의사 매듭**이 있다. 이는 처음 만든 고리 속에 두 번 실을 넣어서 맺는 이중 매듭으로서 외과의가 상처를 봉합할 때 쓰며, 쉽게 풀리지 않는 매듭으로 유명하다.

있는 것이라 하겠다.

끈을 엮는 일은 하늘과 땅을 이어주는 의미가 들어있다고 하여 '하늘사다리'라고 일컫기도 한다. 고대에는 끈으로 엮은 매듭의 수나 간격과 모양과 색 등으로 고유한 개념이나 숫자 등 의사를 전달하는 결승문자結繩文字가 쓰였다. 세계 전역에 그 흔적이 있지만, 고대 중국의 결승結繩이나 16세기 초 남미 잉카 제국 (Inca Empire)의 퀴푸(quipu) 등이 대표적이다. 정보를 나누고 숫자를 세는 데에 일종의 매듭을 이용했던 셈이다.

조선시대에도, 보부상들은 정보교환을 위하여 특정 약속 장소에 매듭들을 걸어두곤 하였다고 한다. 그래서인지 '경제經濟'의 '경經'자는 원래 피륙 등에서 세로줄 즉 날줄로 엮어간 실을 가리키지 않은가.71) 재화와 용역의 생산·분배·소비 등 제반 활동들은 곧 사회와 인생을 구성하고 견지하는 실 또는 끈이라고 할 수 있겠다. 또한 '제濟'자가 시사하듯이, 생을 잘 '건너가'도록 버텨주는 힘인 경제는 참으로 중요한 인간사회의 필수불가결한 분야라 아니할 수 없다.

7

끈은 '끈끈이·끈끈하다', 또는 '끈질기게'나 그 첫 두 글자를 바꿔쓴 '질끈 [묶다]'처럼, 된소리[경음硬音] 초성初聲 'ㄲ' 때문에, 더는 '끊'어지지 않겠다고 '끊임없이' 그리고 단단히 벼르는 듯

---

71) 세로줄을 나타내는 '경'자의 용례로서, **경도**(經度, longitude)와 **경락**(經絡, meridian system) 등이 있다. **경도**는 지구상의 위치를 나타내는 세로줄 좌표로, 본초자오선本初子午線을 중심 삼아 동서로 나누어 지구상의 한 지점을 지나는 자오선 사이의 각도를 도·분·초로 표시한다. [위도(緯度, latitude)는 적도를 중심 삼아 지구상에 있는 지점의 위치를 남북 가로줄로 나타내는 좌표이다.] 한편, **경락**은 몸의 안에서 기혈氣血이 순환하는 통로로서, 머리에서 발 끝까지 위아래인 세로로 흐른다고 알려져 있다.

한 '끈'의 기운氣運, 다시 말하면 '끈기' 또는 결기의 긴장미가 똘똘 뭉쳐서 팽배하다. 그런데, 흥미롭게도 유성음有聲音 받침 'ㄴ' 덕분에 끈적끈적한 강기剛氣나 찰기[점성粘性]의 그 폐쇄적 인상이 다소 완화되어 덜해지는 양 보인다.

줄은 원순모음圓盾母音 'ㅜ'와 유성음 받침 'ㄹ'로 인해 줄기차게 줄곧 잇는 문합吻合72)의 심상을 굳건히 드러낸다. 초목의 생명줄인 '[나무] 줄기'나 '줄 서기' 또는 '줄기둥[주랑柱廊]'처럼 길이로 죽 벌이거나 다소 느슨히 늘어 서 있는 현상이 연상된다.

그리하여 어감상 단호하고 끈덕진 끈은 비가시적인 상황성으로서 정태적靜態的이며, 집요하고 줄기찬 줄은 가시적인 현장성으로서 동태적動態的이다. 그러다 보니 끈이 더 안정적인 듯도 싶으며 줄이 더 진취적인 듯도 싶다.

> 📖 '끊[어지]다'의 옛말인 기본형 동사 '긏다'
>
> ○ 긏다(15~19세기) 〉 긋다(17세기) 〉 긅다(17~19세기) 〉 끊다(19세기~현재).
>
> 옛말 '긏다'는 『석보상절釋譜詳節』(1447) 3:10ㄴ 및 『월인석보月印釋譜』(1459) 11:120ㄴ 등의 15세기 문헌에서부터 나타난다.
>
> 당시 '긏-'은 자음 시작 어미가 결합할 때는 '긋-'으로, 모음 시작 어미가 결합할 때는 '긏-'으로 나타났다.

---

72) 의학 용어로, 연결(連結, anastomosis), 즉 문자적으로 '나눠진 두 구조물을 연결하다'를 의미한다. 그 영어 표현은 '출구出口'(outlet, or opening)를 뜻하는 그리스어 ἀναστόμωσις (anastomosis, 아나스토모시스)에서 유래했다. 그 말은 끊긴 혈관이나 창자 등을 외과 수술적으로 잇는 일을 말하며, 신경 연결의 경우는 '신경봉합'이라고 일컫는다.

> 17세기 무렵에, 끝소리 'ㅊ' 앞에 'ㄴ'이 첨가되어 '긋-'이 되고, **어두 된소리화**(어두語頭의 첫소리 'ㄱ'이 된소리가 되는 현상)를 겪으면서, 끝소리 'ㄴㅊ'이 'ㄴㅎ'으로 변하여 '긇-'으로도 나타났다.
>
> '긋-'의 어간 말음末音 'ㅊ'을 'ㅈ+ㅎ'으로 재분석하면, '긋-'의 종성(終聲, 받침. 종자음終子音)은 세 개의 자음 'ㄴ+ㅈ+ㅎ'이 되는데, 국어에서는 이러한 자음 연속을 허용하지 않으므로, 이 가운데서 자음 'ㅈ'이 탈락하여 종성이 'ㄴㅎ'으로 변한 '긇-'이 된 것으로 추정된다.
>
> 이후 19세기에, 'ㄱ'의 된소리 표기가 'ㅅ'에서 'ㄲ'으로 변하여 '끊-'으로 나타나면서 현재에 이르렀다.

웬걸, 끈과 매듭에 관해 글을 줄줄 엮어나가다 보니, 아무리 해도 얼른 '말 매듭' 아니 '글 매듭'을 짓고 맺기가 쉽지 않을 듯하다. 모름지기 우리는 실과 끈과 줄이 지닌 그 내포된 함의나 기의記意를 유전인자처럼 내장하고 외연의 표의表意나 기표記標를 섬모纖毛처럼 장착하여 나부끼면서 주어진 문화·사회학적 역량을 축적해나가야 할 터이다.

더 나아가 우리는 '[먹]줄로 친 듯하게' 더욱 곧고 겸손하고 성숙한 의식을 키워나가고자 스스로 인격을 도야하는 일에 신발 '끈'을 졸라매고 매진해야겠다. 그래야 [우리네 '목숨 길이'를 속되게 이르는] '명줄'을 올바른 대의명분에 걸고서 우리에게 주어진 삶을 영위하는 일이 될 터이다.

끈과 매듭

1

지금도 선물은 무조건 커야 좋다고 여긴다. 질보다 양이 우선인 문화 의식이겠다. 하지만 작고도 야무진 선물이 더한 관심을 끈다. 감사를 표하는 카드 한 장에 몇 마디 담긴 말이 두고두고 우리 마음을 함초롬히 적실 때가 많다. 어느 경우가 실속을 차린 것인지는 내용물의 가치에 달려 있다. 그리고 그 가치는 마음에 찡하게 전하는 감동의 깊이에 비례한다. 그에 더하여 선물을 잘 묶고 곱다시 매듭을 성의껏 엮어서 얹어 준다면, 보내는 이의 고운 정이 듬뿍 전해지는 일이야 두말할 나위가 없다.

일상생활의 작은 소품 하나에도 매듭은 그 기능 외에 여유로운 멋을 더해 부리는 미적 감각의 표출이다. 물건을 묶거나 매어서 늘어뜨리는 경우 등등 실생활에 두루 애용되는 끈의 용도는 그 실용성을 넘어서, 인간의 심미적 창조 욕구에 따라 장식용으로 쓰이다가 마침내 전통공예라는 예술 창작의 매듭으로 올라섰다. '중요무형문화재 제22호'로 지정된 한국의 전통 매듭[73]

---

73) 현재 중요무형문화재 제22호 매듭장 기능보유자는 **정봉섭**(程鳳燮, 1938~ , 2006년 보유자 인정)이다. 초대 매듭장 보유자인 부친 **정연수**(程延壽, 1904~1974, 1968년 보유자 인정)과 모친 **최은순**(崔銀順, 1917~2009, 1976년 보유자 인정)의 딸로, 그는 부모에게서 전수받은 매듭 일을 자신의 맏딸 **박선경**(朴仙環, 1964~ , 매듭장 전수교육조교)에게 전수하여 4대째 전통 매듭을 가업으로 잇고 있다. 가마·연輦·기旗·상여 등을 장식하는 대형 유소流蘇는 팔 힘이 많이 들어가는 작업이어서, 예전에는 남성 매듭장이 많았다. 그 기능의 기량과 솜씨가 정교하고 탁월한 **정봉섭**은 노리개부터 의식용 장엄구인 유소까지 다양한 작품을 제작해 왔다. 특히 **봉술**(술 머리에 금실을 감아 글자 문양을 표현하는 기

은 끈을 엮고 맺고 풀고 짜고 조이는 과정을 통해 만들어지는 여러 형상과 물형物形들을 총칭한다.

매듭은 끈의 매 가닥을 엮어 모은 다음에, 끈 하나로 세 마디 이상의 교차점을 이루면서 반복적인 형태들을 맺어나가는데, 현재 전해지는 기본 매듭이 무려 38종류나 된다고 한다.

2

매듭은 그 기본이자 재료인 끈목으로 첫발을 뗀다.

색색色色 '올'의 명주실 생사生絲들을 삶고 헹궈 말리어 실타래로 감아서 잘 다듬은 다음, 오색물감으로 염색하고 이를 꼬아 합사合絲하여 실로 짠 끈을 통틀어 끈목이라고 부르며, 한자로 '다회多繪'라 한다. 그 가닥수에 따라 4사絲·8사·12사·36사 등 4의 배수인 '많은' 실이 모여서 '회繪 즉 그림'을 이룬다는 뜻풀이겠다. 그 의미대로, 우선 한 올의 끈을 반분하여 중심을 잡아 두 가닥으로 조리 있게 겹치거나 대칭으로 엇걸어서 여러 모양을 연이어 맺어 엮은 다음에, 상호 교차된 끈목을 끝이 날카롭지 않은 대[竹] 송곳으로 질서정연하게 죄어서, 지은 매듭이 풀리지 않게끔 딱 아물게 하면, 그 쓰임새에 따라 형형색색의 오색영롱한 장식무늬 문양들이 나온다.74)

늉) 감는 기능을 복원함으로써, 전통 매듭의 원형 복원과 보존 및 전승에 힘써온 점이 높이 평가된다.

74) 일명 '격답格搭' 또는 '결자結子'라고 하는 매듭은 실이나 노끈으로 엮고 맺고 짜거나 혹은 그 끝에 술을 드리우기도 하는 전통 수공예품이며, 그 기능이 갖춰진 이를 매듭장이라 한다. 그 작업을 구체적으로 말하자면, 끈목의 한끝을 매어 매듭짓거나, 끈목들 간의 끝을 서로 맞잇거나, 끈목 길이를 줄이기 위해 중간을 동여매거나 하는데, 그 형태에 따라 둥근 모양의 끈목인 원다회(圓多繪, 동다회童多繪)와 [폭이 넓고 납작하게 날줄과 씨줄로 직조된] 광다회(廣多繪, 납다회)로 구별이 된다. 그 외에, 갖가지 색실로 만든 끈목으로 매듭을 맺고 그 끝에 술을 장식하기도 있는데, 이를 유소流蘇라고 한다. 한복

무명을 쓰는 서양 끈과는 달리, 우리 전통 매듭은 고운 오방색五方色[75]으로 화려하게 염색한 명주실을 사용한다. 그래서 흑백 끈목은 잘 쓰지 않는다. 과시, 매듭이란 손에서 손으로 전달되면서 손끝에서 섬세하게 피어나는 끈의 선線 예술이다.

옥노리개·대삼작노리개[大三作佩飾][76]·서랍좌경·바늘꽂이·꽃주머니 따위의 매듭을 보면 그 정교함에 찬탄을 금할 길 없는데, 끈의 '맺어 꼬고 당김'마다 의미들이 철철 넘친다. 매듭은 시집가는 꽃가마에뿐만 아니라 은장도나 창검 같은 소지품에도 쓰였고, 방한모인 조바위나 남바위 및 기타 술 장식에도 쓰인다. 이 중에 길게 내려뜨린 매듭 장식을 '방장 유소房帳流蘇'[77]라 하

에 노리개나 장신구로 늘어뜨리어 매다는 것들이 곧 그에 해당한다.
75) 오행 사상을 상징하는 색. 파랑-동쪽, 빨강-남쪽, 노랑-중앙, 하양-서쪽, 검정-북쪽 등 각각의 빛들이 방위를 뜻한 데서 '방方'을 사용하였다. 이에 근거하여, 중국 황제는 노란 기와집에서 노란 옷을 입고 살았는데, 이는 자기네가 우주의 중심이라는 뼛속 깊은 중화사상에 따른 것이다. 백의민족인 한민족은 주로 흰옷을 입었는데, 중국의 동쪽이므로 잘 맞지 않는다고 하여 흰옷을 금지하고 푸른 옷을 입게 하려고 한때 조정에서 강제 시행을 했으나, 실상은 흰옷이 당시의 사치품이어서 오방색과 안 맞는다는 핑계로 규제하려고 했던 것이다. [참고로, 한반도 지형이 수근목간水根木幹에 해당하니까 검은 옷에 푸른 갓을 써야 한다는 주장도 있었다.] 현실적으로 강제적인 단속이 불가능하였기에, 그냥 흰 옷을 입도록 허용하였다. 본서 159와 각주 119) 비교.
76) 노리개는 조선시대 여인의 몸치장으로 저고리 고름이나 치마허리에 차는 대표적 꾸미개(장신구)이다. 가례嘉禮나 혼례의 주요 예물로서, [금·은·백옥·비취옥[나비]·금패(호박琥珀의 하나)·산호珊瑚 가지 및 밀화蜜花 따위의] 부부 금슬이나 복 등을 염원하는 귀한 패물에 아름다운 빛깔의 매듭을 지어 만든다. 네모꼴·동그란 모양·꽃무늬 및 나비 모양 등을 만들고, 명주실을 삼색으로 염색한 뒤 합사하여 8사로 끈목을 짜며, 도래매듭에서 시작하여 생쪽·양생쪽·가지방석 매듭을 엮어나가 윗부분을 다 만든 다음에, 마무리로 끈술 형태의 낙지발술을 달아 놓곤 한다. **외줄[단작單作]노리개**와 [세 개가 한 벌로 된] **삼작노리개**가 있으며, 노리개 밑에는 술이 달려 있어 매듭 및 패물 등과 잘 어우러져서 품격있는 우아함을 연출한다.
77) 방장房帳은 추위나 바람을 막기 위해 방문이나 벽에 두르는 휘장, 곧 겨울용 가리개이다. 안에 심을 댄 붉은색 비단에, 박쥐 문양과 연꽃 문양의 금박으로 장식하여 실용성과 장식미를 더한다.

115

며, 자주색 동다회童多繪로 끈목을 짜서 도래·병아리·나비·국화매듭과 딸기 술로 장식한다. 특히 한복 노리개는 그 단아한 멋이 여성적인 우아한 기품을 극대화한다. 짧은 매듭과 길게 늘어뜨린 술은, 한복 특유의 짧은 저고리와 긴 치마가 이룩한 비례미와 절묘하게 조화되면서, 균형감과 미의식을 고양해 준다.

▲ 다양한 전통 매듭. • 출처: EBS(https://home.ebs.co.kr) HD(기획 특강)

전통 매듭을 지칭하는 이름들도 도래매듭·날개매듭·가락지매듭·매화매듭·국화매듭·병아리매듭·매미매듭·잠자리매듭·딸기매듭 등 정겹고 친숙하기 그지없다. 죄다 우리 주변에 널린 온갖 물건이나 꽃과 곤충 등에서 따온 것들이다.[78]

---

[78] 이 가운데 맨 먼저 시작하는 기본 기법으로서 가장 쉽고 많이 쓰이는 것이 **도래매듭**이며, 이는 매듭 사이를 연결하거나 다른 매듭의 가닥이 풀어지지 않게 고정하거나 끝마무리할 때 흔히 쓰인다. 기실, 삼라만상은 그 이름을 부여받음으로 하여 비로소 그 현존적 실체성이 확인되는데, 모든 매듭들마다 그 방식에 따라 일일이 나름의 고유한 이름을 지님으로써, 매듭의 포괄적 명칭으로부터 해방됨과 동시에 주체성을 확연히 품고 지닐 수 있게 되는 것이다. 그렇게 숨이 불어넣어진 각 매듭은 이름에 걸맞게 한 땀 한 땀 맺어지면서 균형과 질서의 미학을 성취함과 동시에, 작업자를 예술 창조의 무아지경이라는 평정과 고요 속에 정착하도록 해준다.

▲ 우리 전통 매듭의 종류.
• 출처: https://kr.pinterest.com/jiedc0514/knots/

영친왕비 대삼작노리개 (국립고궁박물관)

• 출처: 김영조, 〈우리문화신문〉 2012.02.13.

　가장 크고 화려한 매듭 작품인 대삼작노리개는, 산호·옥·밀화(蜜花, 밀랍 같은 누른빛이 나고 젖송이 같은 무늬가 있는 호박의 일종) 등의 세 가지 보석을 노란색·남색·다홍색 매듭으로 연결하여서, 그 세 개의 노리개를 한 벌로 엮어가며 만든다. 매듭과 술은 붉은빛·푸른 빛·노랑 빛의 삼원색을 기본색으로 하고, 분홍·연두·보라·자주·옥색 따위를 쓴다. 크기는 노리개에 다는 패물의 크기와 형태에 따라 달라진다. 이 노리개는 매어 다는 패물의 종류와 규모 및 형태 그리고 술의 종류에 따라, 예복용과 평복용으로 구분되며 그 종류 또한 매우 다양하다. 왼쪽에는 균형 잡힌 산호 가지를, 가운데는 옥판에 금으로 몸체를 만들고 옥비취나 진주로 장식한 나비를 두 단으로 붙인다. 또 오른쪽은 부처의 자비를 상징하는 밀화불수(蜜花佛手, 호박으로 부처 손같이 만든 여자의 패물)를 낙지발술(낙지의 발 모양으로 여러 가닥의 끈목을 한군데 묶어 만든 술)에 연결하여 매듭짓는다.

▲ 신윤복, 《미인도》(1805년경), 비단 바탕에 담채, 114×45.6cm, 간송미술관 소장. • 출처: 나무위키(https://namu.wiki › 신윤복 필 미인도)

▲ 6줄 거문고(위)와 12줄 가야금. 오른쪽의 줄 매듭 뭉치들이 곧 '부들'이다. 거문고는 술대로 치며 소리가 낮고, 가야금은 손으로 쳐서 소리가 높다. • 출처: [예봉국악원] 가야금과 거문고의 차이 (Naver Blog_https://blog.naver.com › baekinyoung1) 2013. 4. 3.

아쟁・피리・가야금・거문고 등 풍악용 전통악기에도 장식 매듭을 단다. 가야금과 거문고의 끝부분에 달린 굵은 줄 뭉치의 무명 매듭은 '부들'이라고 한다. 연주자는, 먼저 부들을 정돈하면서 각 현을 죄고 당기거나 풀고 현의 받침들인 안족雁足을 옮기며 조율하는 동안, 온갖 번거로운 속세의 매듭진 복잡한 마음도 정리하면서 이제 연주할 태세를 갖추어 간다.

3

누가 말했듯이, 매듭은 무한한 끈 놀이가 조성하는 공간 비례미의 총화이다. 비례는 도형을 낳고 도형은 무한한 공간을 낳는다. 매듭마다 공간들이 한아름씩 들어 있는 셈인데, 그 오밀조밀한 공간의 틈새마다 암탉의 알주머니처럼 노오란 여러 표상의 알들이 배란될 날을 기다리며 빼곡히 들어차 있다.

고도의 수학이 담긴 매듭 기법은 접는 방식이나 시작과 끝의 순서에 따라 다양하게 변모한다. 일테면, 엮은 후 좌우・전후・상하의 삼차원을 대칭으로 조이며 모양을 꼭꼭 눌러 바로잡으면서 정신계의 사차원을 자아내는 그 과정을 보면 알 수 있다.[79]

크고 작은 원과 삼각형 및 마름모 도형들은 서로 어우러지게 창출되면서 빚어진다. 다양한 끈 선線이 한 올 한 올 엮고 매고 짜고 조이는 합사 과정은 그 절제된 외형적 균제미均齊美의 가지 끝에서 오롯한 고결한 정신을 방글방글 방실방실 피워낸다. 균

---

[79] 매듭이론(knot theory)은 매듭을 수학적으로 연구하는 위상수학(位相數學, topology)의 한 분야이다. 수학상의 매듭은 '긴 줄을 꼬아 묶은 후 줄의 양쪽 끝을 붙인 것'을 가리킨다. '분자의 화학적 성질은 이를 구성하는 원자들이 어떻게 꼬여서 매듭을 이루는가에 달려 있다'는 **윌리엄 켈빈**(William Thomson, Baron Kelvin (of Largs), 1824~1907)의 '볼텍스(vortex) 이론'으로부터, 매듭에 관한 수학의 학문적 연구가 비롯되었다. 즉, 수학의 매듭이론은 매듭의 교차점 수에 따라 매듭을 분류한다고 하겠다.

형이 좀이라도 안 맞으면 제 모양이 안 난다. 그러니 매듭은 단순한 끈의 엮고 맺음을 넘어, 제대로 모양을 잡기 위해 전체 끈의 양과 길이를 정밀하게 유념하여 산정해내는, 그야말로 최절정의 공간적 균형 미학을 추구하는 예술이라 하겠다.

'맺다'라는 어원 동사 때문인지 '매듭'이라는 낱말의 어감이 여간 탄탄한 게 아니다. 바로 매듭에는 우리 한민족의 근성 같은 어떤 속성이 고이 절어있는 것이다. 끈의 그 끈질김, 줄의 그 줄기참이 내포하듯이, 팔색조의 심미학이 깃든 매듭공예는 명실공히 은근한 끈기의 소산이자 지독한 인내와 공력의 자식이다.

매듭짓기는 하루에 10시간 이상씩 혹사하면서 가는 실 가닥과 사투를 벌이는 눈과 손과 허리의 노동물이다. 웬만한 노리개 하나의 작업도 열흘 이상 걸린다. 노리개에 달린 술 한 가닥도 수백 차례 이상 쉼 없이 실을 꼬아야 한다. 한 번 매듭을 잡으면 몇 시간이고 꼬박 앉아서 작업에 몰입하는 강행군을 수십 년 거듭하다 보니, 어찌 그 인대가 안 늘어나며 손가락뼈나 허리인들 온전하랴. 참으로 무쇠 도끼를 갈아 바늘을 만든다는 마부위침磨斧爲針의 끈덕지고 깐깐한 강단剛斷이 아니고서는 이룩하기 힘든 고행의 예술 행로인 것이다.

흔히 말하듯이, 매듭은 '예를 갖춘 정갈하고 결곡한 마음 자세'를 표현하는 '두 손의 활달한 언어이자 정성 어린 마음의 개화'로서, '다소곳한 침묵으로 향기로운 인격의 향과 뜻'을 풍기며 청초한 꽃처럼 고운 색감을 형성한다고 한다.

정말이지, 전통 매듭공예는 각자 그 이름을 지닌 채 일정 계보를 따라 이어질 만도 하다. 매듭은 진중하게 평생 명맥을 이어갈 각오 없이는 성취될 수 없는 예술 행위의 경지로서, 길고도 고된 여정의 막바지에야 비로소 단아한 청초미의 여유로움이라는 가장 한국적인 미의 행선지에 당도할 수 있다.

희한하게도 발음이 흡사한 영어 **메이드-업**(made-up)은 우리말 '매듭'의 의미를 적시摘示한다. 그 뜻은 '꾸며내어 만든, 완성된, 결의가 굳은'이며, 천연 그대로가 아닌 인위적인 손길을 거친 물건을 가리킨다.80) 이 인공 매듭은 '스스로[自] 그러한[然]' 자연 그대로의 생김새와 쓰임새를 지향함으로써 궁극적으로 인공과 자연의 조응과 융합이라는 절정의 경지에 올라서는 것이다. 따라서 매듭을 엮는 시간이 길어질수록 그 정성에 더해 책임감도 더 커지는 것은 당연하지 않겠는가.

그렇다. 매듭은 야무지게 꾹 다문 '매듭장' 입술의 재현이며 뚱한 듯한 그 얼굴 표정의 구현이다. 풀고 매면서 다지고 조이는 그 거친 듯 그윽하고도 섬세한 손길의 결정체이다. 저 극탕極蕩한 억센 공간이 겹겹 쌓이며 누르는 어깨와 허리의 통증을 견뎌내며 피어난 동강東江의 할미꽃이며, 저 억압의 고된 시절이 거듭 누적되어 가해진 몸살의 하중을 버텨내며 표방한 고옥古屋의 매화꽃이다. 그 부끄러운 듯한 꽃 속을 들여다볼라치면, 언뜻 이목을 끄는 정채精彩나 무슨 거창한 웅혼雄渾함이 있는 것도 아닌데, 평담平淡한 듯 그 연려姸麗함이 오밀조밀 정치精緻하게 다 들어 있으니, 청고(淸苦, 청빈淸貧)의 한끝에 응결된 조촐한 청고淸高를 넘어 충절의 기개랄 것까지도 느껴지는 듯하다.

그리하여 매듭은 어쩌면 피동적일 수 있는 인고忍苦나 견인堅忍을 넘어 극기克己와 극압克壓을 마침내 견인牽引해내는 결가부좌結跏趺坐이다. 온갖 유무형으로 번거롭게 꼬여 드는 일상과 세사의 뒤얽힘 속에서, 오롯이 한 줄기의 광선으로 꼬아 올려 자아내고 이루어낸 정상의 성취이자 결속의 경지이다.

다변화된 현대 속세 사회의 관계망 속에서 고결한 문화 인식

---

80) 그 용례와 관련하여, a made-up story는 '꾸며낸 이야기'를, made-up tie는 '[애초부터] 매어져 있는 넥타이'를 가리킨다.

을 고이 품은 채, 다른 것들과 살을 맞대고 머리를 부딪히는 긴밀한 상호작용 끝에 성취되는 '매듭 묶기'의 오묘한 경지에 우뚝 올라서면 이젠 은미隱微한 '풀기'의 충동이 일기 시작한다.

끝이 처음을 동경하는 것이다. 이 모든 변증법적 순환 과정이란 거시적으로는 살아 있는 인류 역사의 본질이며 미시적으로는 일개인의 삶 속에서 숨을 쉬는 실존 문제가 아니랴.

○ **참고 자료:** • 국립국어원, 『표준국어대사전』.
- 빈섬처럼, *isomis.blog.me/220966618359*, 2017년 3월 25일 자.
- 청양신문, cynews@kornet.net, 2008년 1월 1일자 [736호].
- 홍대신문, *http://hiupress.hongik.ac.kr/news/articleView.html?idxno=1174*. 2018년 3월 13일 자.

📖 『성경』에 나타난 '끈'과 '줄'

『성경』에서, 끈(cord)이나 [밧]줄(rope)의 히브리어 **헤벨(che′vel)**은 흔히 측량하는 잣대용 '줄'(사무엘 하 8:2)을 가리킨다.

이의 그리스어 **스코이니온(skhoi·ni′on)**은 흔히 갈대나 골풀 또는 삼[麻] 섬유나 모시풀 섬유 등으로 꼬아서 만든, 좀 굵은 밧줄을 가리킨다. 기원 제1세기에 타락하고 상업화된 성전 상황에 의분義憤을 느낀 **예수 그리스도**가 예루살렘 성전 내의 환전상換錢商을 비롯한 장사치들을 쫓아낼 때, 바로 이 '밧줄'로 직접 '채찍'을 만들어서 휘둘렀다. (요한복음 2:13-17)

끈은 의상이나 귀중품의 장식용으로 쓰이기도 하였다. 가령, 이스라엘 민족의 선조 **아브라함**의 손자인 **야곱**의 넷째 아들 **유다**는 제 인장 반지를 "끈"(히: 파틸(pa·thil′))에 달아서 소지하였다. (창세기 38:18, 25)

훗날, 이집트를 대거 탈출한 이스라엘 민족이 '젖과 꿀이 흐르는 약속의 땅'인 가나안의 초입에서 예리코 성과 대치하는데,

그 성의 기생 **라합**은 '진홍색 실[히: 후트(chut)]로 만든 줄[히: 티크와(tiq·wah´)의 파생어]'을 창문에 길게 늘어뜨려 두라는 이스라엘 정탐꾼의 말을 잘 따랐기에 온 가족과 함께 예리코의 멸망을 생존할 수 있었다. (여호수아 2:18-21) 이 경우에, 그 '붉은 밧줄'은 문자 그대로 그들에게 생명선(生命線, the lifeline)이 되었다.

이스라엘의 왕 **다윗**은 자신이 위기에 처하자, "죽음의 밧줄이 나를 두르고", "스올의 밧줄이 나를 둘러[쌌다]"며 비통한 심정을 절절한 시로써 토로한 바가 있다. (시편 18:4, 5) 당시, 적들이 밧줄을 던져서 그 자신을 똘똘 감아 맨 다음에 무덤구덩이 속으로 끌고 내려가려고 하는 것처럼, 그가 한때 처한 위급 상황은 매우 절박했던 것 같다.

예언자 **이사야**는 "거짓의 끈으로 잘못을 끌어당기고, 수레의 줄로 당기듯 죄를 끌어당기는 자들에게 화가 있다!"고 말했다. (이사야 5:18) 이는 수레에 끈이나 줄로 짐승들을 묶어 두었듯이, 동족 이스라엘이 거듭된 잘못과 죄악에 단단히 얽매여 있음을 뜻한다. '끊어진 천막 줄'은 황폐를 빗댄 표현이다. (예레미야 10:20) 그러나 '시온 곧 예루살렘의 줄은 하나도 끊어지지 않을 것이다.'라는 예언은 장차 그 도시가 회복되어 굳건히 서게 될 것을 의미한다. (이사야 33:20)

또한 낱낱의 끈 가닥은 쉬이 끊어지지만, 가닥을 세 개나 탄탄히 꼬아 엮은 "삼겹줄"은 쉽게 끊어지지 않는다. (전도서 4:12) 이 말은 우리가 서로 함께 힘을 모아 엮을 경우, 역경을 대처하는 정신적인 힘을 한층 더 얻을 수 있음을 보여준다. 더 나아가, 혼인한 부부가 이 성서 원칙을 적용하여 나머지 세 번째 겹 줄로 하느님을 가정에 모셔 들인다면 그 결혼의 결속력이 더욱 탄탄해질 것을 나타내는 뜻도 되겠다.

(• 참고자료: *Insight on the Scriptures* I. (NY: WATCH TOWER BIBLE AND TRACT SOCIETY OF PENNSYLVANIA, 1988), p. 507)

타래난초를 만나다

어느 초여름, 나는 친구와 함께 전북 완주군 고산면高山面 인근으로 도보여행을 간 적이 있었다. 가는 길 초입의 한 산자락에 산딸기가 지천으로 나는 데가 있어 그야말로 볼 만하다는 말을 듣고서 함께 둘러보기로 하였다.

그런데 그곳 야트막한 언덕 자락은 이리저리 마구 파헤쳐지고 붉은 흙들이 함부로 드러나 있어서 산딸기밭은 거의 황폐해진 채 무릎 높이 위로 자란 풀밭 무더기뿐이었다. 적이 실망하여 그냥 내려오려는데, 한쪽 숲속 나무들 사이로 저만치 퇴락한 무덤 몇 기가 내던져진 듯 놓인 잔디밭이 슬쩍 보였다. 그 묏터 잔디밭은 비교적 깔끔한 잔디의 움들이 갓 터 오르는 중이었다.

묏둥이나 한 번 둘러보려고 들어선 나는 문득 묏둥자락에 아주 희한한 들풀이 꼿꼿이 서서 분홍 꽃들을 배배 틀며 피운 채 고즈넉하게 서 있는 걸 보고 눈이 번쩍 떠졌다. 별반 다를 바 없는 길쭉한 잡초줄기인데, 유독 눈에 띈 것은 꽃대 한 줄기에 자줏빛인 듯한 작은 꽃들이 빙빙 나선螺線을 그리며 꽃대를 뻗어 오르는 특이한 꽃달림이었다. 마치 등대 속의 나선형 계단처럼 꽃들이 가운데 줄기를 감아 돌며 피어있는 모양새가 특이하였다. 한참 동안을 그 들꽃을 굽어보다가 내려왔다.

마음 한구석에서 그 특이한 꽃을 잊지 못하고 있었는데, 훗날 '끈'과 관련된 자료를 모으느라 여기저기를 한참 뒤적거리다가, 그에 관한 흥미로운 정보를 더 얻게 되었다.

그 야생초의 이름은 난초과에 속하는 '타래난초'였다.

그 속명(屬名, 동식물을 분류할 때 종種과 과科 사이의 단위인 속屬을 나타내는 칭호)인 스피란테스(Spiranthes)는 그리스어 '스페이라'(speira, 나선형)와 '안토스'(anthos, 꽃밥)의 합성어다. 이는 꽃차례(-次例, 줄기나 가지에 꽃이 달리는 모양)가 나선螺線 모양으로 화경花莖을 감아 오르며 피는 형상을 가리킨다. [변]종소명[變]種小名81) 시넨시스(sinensis)는 그 식물의 표본 산지인 '중국산'이란 뜻이며, 변종소명 變種小名 아모에나(amoena)는 '귀여운'을 의미한다. 일본명은 '여화振(捩)花'라고 한다는데 그 뜻은 '비틀린 꽃'이라고 하며, 그와 유사한 '여화荔花'라는 꽃 이름은 '타래붓꽃'을 가리킨다고 한다.

주로 '실타래'와 함께 쓰이는 우리말 '타래'는 사리어 뭉쳐 놓은 실이나 노끈 뭉치를 말한다.

타래난초는 꽃이 마치 실타래처럼 꽃줄기를 따라 오른쪽이나 왼쪽으로 배배 꼬아 오르며 피어서 붙여진 이름이다. 그 고유한 이름은 조선 후기 실학자 류희(柳僖, 1773~1837)의 저작 『물명고 物名攷』(1820년대)82)에 기재된 이름 '당풀'에서 나왔다. '당'은 남자들이 갓을 쓰기 전에 머리카락을 여미는 머리띠의 한 종류로서, 말총으로 엮어 만든 '망건'을 흔히 일컫는데, 엄밀히 말하자면 망건의 아랫부분 띠를 '[망건] 편자'라 하며, 윗부분 띠를 '당'

---

81) 현대 식물학의 시조始祖인 스웨덴 식물학자 **카를 폰 린네**(Carl von Linné)가 창안한 명명법命名法. 생물학에서 생물의 종에 붙인 분류학 명칭인 '학명學名'(Scientific name)은 종(種, species)과 속(屬, genus)의 이름으로 구성된 **이명법**(二名法, binominal nomenclature)을 사용한다. 속명屬名 뒤에 붙이는 명칭을 [변]종소명([變]種小名, specific name; species epithet)이라고 한다. / • 이명법: 생물의 속명과 종소명을 나란히 쓰고, 그다음에 그 학명을 처음 지은 사람의 이름(성)을 붙이는 방법. 본서 31-32쪽 각주 11) 비교.

82) 조선 후기인 1820년대에, 실학파 유학자이자 음운학자인 류희(柳僖, 1773~1837)가 여러 가지 물명物名을 한글이나 한문으로 풀이하여 쓴 일종의 어휘 사전. 5권 1책 필사본. 『물명유고物名類考』라고도 부른다. 현재 원본은 전하지 않으며, 이의 필사본으로 국립중앙도서관 소장본·서울대학교 가람문고본·일본의 아유가이[鮎貝房之進] 소장본 등 세 가지 이본異本이 전한다.

이라고 한다. '당'은 가는 실을 여러 가닥 꼬아서 만든 노[끈]을 뜻하므로, 명칭 '당풀'은 중국명 '수초綬草'와 관련이 있을 성싶다. 여기서 '수綬'는 보통 도장이나 병부兵符에 매단 인끈(인꼭지(도장 따위의 손잡이)에 펜 끈)을 말한다.

▲ 「곱게 꼬인 인연의 끄나풀 타래난초 [반룡삼盤龍蔘]」
• 출처: *blog.naver.com/in_sunlight/221341827630 熱情과 冷情*

꽃은 흰색에서 짙은 분홍까지 변이變異 폭이 큰 편이나 중간 정도의 분홍빛이 가장 흔하다고 하니, 내가 거의 남빛에 가까운 자줏빛 꽃으로 기억하는 것은 아마 초여름날의 햇살에 투영된 착각인지도 모르겠다. 인도, 그리고 한국 등 극동지방에 분포하는데, 한국에는 1종이 자라며 지구상에 약 50여 종이 분포한다.

잎은 난초의 일반적인 특징이기도 한 창날 모양의 비늘잎이 1~3개씩 난다. 전체적으로 철삿줄처럼 가늘고 꼿꼿한 이 타래난초는 작은 초지형草地形 식물사회의 구성원이다.

뿌리는 인삼처럼 통통한 몇 가닥이 불가사리처럼 뻗곤 해서, 마치 원반형 널빤지에 다리 네 개 달린 개다리소반을 연상시킨다. 이를 볼 때, 그 생약명生藥名인 '반룡삼盤龍蔘'이란 명칭은 뿌리와 줄기의 모양을 한데 엮어서 지은 듯하다. '반盤'은 흔히 원반형 구조물의 일반 명칭으로, 불가사리류에서 팔을 제외한 몸통 부분을 가리키거나, 그릇을 올려놓는 약상藥床이나 다상茶床 같은 작은 소반을 가리킨다.

맛은 달고 성질이 평平하며 무독無毒이어서 누구나 먹을 수 있다. 뿌리나 전초(全草, 뿌리·잎·줄기·꽃 등을 가진 옹근 풀포기)를 약용하는 타래난초는 그 약성이 양기를 증진하고, 청열(淸熱, 차고 서늘한 성질의 약을 써서 열증熱症 제거하기)·윤폐(潤肺, 폐를 촉촉하고 윤택하게 하기)·해열·진해(鎭咳, 기침을 줄여줌)·해독(解毒, 독기를 풀어 없앰) 등 주로 호흡기 질환에 효능이 있다. 그래서 해수(咳嗽, 가래·기침이 오래된 증상)로 인한 토혈吐血·현훈(眩暈, 눈앞이 깜깜해지며 자신이나 주위가 빙빙 도는 어지럼증)·허열(虛熱, 열과 땀이 심하고 식욕을 잃어 몸이 쇠약해지는 병)에 의한 구갈(口渴, 목이 마름) 따위를 치료하는 데 쓴다. 하지만 약재용으론 개체 크기가 너무 작아서, 수확하고 수재收載하는 데 드는 시간과 공력을 생각하면 효용도가 낮은 편이다. 이를테면, 청열과 해독엔 민들레·인동덩굴·꿀풀들이 지천이고, 해수와 천식에는 머위꽃·도라지·차즈(조)기[소엽蘇葉 또는 매기풀] 씨·비파잎이 더 흔하다. 또한, 양기 증진에는 삼지구엽초·사상자(蛇床子, 뱀도랏(미나릿과의 두해살이풀)의 종자를 말린 약재)·두충·비수리(콩과의 여러해살이풀)가 주변에 더 즐비하다.

햇빛이 잘 들고 탁 트인 무덤가나 풀밭 또는 숲 가장자리에서 발견되며 건조한 곳보다는 습한 곳을 좋아하는 편인 타래난초가 살아가려면, 잔디가 반드시 있어야 한다. 난초과는 그 특징이 토양 속의 특정 곰팡이인 난균蘭菌 또는 난균근균蘭菌根菌에 의존하여 그 균사菌絲로부터 영양분을 흡수하여 발아하는 식물이다. 그만큼 타래난초는 잔디 뿌리의 박테리아를 주고받는 공생관계의 대표적인 사례이기에, 주로 잔디가 많은 묘지 주변이나 논둑 위에서만 볼 수 있다고 한다. 따라서 자연 상태의 적지適地가 아닌 여타 토양이나 환경적 공간에서는 시나브로 그 개체가 사라지기 때문에, 타래난초는 인가의 화단에 옮겨 심는다 해도 이듬해 집안 화단에서 그 꽃을 감상하기란 쉬운 일이 아니다.

소박한 타래난초는 풀숲에 숨은 듯 눈에 잘 띄지 않다가도 그 환한 분홍빛 꽃 타래가 건듯 스쳤다 하면 단박에 마음을 사로잡는다. 적막한 산골에서 대수롭지 않고 자질구레한 풀잎들과 어울려 홀로 엽렵(獵獵, 매우 슬기롭고 날렵한 데가 있음)한 그 자태가 귀엽기도 하고 딱하다. 반갑다기엔 쓸쓸하고 곱다기엔 측은한, 여름 수풀 세상의 가장자리에 깃든 들꽃이다. 야생초는 야생에서 만날 때라야 가장 행복한 초화草花인 것이다.

우리네 전통 버선들 가운데, 어린이용인 **타래버선**은 흔히 젖먹이가 돌옷과 함께 신는 누비버선이다. 솜을 두어 부드럽게 직선으로 손누비를 한 뒤에, 빌등 위 양 볼에 색실로 수를 놓고 버선코에는 색실 삭모(朔毛, 술)를 곱게 달며, 앞부리와 뒤꿈치 위에는 사뜨기[83]를 하고 발목 뒤에 끈을 달아 앞으로 맬 수 있도록 한다. 그 발목을 둘러 묶는 색실 끈의 모양 때문에 그런 이름이 붙었다. 버선목 위에 사내아이는 남색 선을 두르고 남색 대님을 달며, 계집아이는 붉은색 선에 붉은색 대님을 단다. 타래

---

83) 양 끝이 마무리된 것을 합칠 때, 장식을 겸해서 하는 바느질 방법의 하나. 흔히 골무나 수버선 등을 예쁘고 튼튼하게 감칠 경우에 쓴다.

버선 가운데 더 어여쁘게 만든 **오목 버선**의 경우, 거죽은 정사각형 3장을 2등분한 삼각형 6조각으로 만들어 올대로 누비고 시침질하여 발목 밑에 물결무늬·불로초무늬·꽃무늬 등을 수놓는다. 통으로 빨아 신을 수 있으므로 자주 손질할 수 있다.

• 출처: 타래버선*(ko.wikipedia.org 〉 wiki 〉 버선)*

또 음식물인 '만두' 가운데 '타래 만두'라는 것이 있다. 이는 기존의 것과 달리, 튀기면 만두피가 실타래 모양으로 살아나서, 만두의 식감을 한껏 살려준다.

대저 자연과의 뜻하지 않는 조우(遭遇, 우연한 만남)는 어떤 필연적인 숙명의 섭리 같은 것을 새삼 두루 일깨워줄진저.

— 이 글의 주요 자료는 「곱게 꼬인 인연의 끄나풀 타래난초[반룡삼 盤龍蔘]」*(blog.naver.com/in_sunlight/221341827630* 熱情과 冷情)을 참조하였다. 작성자 '붉은 태양'님에게 감사드린다.

제3부 청노새와 워낭소리

워낭과 방울

1

이효석(李孝石, 1907~1942)의 명작 단편 「메밀꽃 필 무렵」은 강원도의 봉평장蓬坪場을 마친 늙은 장똘뱅이이자 주인공인 **허생원**이 젊은 장똘뱅이인 **동이**의 편모偏母 즉 어머니가 있다는 충북 제천堤川으로 가기로 일정을 잡으면서 이렇게 마무리된다.

걸음도 해깝고(가볍고) **방울 소리**가 밤 벌판에 한층 청청하게 울렸다.
달이 어지간히 기울어졌다.

여기서 '방울 소리'는 **허생원**의 당나귀가 내는 마령(馬鈴, 말의 목에 다는 방울) 소리이다. 실은 '나귀 려驢'84)자를 써서 '여령'이라고 해야겠으나, 방울을 찬 가축이 말 계통이면 노새든 나귀든 구분 없이 다 뭉뚱그려 '마령'이라 한다. 마령이나 우령(牛鈴, 소방울)을 일컫는 순우리말은 '워낭'(cow bell)으로, '부리는 마소의 귀밑에서 턱밑으로 늘여서 매단 쇠방울'을 가리킨다. 구리와 아연의 합금인 놋쇠로 만든 워낭의 크기는 지름이 6cm 내외로 모양은 다양하다. 여기서 나는 소리가 바로 '워낭소리'이다.

이 소설에서, '얽둑배기 상판'의 **허생원**과 더불어 20년 반평생의 생사고락을 함께한 그 수나귀는 몰골이 추레해도, '읍내 강릉

---

84) 또 다른 글자로 '驢'자가 있는데, 그 훈음은 '① 큰 노새 루(누), ② 당나귀 려(여)' 등 두 가지가 있다. 두 번째 의미로 쓰일 때, '나귀 려驢'자와 동자同字로 친다.

133

집 피마(성장한 암말)'에게서 노새 새끼까지 얻었고, 여전히 총명하여 '냄새만 맡고도 주인을 분간'할 줄 안다. 말미에 그 나귀의 워낭소리가 '한층 청청靑靑하게(싱싱하고 푸르게)' 울림으로써, 극중 인물의 앞날이 밝을 것임을 암시한다.

특히, 제천에 있는 동이의 어머니가 [바로 허생원이 오래전 봉평 물방앗간에서 처음이자 마지막으로 하룻밤 인연을 맺었던] 성 서방네 처녀일 수도 있다는 것이다.

이후, 엄혹했던 일제 강점에서 해방되고 그 자유를 누리기 위한 진통으로서 한바탕 전란을 겪은 한민족의 대중문화에 있어서, **백설희**(白雪姬, 1927~2010)의 대중가요 「봄날이 간다」(유니버설 레코드사, 1953)가 당대의 일세를 풍미한다. 그 2절은 이러하다.

> 새파란 풀잎이 물에 떠서 흘러가더라
> 오늘도 꽃 편지 내던지며 **청노새** 짤랑대는 역마차驛馬車 길에
> 별이 뜨면 서로 웃고 별이 지면 서로 울던
> 실없는 그 기약에 봄날은 간다

소식이 끊겨서 연락이 닿지 않은 연인을 향한 그리움, 그리고 속절없이 세월만 흘러가는 젊은 날의 무상함을 다룬 이 서정적인 노래에서, "청노새 짤랑대는 역마차 길에"라는 가사는 우리에게 워낭소리를 퍼뜩 떠올린다.[85]

곧이어, 전후의 황폐한 도시적 우울과 고독을 읊은 다음 시에서도, 그 워낭소리가 모더니즘 감각으로 재현된다.

> 목마는 주인을 버리고 거저 **방울** 소리만 울리며
> 5 가을 속으로 떠났다 술병에서 별이 떨어진다

---

[85] 이에 관한 더 소상한 내용은 본서 159-161, 169-171쪽 참조.

```
      … (중략) …
20   우리는 **처량한 목마 소리**를 기억하여야 한다
      … (중략) …
29   목마는 하늘에 있고
     **방울 소리**는 귓전에 철렁거리는데
     가을 바람소리는
32   내 쓰러진 술병 속에서 목 메어 우는데
     ― 박인환,「목마木馬와 숙녀淑女」, 4-5, 20, 29-32행.
            『시작詩作』 7호, 1955년 10월호 및
         시집 『목마木馬와 숙녀淑女』(근역서재, 1976).
```

　이 시의 행간마다, 무생물 목마의 생물적인 워낭소리는 귓전을 울리며, 가슴 깊이에서 황량하고 아릿한 감성을 길어 올린다.

2

　산업개발 제일주의의 논리로 인한 급격한 도회지의 확산탓에 이러한 농경문화의 자취가 사그라들 즈음, **이충렬**(1966~) 감독의 다큐멘터리 독립 영화 《워낭소리》(78분, 2009)는 우리의 상실된 노스탤지어(nostalgia)를 일깨우면서 상당한 화제를 모았다.

　그 영화는 경북 봉화奉化 산골의 **최원균**(1929~2013)·**이삼순**(1938~2019) 씨 노부부와 40살 먹은 늙은 소 누렁이(1967~2007)86)의 우정 어린 생애 마지막 1년을 담아내었다. 통심정(通心情, 통인정通人情, 서로 마음을 주고받음)하는 생구生口87)로서 고락을 함께

---

86) 소의 평균 수명은 보통 15년에서 20년 사이라고 하므로, 이 소는 평균 수명의 2배, 사람으로 치면 160살 이상을 산 셈이니 놀랄 일이다.
87) 원래 한집에 사는 하인을 일컫는 말. 이후로, 경제생활에 이용하고자 인가人家에서 기르는 집짐승들을 사람과 같이 생각하여 모두 통틀어 이르는 말이 되었다. 특히 농경사회에서, 소는 단순한 가축을 넘어 '동행同行'의 존재로 소중히 여겨져 왔다.

하던 소가 죽자, 소가 일하던 밭 한가운데 그 무덤을 만들어주는 이 영화를 통해 많은 이들은 새삼 옛 향수를 달래는 '워낭'과 그 소리에 관하여 인식을 새로이 하게 되었다.

▲ 영화 《워낭소리》 포스터. (손 안에 있는 쇠방울이 전형적인 워낭)
• 출처: Wikipedia *(https://ko.wikipedia.org › wiki › 워낭소리)*

농경 생활의 터전에서 농경 도구이자 재산 가치로서 소가 차지하는 위상은 더 군말을 붙일 필요가 없으리라. 예전에는 농가마다 외양간이 없는 집이 없었다. 그리 오래되지 않은 얼마 전까지만 해도, 농사철이면 산비탈 등 외진 논밭을 갈면서 '워 워'·'이랴 이랴'하며 소를 부리는 농부의 소리에 실려 잘그랑거리는 워낭소리를 쉽게 들을 수 있었다.

한 시인은 이러한 순수 유년 시절의 추억을 시로 읊었다.

청계천 7가 골동품 가게에서
나는 어느 황소 목에 걸렸던 방울을
하나 샀다.

그 영롱한 소리의 방울을 딸랑거리던
소는 이미 이승의 짐승이 아니지만,
나는 소를 몰고 여름 해 질 녘 하산下山하던
그날의 소년이 되어, 배고픈 저녁연기 피어오르는
마을로 터덜터덜 걸어 내려왔다.

장사치들의 흥정이 떠들썩한 문명文明의
골목에선 지금, **삼륜차가 울려대는 경적이**
저자 바닥에 따가운데
내가 몰고 가는 **소의 딸랑이는 방울 소리는**
돌담 너머 옥분이네 안방에
들릴까 말까,
사립문 밖에 나와 날 기다리며 섰을
누나의 귀에는 들릴까 말까.
　　　　── 이수익(李秀翼, 1942~),「방울 소리」전문.
　　　　　　시집『단순한 기쁨』(고려원, 1987).

이 시는 [차량 소리 시끄러운 대도시의 저잣거리에 나선] '어른 도회인'과 [저녁 무렵 소 몰고 하산하던] '시골 소년'을 대조하면서 '잃어버린 옛 본향'에 대한 그리움을 읊는다.

회상 매개체인 낡은 '소 방울'을 들고서 상상의 '방울 소리'를 길어내면서, 화자는 현실적 세속 도시에서 예전의 탈속적 순수 고향을 동경하며 선망한다. 꼴 먹인 소를 몰고 하산하는 소년의 옆에서 느릿느릿 몸을 흔들며 걷는 소의 모습이 선하다.

서울 종로구 동묘東廟 구제시장(舊製市場, 중고물품을 파는 시장)과 길 건너 청계천淸溪川 중구 황학동黃鶴洞 벼룩시장은 문자 그대로 '벼룩이 튀어 다닐 정도로' 오래된 물건을 파는 도깨비 만물 시장이다. 장사치들 떠들썩한 이곳 세속 저자는 [화자처럼] 고향 상실인들의 현장이다. 화자는 애틋한 회고적 그리움을 넘어, 현실과 이상의 길항소拮抗素들 사이에서 망설인다. 이러한 경계적境(經)界的 심리묘사 덕분에, 작가는 단순한 목가 시인의 범주를 넘어선다. '들릴까 말까'라는 자문自問에는 화자의 현실 인식이 묻어난다. 청각이 촉각으로 전이되면서, 속세의 시끄러운 소리에 묻혀 잘 들리지 않는, 그러나 뚜렷한 '소의 딸랑이는 방울 소리'가 살아나 생동감을 준다. 현실태現實態의 어른 화자와 과거태過去態의 소년 화자 사이의 시공간을 워낭소리의 정밀한 정서가 바이올린 현처럼 떨리며 스며든다고 하겠다.

이렇게 소설이나 대중가요 및 시 등에서, 워낭소리는 한민족의 익숙한 향토정서를 도출하면서 그 연연한 맥락이 이어졌다. 이는 오랜 농경문화의 전통을 기반 삼아 생성된 문화 현상으로, 고향을 향한 그리움의 정서를 길어냄과 동시에 우리가 겪게 된 고단한 삶에 담긴 현실적 부면을 나타내왔다.

사극 등을 보면, 고관대작이 타는 말을 제법 화려하게 꾸미는데, 갈기를 한 줌 안에 들게끔 땋고 말 목에 붉은 줄을 드리우며 그 끝으로 붉은 술을 늘어뜨리곤 한다. 그러한 말의 치레를 '주락상모珠絡象毛'라고 하며, 줄여서 그냥 '주락珠絡'이라고 한다.

민간에서는 **소주락**이라 하여, 황소의 목에 치레 걸이인 장식품을 만들어 달았다. 목 아랫부분에 다는 소주락으로 보통 커다란 황동 방울 하나와 양옆에 대칭으로 작은 방울 두어 개 정도를 달고는 위쪽으로 황동이나 철편의 장식품을 부착하여서, 소가 움직일 때마다 워낭소리가 왈랑찰랑 한적한 시골의 정적을 깨뜨리며 울려 퍼지도록 하였다.

　대개 소나 말의 워낭은 커다란 호두알만 한 크기인데, 원래의 그 기능은 맹수 등 야생동물로부터 가축을 보호하는 것이었다고 한다. 산짐승들이 문득 짤랑거리는 워낭의 쇳소리에 흠칫 놀라서 주춤주춤 물러나는 모습이 눈앞에 선히 그려진다.

　또한 귓가에서 끊임없이 시끄럽게 딸랑거리는 그 소리에 귀가 익은 채 험준한 산자락 돌밭을 갈거나 산 중턱에 걸린 적막한 산길 외줄기를 외로이 터벅터벅 가는 나귀의 발길을 생각하면, 나도 모르게 꿈결 같은 서정적 회상에 잠기어 든다.

　한편, 스위스 산악지역에서는 소를 방목하며 집단 관리를 위해 전통적으로 최대 5.5kg의 무게의 소 방울을 일일이 달아준다고 한다. 그 점을 생각하면, 알프스 초원과 산간에 청아하게 울려 퍼지는 워낭소리는 여간 운치스러운 게 아닐 성싶다.

　그런데 종종 그 방울 소리가 너무 커서 특히 야간에 시끄럽다는 민원이 제기되었다. 최소한 야간에는 방울을 떼거나 전자 목걸이 등 다른 수단으로 대체하자는 제안과 함께, 동물 보호단체들도 소에 매단 큰 방울은 소의 복지 차원에서도 해롭다며 동조하고 나선 모양이다. 이에 목장주들은 소 방울 소리가 스위스 전통문화의 일부라며 강력히 반발하는 바람에, 소음 제거와 동물 보호 및 전통문화 보존 사이의 쟁점에 관하여 주민 투표로 결정해야 할 지경이라고 한다. 아마 스위스에서도 워낭소리의 향수를 읊은 시 등 여러 문학 작품들이 많이 나와 있을 터이다.

3

　'방울'은 소리가 나게끔 속이 비고 동그랗게 만든 얇은 쇠붙이로, 유성음 덩어리인 그 말만 들으면 온통 머릿속은 둥근 심상으로 가득 차서 동글동글 혀도 굴러가고 마음도 굴러가고 정신도 굴러가는 것 같다.

초등학교 앞 문방구에는 흔히 꼬마들이 왁자글하게 몰려 있다. 여자아이들 몇몇이 색 끈 달린 '머리 방울'들을 제 머리에 달아보면서 고르기도 한다. 색색 머리 방울들은 둥근 모양이 아닌 것도 있다. 또한 중학교 때 쉬는 시간이나 점심시간이 끝나가면, '예령豫鈴'이 울려서 곧 수업 시간이 다가왔음을 알려주었다. 나와 친구들은 그러나 마나 아랑곳하지 않고 노는 데 정신 팔렸지만, 주변 아이들이 하나둘 교실로 사라지는 것을 보면 못내 아쉬워도 놀이를 어서 서둘러 접지 않으면 안 되었다.

손 운동기구인 아령(啞鈴, dumbbel)에도 '방울 영'자가 쓰이는데, 다 알다시피 그것은 양 끝에 한 쌍의 커다란 방울, 아니 거의 공 같은 쇠뭉치가 달렸다.

최고最古의 '방울' 우화寓話는 '고양이 목에 방울 달기'(Belling the cat)이다. 쥐들은 고양이의 습격을 미리 막기 위해 고양이의 목에 방울을 달자고 의논했으나 그 일을 성사시킬 방도가 묘연했다는 그 우화로부터, 그 말은 실행 불가능한 헛된 논의를 이르게 되었다.88) 가장 오래된 이 우화의 출처는 고대 그리스인 이솝(그: Αἴσωπος, Aísōpos; c. 620~560 B.C.E.)의 우화집 『이솝 우화』(Aesop's fable; Aesopica)인데, 그것의 현존하는 최고본最古本은 13세기 초 영국의 수도자이자 우화가(寓話家, fabulist) **체리튼의 오도**(Odo of Cheriton, 1180/1190~1246/47)가 라틴어로 기록한 『우화집』(Parabolae)의 54a이다. 그런데, 이 우화는 프랑스의 동화작

---

88) 실제로 쥐가 고양이 목에 방울을 단다면, 은밀히 노리고 접근하여 사냥하는 고양이의 습성에 미리 앞서 대처하자는 조처이기는커녕, 오히려 그 전에 고양이를 엄청나게 괴롭히는 일이 될 것이다. 고양이로서는 그 청력이 인간의 4배라는데, 사람이 들을 수 없는 주파수의 음역대까지 들릴 터이니, 귓가에 울려대는 쇠방울 소리에 먼저 미치지 않고서는 못 배기리라.

가 에밀 샹브리(Émile Chambry, 1864~1951)의 그리스어 원전 교열본인 『이솝 우화』(Ésope, Fabulae, Texte établi et traduit par Emile Chambry, 1927)89)에는 나오지 않는다. 미국의 이솝 연구가 B. E. 페리(Ben Edwin Perry, 1892~1968)의 『페리 인덱스』(Perry Index, 총 725가지 우화들)에는 613번에 그 이야기가 실려 있다.

이를 한자로 '묘두현령猫頭懸鈴'라고 하는데, 그 말은 조선 중·후기 문신 홍만종(洪萬宗, 1643~1725)의 『순오지旬五志』(1678)90)에 언급되었다. 이 성어에서 '현령懸鈴'이 곧 '방울 달기'이다. 그 사자성어四字成語가, 『공사항용록公私恒用錄』에 수록된 『동언해東言解』91)의 「어면순禦眠楯」에서는, '두頭'자 대신 '목 항項'자를 써서 '묘항현령猫項懸鈴'으로 나온다.92)

한 후배가 교외에 아담한 전원주택을 장만했는데, 간혹 들를 때마다 그 집 문간에 초인종 대신 작은 도기陶器로 된 **풍경**(風磬, wind-bell)이 달려 있어 청아한 소리가 은은히 울리곤 한다. 누가 문을 밀어 열지 않아도 저 홀로 미세한 바람결에 흔들리며 그윽하게 울리기도 한다. 옥개[석](屋蓋[石], 석탑·석등의 위를 지붕 모양으

---

89) 세계적으로 가장 많이 참조되며 원문에 가깝다고 평가받는 이솝 우화 판본. 그리스어 원문과 프랑스어 번역본 358편이 실려 있다.
90) 본서 101-102쪽 각주 61) 참조.
91) 조선 후기 '공사公私 문서'의 용어를 모아 놓은 도서로서, 편·저자와 간행 연대 미상인 『공사항용록』이란 도서에, 역시 편자 미상의 『동언해』가 수록되어 있다. 이 유일본인 『동언해』는 총 14장 425항으로 된 한역漢譯 속담집인데, 그때그때 들은 대로 적어놓은 양 그 배열이 조잡한 편이다.
92) 한편, 누구도 먼저 하기 싫은 이 '방울 달기'의 일과 관련하여, 남미 칠레(Chile) 남부 티에라델푸에고(Tierra del Fuego) 지역의 원주민 야간(Yaghan or Yamana)족의 용어로, '**마밀러삐나따빠이**(Mamihlapinatapai)'란 말이 있다. 이 어휘는 '둘 사이에서 꼭 필요하되 굳이 스스로 하고 싶지 않은 일을 상대가 자원해서 먼저 해주기를 바라는 조용하고도 긴급히 오가는 미묘한 눈빛'을 뜻한다. 이는 세계에서 가장 간명하고도 가장 뜻이 긴 단어인 동시에, 다른 언어로 번역하기가 가장 난감한 단어로, 1993년 『기네스북』에 등재되었다.

로 덮는 돌)이나 여닫이문 위 또는 처마[첨첨] 끝에 다는 작은 종의 장엄구莊嚴具는 그밖에 '첨령檐鈴·풍령風鈴·풍탁(風鐸, 고문헌의 용어)'93) 등으로도 불린다고 한다.

풍경은 대개 그 안에 붕어 모양의 쇳조각이 달려서 바람[風] 부는 대로 흔들리면서 소리를 낸다. 종 안에 매달린 방울형 몸체를 **탁신**鐸身이라 하고, 그 탁신 아래쪽에 흔들리도록 매단 것은 **풍판**風板이며, 그 풍판 끝에 달여 있는 것이 '**치게**'이다. 다른 말로 하면, 종 안이나 방울 속에서 그 안벽을 땡때앵 치는 종이나 방울의 단단한 추를 '**치게**' 또는 '**방울알**'이라고 한다. 그것은 영어로 '**클래퍼**'(clapper, 종의 추錘)라고 한다. 한자로는 사내의 고환睾丸처럼 '알 환丸'자를 써서 '**영환**鈴丸'이라고 하는데, 간혹 그 모양이 혀처럼 생겼다고 하여 '**탁설**鐸舌'이라고도 부른다.

바람이 불 때마다 탁신이 흔들리고 그 안에 매달린 풍판이 흔들리면서 치게인 영환 즉 탁설을 움직여 탁신의 안쪽과 부딪히게 되면 맑은 소리가 나서 울려 나가는 것이다. 신라 때 경주慶州의 나원리羅原里 오층석탑五層石塔이나 마동馬洞 삼층석탑에 실물은 없으나 탑 모서리마다 남아있는 작은 구멍들을 볼 때, 풍경 문화는 적어도 몇천 년은 되는 듯싶다. 절간에서 '밤낮 눈을 감지 않는 물고기처럼 수행자는 마땅히 잠들지 말고 수행에 임하라'는 경세警世의 의미로, 물고기 모양의 풍판을 선호한다고 한다. 그런데 실제로는 이 풍경소리 역시 쇳소리를 싫어하는 산짐승들이 접근하는 것을 막기 위한 것이라는 의견이 지배적이다.

---

93) 사찰의 전각 처마 끝이나 탑의 옥개석 끝에 달려 바람이 불면 소리가 나는 장엄구莊嚴具이자 불교의 범음구梵音具. 타격하거나 흔드는 등 사람의 행위에 의해서 소리가 나는 여타 범음구들과 달리, 이는 사람의 손이 닿지 않는 곳에 달아두어서 자연 바람의 움직임으로 소리가 나게 한 물건이다. 사람이 소리를 제어할 수 없다는 의미에서, 소리를 내는 기능보다는 종교적 상징성과 장식적 의미가 큰 불교 공예품이라고 할 수 있다.

풍경이 바람에 흔들리면서 저절로 소리 낸다면, **요령**(鐃鈴/搖鈴, handbell)은 사람의 손으로 일부러 흔들어서 소리를 내는 도구를 말한다. 그것은 대개 놋쇠로 만든 종 모양의 큰 방울인데, 위에 짧은 쇠자루가 있고 안에 작은 쇠뭉치가 달려 있다.

속담에 '동냥은 못 줘도 쪽박은 깨지 마라'고 했는데, 이는 남을 도와주지 못할망정 방해하지 말라는 말이다. 돌아다니며 구걸하는 '동냥'일을 하는 사람을 '동냥아치'라고 한다.[94] 그런데 이 동냥의 원말은 '동령動鈴' 즉 '방울 즉 요령을 흔들다'이다.

원래 동령은 불교의 **금강[요]령**(金剛搖鈴, 또는 금강경金剛磬)과 관련이 있다. 밀교 의식의 법구로서 금강저金剛杵와 함께 사용된 **금강령**은 요령을 흔들어서 밀려드는 번뇌를 깨트리고 불심을 크게 일으키는 용도로 사용되었다. 조선시대 때 승려들이 탄압받자 생계유지를 위해 탁발托鉢[95])에 나서 요령을 흔들고 다녔는데, 사대부 유학자들이 '동령' 자체를 천한 계급이나 하는 짓으로 비하하면서 '구걸'과 같은 뜻으로 전의轉義되었다. 그 말이 '동녕'을 거쳐 '동냥'으로 변한 것이다.

오래전에 이른 새벽마다 두부 장수들이 그 작은 종 즉 요령을 딸랑딸랑 흔들어대며 자신의 등장 내지는 출근(?)을 온 동네에 알렸다. 새벽 잠결 너머로 아련히 들리는 짤랑 소리는 먼동의 어스름 너머로 우리네 꿈의 면사포를 걷어주곤 하였다.

무엇보다 가장 처연한 것은 상여喪輿가 나갈 때의 요령 소리다. '요령잡이'는 손에 든 요령을 흔들어서 상여꾼들을 지휘하고 행진의 발을 맞추게 한다.

---

94) '장사[아]치'나 '벼슬아치'에서처럼, '아치'는 어떤 일에 종사하는 사람을 홀하게 낮잡아 이르는 접미사이다.
95) 범: 핀다파타(piṇḍa-pāta). 문자적으로 '발우鉢盂에 몸을 기탁寄託한다'는 의미로, 불교 수행법 가운데 하나인 '걸식乞食·걸행乞行'을 말한다. 즉 발우鉢盂를 들고 호별방문하고 돌아다니면서 음식 공양을 구하는 수행이다.

운구 행렬의 상엿소리야말로 한스럽기가 애절하기 그지없다. 그 소리는 '메기는소리'와 '받는소리'로 나뉜다. 대개 요령잡이가 선창하여 '이제 가면 언제 오나 원통해서 못 살겠네'나 '북망산천이 머다더니 내 집 앞이 북망일세' 등등 메기는소리를 절절히 내면, 상여를 짊어진 상여꾼(향도香徒꾼, 혹은 상두喪頭꾼)들이 함께 '너허 너허 너화너 너이가지 넘자 너화너'나 '에헤 에헤에에 너화 넘자 너화너' 등의 후렴구로 받는소리를 낸다. 이러면서 여러 사람이 상여 이동 행렬의 보조를 맞추어 운구해 간다.

4

훈(訓, 뜻, 새김)을 나타내는 '쇠 금金'자, 및 부部와 음(音, 소리)을 뜻하는 '영 령令'자가 합쳐진 형성자 '방울 령鈴'은 金(8획) 부수에 총 13획이며, 유니코드(unicode)96)는 U+9234에 배당되고 창힐수입법倉頡輸入法97)는 COII(金人戈戈)로 입력한다.

방울 소리는 '영성鈴聲'이라 하며, 또한 '말씀 어語' 자를 써서 '영어鈴語'라고도 한다. '어'자는 '알려서 깨우쳐준다'는 뜻도 있으니, 방울이 제 소리를 내어서 듣는 대상에게 뭔가를 알리고 깨우치는 역할을 다한다는 의미가 담겼다.

'방울 소리'를 한 글자로는 '방울 소리 영鍈'자로 나타낸다. 그 글자는 金(8획) 부수에 총 17획이며, 유니코드에는 U+9348에 배당되고, 창힐수입법倉頡輸入法으로는 CTLK(金廿中大)로 입력한다. [훈의] '쇠 금金' 부部와 [음音의] '꽃부리 영英'이 합쳐진 형성자로서 '방울 소리 앙鍈'과 동자同字이다.

---

96) 컴퓨터에서, 세계 각국의 언어를 통일된 방법으로 표현하도록 만든 국제 문자 코드 규약. 문자 한 개에 부여되는 값을 16비트로 통일한 것.
97) 한자 입력법 중 하나로, 1976년 '중국어 컴퓨터의 아버지'[中文電腦之父]로 유명한 주방푸(주방복朱邦復, 1937~)가 창안해낸 입력법.

▲ 금령(金鈴, 쇠방울) • 출처: 나무위키(https://namu.wiki › 방울)

그밖에 '방울 령鈴'자가 든 말들을 몇 개 찾아본다.
- 고마문령瞽馬聞鈴: '눈먼[맹인 고瞽] 말이 앞서가는 말 방울 소리를 듣고 그대로 따라간다'는 뜻. 맹목적으로 제 주견主見 없이 남 하는 대로 쫓아감을 빗대어 일컫는다. 북한 속담에 '방울 소리만 듣고 따라가는 눈먼 강아지'라는 말이 있다. 이는 '자기의 주견이 없이 남이 하자는 대로만 맹목적으로 따라가는 사람'을 놀림조로 이르는 말이다.
- 엄이도(투)령掩耳盜(偸)鈴: '제 귀를 막고 방울을 훔친다'는 뜻으로, 천하가 다 아는데도 얕은꾀를 써서 남을 속이려 들지만 아무 소용없음을 이르는 말이다. 또한 '방울 소리가 제 귀에 안 들리면 남들 귀에도 들리지 않으리라고 생각하는 어리석은 태도'를 이르기도 한다. 『여씨춘추呂氏春秋』(239 B.C.E.)98) 「불구

---

98) 중국 전국시대 말기에 진秦나라의 재상 **뤼뿌웨이**(여불위呂不韋, ?~235 B.C.E.)가 전국의 논객들을 모아 춘추전국시대의 모든 사상을 절충·통합하고 세밀히 분석하여 정치와 율령의 참고로 삼고자 짓게 한 일종의 백과사전으로,

론不苟論」「자지편自知篇」에 의하면, 춘추시대 말엽 진晉나라에서는 6가문인 육경六卿들 간에 치열한 권력 다툼이 벌어졌는데, 결국 신흥 세력이 범씨范氏 명문가를 멸하였다. 생존자들이 나라 밖으로 다 탈출한 그 어수선한 틈을 노려, 인근 마을의 한 사내가 범 씨네 집에 잠입하여 그 집안 대대로 내려오는 큰 종을 훔쳐 가고자 하였다. 하지만 종이 너무 무거워 들고 갈 수 없자, 도둑은 궁리 끝에 그 종을 조각내서 가져가려고 쇠망치로 힘껏 내려쳤다. 그 순간 종소리가 '꽝'하고 요란히도 울리자, 깜짝 놀란 도둑은 남들이 들을까 두려워 얼른 두 손으로 제 두 귀를 틀어막았다. 여기서 유래하여 '자신만 듣지 않으면 남도 듣지 않는다고 생각하는 어리석은 행동'을 이르는 말이 나왔다. 원래 종을 훔치려던 것이므로 **엄이도종**掩耳盜鐘이 맞겠지만, 후세에 작은 크기의 방울로 글자만 바뀌었을 뿐이다. 유사어로, '엄목포작掩目捕雀' 또는 '폐목포작閉目捕雀'이라, 즉 '눈 가리고 참새를 잡는다'는 뜻인데 '제 눈을 가리면 참새가 나를 못 본다'고 생각하는 우둔함을 일컫는다. '눈 가리고 아웅' 계열의 속담도 다 이와 비슷한 관용어들이다.

- 이현령비현령耳懸鈴鼻懸鈴: '귀에 걸면 귀걸이 코에 걸면 코걸이'라는 뜻으로, 보는 관점에 따라서 이리도 혹은 저리도 될 수 있다는 취지이다. **홍만종**洪萬宗의 『순오지旬五志』(1678)[99]에 '숙록피대전熟鹿皮大典' 즉 '푹 익힌 사슴 가죽[熟鹿皮]에 써놓은 큰 법전'이라는 말이 나온다. 이는 법의 시행자가 제 입장에

제자백가 중 잡가雜家의 대표 저작이며, 『여람呂覽』이라고도 한다. 총 26권 160편, 기(紀, 연감年鑑) 12권, 람(覽, 보고서) 8권, 론(論, 논문) 6권으로 구성된다. 『예기禮記』 「월령편月令篇」은 이 가운데 12기十二紀(기紀 12권)의 요약 편이라고 한다. 뤼뿌웨이는 이 도서를 진의 수도 셴양[咸陽] 저잣거리에 전시해 놓고 '이 책에서 한 글자라도 고칠 수 있다면 천금을 주겠다'라고 자신만만하게 큰소리쳤다. 여기서 '일자천금一字千金'이라는 고사가 생겨났다.

99) 본서 101-102쪽 각주 61) 참조.

유리하게 마음대로 법을 적용하는 경우를 이른다. 녹피鹿皮에 글자를 써놓으면 좌우상하로 잡아당기는 데 따라 글자가 달라 보이니, 뚜렷한 정견定見이 없이 경우에 따라 이렇게도 또 저렇게도 변하는 것이다. '녹피鹿皮에 가로 왈자曰字'라고도 한다.

📖 우리말 '방울'의 형성 과정

- **바올**(15세기) 〉 **방올**(15~18세기) 〉 **방울**(17세기~현재)

15세기 문헌에서부터 옛말 **바올**이 나타나는데, 그때 **바올**의 제2음절 초성이 제1음절 종성에 적힌 **방올**도 함께 사용되었다. 근대국어 시기에 종성 'ㅇ'을 'ㅇ'으로 표기함에 따라, **방올**이 **방올**로 표기되지만 소리의 변천은 일어나지 않았다.

17세기에 제2음절 모음 'ㅗ'가 'ㅜ'로 바뀌어 **방울**이 되면서 현재에 이른다.

○ 각 세기별 용례에 따른 이형태(異形態, 이표기異表記)

▶ 15세기: **바올, 방올**
- **바오리**실씨 (『용비어천가龍飛御天歌』(1447)[100] 44)
- 四面에 **바올** 둘오 (『월인석보月印釋譜』(1459)[101] 12:30ㄱ)
- 한 보빈옛 **방올** 둘오 (『월인석보』(1459) 17:37ㄴ)
- 四面에 **방올** 둘오 (『묘법연화경언해妙法蓮華經諺解』(1463)[102] 2:72ㄴ)

▶ 16세기: **방올**
- **방올** 일빅 (『번역노걸대飜譯老乞大』(1517)[103] 하:69ㄴ-70ㄴ)
- 鈴 **방올** 령 (『훈몽자회訓蒙字會』(1527)[104] 중:8ㄴ)
- **방올** 소리를 듣고 (『번역소학飜譯小學』(1518)[105] 4:20ㄴ)-21ㄱ)

▶ 17세기: **방올, 방울**
- 눈이 **방올** 드리오니 又고 불근 빗치 눈망올의 잇고 (『마경

[초집]언해馬經[抄集]諺解』(17세기)[106] 상: 4ㄴ
- 방올과 (『박통사언해朴通事諺解』(1677)[107] 하: 34ㄴ)-35ㄱ)
- 弄鈴 방올 놀리다 (『역어유해譯語類解』(1690)[108] 하: 24ㄱ)
- 鷹銃子 매 방올 … (『역어유해』(1690) 하: 26ㄱ)

▶ 18세기: 방올, 방울
- 鈴子 방올 (『동문유해同文類解』(1748)[109] 하: 11ㄱ)
- 搖鈴 방올 흔드다 (『역어유해보譯語類解補』(1775)[110] 18ㄴ)

▶ 19세기: 방울
- 방울 鈴 水鈴 松鈴 (『한불ᄌᆞ뎐韓佛字典』(1880)[111] 301)
- 달낭달낭 방울 흔드다 (『한불ᄌᆞ뎐韓佛字典』(1880) 462)
- 괴 목의 방울 달다 猫頭懸鈴 避치 (『국한회어國韓會語』(1895)[112] 32)

— 출처: 국립국어원 우리말샘 (opendict.korean.go.kr)

100) 조선 세종 때, 선조인 목조穆祖에서 태종太宗에 이르는 여섯 대代의 행적을 노래한 서사시. 목판본. 총 10권. 1445년 노래의 본문과 한시가 만들어졌고, 역사적 사실을 한문으로 기록한 글이 1447년 완성되어 간행되었다. 한글 창제로 인한 우리 문학사상 최초의 국문 시가로서, 그리고 악장의 독자적 형식을 개척한 첫 작품으로서 그 가치가 크다.

101) 조선 제7대 세조(世祖, 1417~1468)가 선왕인 제4대 세종(世宗, 1397~1450)의 「월인천강지곡」과 자신의 『석보상절』을 합편하여 1459년 간행한 불교서.

102) 『묘법연화경妙法蓮華經』(『법화경法華經』). 석가모니의 40년 설법들을 집약한 가장 중요한 초기 대승경전大乘經典으로, 법화사상을 담은 천태종天台宗의 근본 경전. 이를 세조 때인 1463년 황수신黃守信·윤사로尹師路 등이 한글로 언해하고, 뒤에 여러 번 중간重刊되었다.

103) 고려와 조선시대의 중국어 구어口語 교본 『노걸대老乞大』(상하 2권, 고려 말)를, 학자 최세진(崔世珍, 1468~1542)이 16세기 초에 언해했다고 하나 원본은 일실逸失되고 중간본과 영인본(1944)만 전해진다. 구분을 위해 이를 편의상 『번역노걸대飜譯老乞大』라고 칭한다. 최세진의 판본은 중국어의 음을 훈민정음으로 달고 언해한 것으로, 후기 중세 한국어의 구어체를 반영한다. '걸대'는 요대(遼代, 916~1125, 거란족이 중국 화북지역을 정복하고 세운 왕조 시기)에 북중국을 통치하던 '거란[契丹]'을 한자로 음사音寫한 것인데, '중국[인]'을 지칭하는 일반 명칭이 되었다. 따라서 '걸대'는 '중국인'을 의미하며, '노老'는 당대

요즘은 골동품 가게에서나 볼 법한 거의 완벽한 원형圓形의 금속제 방울들은 단순한 듯 견고한 질감으로 그 나름의 기품이 서려 있어서, 허투虛套로 볼 게 아니다. 특히 신령한 제의용 무구巫具 방울들에는 신을 부르거나 사악한 것들을 물리치는 주술적 요소가 깃들어 있기도 하다.

- 칠금령七金鈴: 자루 하나에 열매처럼 생긴 방울이 7개 달린 도구로, 방울 소리가 청명淸明해서 무당이 굿하거나 점칠 때 또

唐代부터 친근함을 나타내는 접두사로 사용되어 온 말이다.
104) 본서 94쪽 각주 45) 참조.
105) 본서 94쪽 각주 47) 비교. [명나라 학자 허쉬신(하사신何士信, 생몰연대 미상)이 편찬한] 주석서 『소학집성』(1427년(세종 9), 처음 간행 후 계속 중간됨)을 저본으로 삼아, 조선 제11대 중종(中宗, 1488~1544, 재위: 1506~1544)의 명을 받은 김전金詮 · 최숙생崔淑生 등이 『소학』을 언해하여 1518년(중종 13) 간행한 책. 총 10권. 종전에 수립된 불경 직역의 전통을 따르지 않고 의역한 것이 큰 특징이나, 의역이 지나치다는 비판으로 후에 직역 언해서 『소학언해』가 나오나, 오히려 의역 덕분에 고유어가 많이 실려 있어 국어사 연구에 도움이 된다.
106) 1623~1649년 연간에 무신 이서(李曙, 1580~1637)가 [말의 치료법을 모은 수의학獸醫學 의서醫書인] 명나라 마쉬웬(마사문馬師問, 생몰연대 미상) 편찬의 『마경대전馬經大典』과 [조선 초기에 간행된 축산의학서인] 『신편집성마의방우의방新編集成馬醫方牛醫方』(1399, 정종 1, 본서 192쪽 각주 145) 참조)을 추려 모아 한글로 번역한 책. 2권 2책. 임진왜란 전후의 우리 옛말에 관한 중요한 참고자료이다.
107) 본서 93쪽 각주 44) 참조. 기존의 외국어 학습서 『박통사朴通事』를 16세기 초에 최세진이 번역하여 『번역박통사』로 펴냈는데, 1677년(숙종 3) 사역원 역관 권대운(權大運, 1612~1699) · 박세화(朴世華, 1834~1910) 등 12인이 재고 증하여 『박통사언해』(3권 3책 목판본)를 간행했다.
108) 본서 94쪽 각주 50) 참조.
109) 1748년(영조 24), 현문항(玄文恒, 1688~?)이 편찬하여 간행한 만주어 학습서. 2책. 어휘를 항목별로 분류하여 먼저 한자를 기록하고 그 아래에 한글로 우리말과 만주어를 적어 놓았다.
110) 본서 95쪽 각주 52) 참조.
111) 본서 95쪽 각주 55) 참조.
112) 또는 『국한회화國韓會話』. 1895년, 이준영 · 정현 · 이명선 · 강진희 · 이기영이 편찬한 한한사전韓漢事典. 한국어를 한자[어]나 한문으로 풀이한 한국 최초의 사전.

는 잡귀를 쫓기 위해 흔든다. 무당은 민중 축제에서 흥을 높이는 광대 역할도 겸했으므로, 무당 방울에는 응원 도구처럼 화려한 3색 천을 달아 놓았다. 처량한 소리와 함께 화려한 춤과 색상의 흔들림을 통해서, 집단 접신 효과를 일으킨다.

- 팔주(두)령八珠(頭)鈴·팔령구八鈴具·가지방울: 석관묘石棺墓에서 한 쌍으로 나오는 백제百濟 마한馬韓 시대의 청동 유물 **팔주령**은 초기 철기시대인 기원전 3~1세기에 제작된 것으로 추정한다. 이곳은 평야가 드넓어, 고대국가의 샤머니즘 주술사들이 제의용祭儀用 청동방울을 태양 모양으로 제작하여 농경 관련 시기마다 하늘이나 태양에 제사를 올렸다. 비슷한 시기의 중국이나 일본에서는 출토되지 않고 유일하게 한반도의 백제 마한馬韓에서만 발견되는, 특이한 모양새의 이 청동방울은 구슬 8개에 태양을 본뜬 형태113)가 가장 큰 특징이다. **최남선**(崔南善, 1890~1957)은 ['청동검' 및 '청동거울'과 함께] **청동방울**을 '천부[삼]인天符[三]印'의 하나라고 주장했다.114)

그밖에, 배불림된 둥근 청동 막대 양 끝에 방울을 달거나 막대를 둥글게 굽혀 서로 엇갈리게 한 쌍두령雙頭鈴, 부채꼴의 오두령五頭鈴, 장대 끝에 꽂아 사용하는 간두령竿頭鈴 등이 있다. 본시 사제나 무당들은 강신降神을 재촉하여 접신接神의 엑스터시(ecs-

---

113) 오목한 불가사리꼴 모양에 [태양을 상징하는] 여덟 방향 방사꼴 형태로서, 태양과 비슷한 형상이며, 퍼진 돌기 끝에 둥근 방울이 하나씩 달려 있다. 앞면은 거친 민무늬 거울처럼, [태양을 상징하는] 고사리무늬(고사리손같이 끝이 둥글게 말리거나 구부러진 모양의 무늬)로 청동기시대의 기하학적 무늬가 가득 새겨져 있고, 뒷면은 민무늬로 중앙엔 끈을 꿸 수 있는 반원형 작은 고리가 달렸다. 뒷쪽이 납작한 만두형의 방울에는 각각 2개씩 투공(透孔, 뚫린 구멍)이 났다. 초록·노랑·자주 등 다양한 색깔이 있다.
114) 단군 일화에서, 천제天帝 환인桓因이 아들 환웅桓雄에게 인간 세상을 다스리는 데 사용하라고 하사한 신물神物 3가지. 임금의 직위를 나타내는 물건이나, 구체적으로 무엇인지는 전하지 않는다.

tasy)115)에 이르고자 발광하듯 점차 빠르고도 강렬하게 그 쇠방울들을 흔들어댄다. 끊임없이 쨍그랑대는 방울 소리나 줄기차게 두드려대는 종과 징 등의 타악기 소리는 신명과 귀신들의 이목을 끌어들이는 적극적인 초신招神 행위이거나, 또는 [쇳소리가 악귀들에게 혐오감을 일으킨다고 하여] 못된 사귀邪鬼를 척결하는 방어적 주술 의식의 역할로 쓰인다.

5

여름날이면, 의대 건물 뒤편 실험실 인근에서, 흰 가운을 입은 짓궂은 의대생들이 50cc짜리 이상이나 되는 듯한 커다란 핫도그만 한 혈관용 주사기를 바주카포처럼(?) 들고 신나게 물총놀이(water pistol play)를 하는 것을 간혹 볼 수 있다. 두꺼운 안경 낀 수재들의 철부지 장난기란 여느 둔재들과 하등 다를 바 없다. 나는 교양과목인 〈연극학 개론〉을 강의하러 왔다가 물총 싸움만 실컷 구경하곤 하였다. 분사되는 물줄기들이 제법 굵은 걸 보니 필시 바늘은 빼고 통 끝(tip)으로만 물을 쏘아대는 모양이었다. 기실, 여름철 물총놀이는 물줄기를 발사하여 흐벅지게 노는 일이지만, 더위를 피하는 피서避暑라기보다는, 더욱 땀을 빼는 재미로 더위를 잠시나마 잊어보자는 망서忘暑라 하겠다. 어떤 무더위도 그 신나는 순간만큼은 까마득히 잊어버릴 수 있을 터.

분무기(噴霧器, sprayer)로 분사하면 이보다 덜 재미있겠으나 거칠지는 않다. 물방울을 대량 생산하여 앞으로 뿜어대는 분무기의 원리인즉슨, 액체를 비좁은 주둥이 입구로 아주 빨리 내보내

---

115) 심리학적으로, ① 감정이 고조되어 자기 자신을 잊고 황홀경에 이르는 현상. ② 접신接神의 경지에 달하는 종교적 신비 체험의 하나로, 혼령의 초월적 기능이 작용하는 상태에서 [신탁神託 등] 예언을 하거나 환상을 본다. 이 체험을 겪기 위해, 격렬한 음악과 춤 또는 마약 등의 힘을 빌기도 한다.

면 작은 방울로 나뉘어 분사되는 것이 그 원리이다. 그 분무기 와 같은 물총 싸움은 여름철 물장난으로는 그만이다.

▲ 물방울. • 출처: 나무위키(https://namu.wiki > 방울)

보슬비 방울들이 커다란 토란 잎 위에 송골송골 맺히다가 임계점(臨界點, The Critical Point)에 이르면 커진 빗물 방울이 더는 가만히 견디고 있지 못하겠다는 듯 또르르 굴러떨어진다. 그러면 커다란 잎은 이별이 아쉽다는 듯이 출렁이고 흔들린다. 여름날의 한가로운 정경이다. 이렇게 '물방울' 등이 만들어지는 이유는 표면장력 때문이다.

그런데 '비눗방울'(soap bubbles)은 오히려 표면장력을 줄여서 동그랗게 방울지는 비누 거품이다. 빨대로 비눗물을 찍어 훅 불면 그 끝에서 무지갯빛 방울들이 줄줄이 나온다. 매우 얇은 막이어서 살짝만 건드려도 터지기 쉬운 그 두께는 나노미터(nm: nanometre, 1나노미터: 1미터의 십억분의 일) 단위에서 논다. 비눗방울들을 사진 찍으면 의외로 예쁜 감성 사진이 나온다.

비누 성분이지만 영하 15도 이하에서 비눗방울이 물체 표면에 닿으면 얼어붙는다. 영하 25도쯤엔 그냥 공중에서 얼어버리는

데, 그 상태에서 땅에 떨어지면 깨지기도 한다. 언 비눗방울 속의 공기는 점차 빠져나가 방울이 조금씩 쭈그러든다.

▲ 차가운 바닥에서 언 비눗방울.
• 출처: 나무위키 *(https://namu.wiki › 비눗방울)*

구한말에, 구금된 가톨릭 신부가 면도하려고 제 거처에 있던 면도칼과 비누를 갖다 달라고 간수에게 부탁하였는데, 엮은 지푸라기로 비눗방울을 불어내자 이게 신기한 간수와 군병들이 이를 따라 비눗방울을 불어대면서 좋아하였다고 한다.

센말 '멍울'의 여린 말인 '망울'은 작고 부드럽지만, '방울'은 크고 딱딱한 느낌이다. 그러나 '벙울'이란 말은 없다. 봄철이면, 꽃이 한창 '꽃망울'을 터뜨린다고들 한다. 그와 같은 말인 '[꽃]봉오리'는 망울만 맺히고 아직 피지 않은 꽃을 뜻한다. '잎망울'·'눈망울'·'꽃망울'이라는 말의 연상작용 탓에 흔히 '콧망울'로 알려진바, 코끝 양쪽에 방울처럼 둥글게 내민 살의 표준어는 '콧방울'이란다. '콧망울'은 코 끝머리의 둥근 부분을 말한다.

주로 젖먹이에게서 볼 수 있는 '콧물 방울'은 코에서 나오는 콧물과 콧김이 섞여 초롱 모양의 기포氣泡로 생성된다. 아기의 입가에 침[물] 망울이 맺히고 코에서 콧물 방울이 맺힐 때는 아기들이 장난감 등 뭔가에 한창 몰두할 때 일어나는 현상이다. 그 몰입도 경지는 어느 누구도 방해할 수 없는 귀여움의 극치에 이른다. 입에서 개침을 흘릴 때도 이런 게 생기는데, 특히 'zzz…'와 함께, 깊이 잠든 인물을 나타내는 만화적 표현이다. 어떻게든 방울이 터지면 그 순간 해당 인물은 잠에서 깨어난다. 약간 해학적이고 바보스러운 성격으로 시전示展되곤 한다.

한편, 미국의 실험물리학자 **로버트 밀리컨**(Robert Andrews Millikan, 1868~1953)은 전자電子의 비전하(比電荷, e/m; specific charge; charge-to-mass ratio)를 측정하는 데에 이용한 것이 바로 '기름방울'(Oil Drop)이었다고 한다.

한 마디 더 덧붙이자면, 물방울보다 비눗방울이, 비눗방울보다는 기름방울이 더욱 진한 무지갯빛을 띤다.

6

북미대륙과 중남미에 서식하는 맹독의 방울뱀 즉 향미사(響尾蛇, Rattlesnake)는 인상 한 번 참 고약하다. 날카로운 고양이 눈매에 얼굴 표정이 자못 험악하다. 게다가 꼬리까지 세우고 흔들어대며 다그락다그락 소리를 내면 더욱 섬뜩하다. 그 뱀은 흔히 야행성으로 모래나 흙에 파묻혀 쥐 등 먹이가 다가올 때까지 기다리다가 공격하는, 수비 방식의 사냥을 한다.

사실 모든 뱀들이 꼬리를 흔들어대는데, 이는 잠재적 적에게 보내는 경고행위이다. 유독 방울뱀은 허물 벗을 때마다 꼬리 끝마디가 껍질이 벗겨지지 않고 방울 모양의 빈 마디 공간으로 남는데, 이것을 흔들고 부딪쳐 소리를 낸다. 한 번씩 허물 벗을 때마다 그 방울 마디들이 더 커지기 때문에 어떤 사고로 절단되지 않는 이상, 오래 산 방울뱀일수록 길이가 길다.

▲ 방울뱀의 일종인 사이드와인더(Sidewinder Rattlesnake, *Crotalus cerastes*)　● 출처: 나무위키*(https://namu.wiki* > *방울뱀)*

그 방울 소리도 딸랑딸랑 청아하고 맑은 게 아니라, **마라카스**(Maracas)116)를 굉장히 빠르게 흔드는 소리에 가깝다. 그래서 영어 명칭도 bell이 아니라 ['후두두 덜거덕댄다'는 뜻의] rattle을 써서, 방울뱀을 rattlesnake라고 한다. 그 소리는 145m(전봇대 3개의 거리) 밖에서도 들린단다. 이 특유의 방울 소리는 잠재적인 적에게 제 존재를 알릴 뿐만 아니라 실제보다 더 가까이 있는 양 들리게 하는 '귀속임 전략'도 들어 있다.

뱀들이 먼저 공격하는 경우는 드물다. 애초에 방울 흔들기는 상대에게 접근 금지를 경고하는 행위다. 방울뱀은 똬리 튼 상태

---

116) 중앙아메리카와 카리브(Carib) 일대의 섬에서 유래한 타악기(Percussion instrument). 야자열매 일종인 마라카(Maraca)의 속을 파낸 후, 잘 말린 씨를 안에 집어넣고 흔들어 소리를 낸다. 이 체명악기(體鳴樂器, idiophone, 악기 몸체가 진동하여 소리를 내는 악기)를 영어로 '셰이커'(shaker)라 하는데, 문자 그대로 악기를 '흔들어서' 소리를 낸다. 그 모양은 라틴 무율 타악기(無律打樂器, 음높이를 표현할 수 없는 타악기) **카바사**(cabasa)와 비슷하다.

에서 용수철처럼 몸을 펴서 튀어 올라 제 몸길이의 2.5배까지 공격한다고 하니, 막대기로 함부로 건들면 안 되겠다.

방울뱀의 열 감지 기관은 먼지에 매우 취약하기에, 이를 잘 아는 땅다람쥐들은 꼬리를 흔들다가 흙을 파서 던져 뱀의 감각 기관을 마비시킨다. 그래서 방울뱀들은 땅다람쥐가 꼬리를 흔들기 시작하면 미리 알아서 매복을 풀고 도망치곤 한다.

7

이왕 방울에 관하여 거론하자니, 조선시대 후기쯤 나온 작자와 연대 미상의 우리 고전소설 『금방울전』[금령전金鈴傳]을 빼놓을 수 없다. 이 소설은 **금방울**[金鈴]의 활약상을 부황浮黃하고도 흥미진진하게 전개해 나간다. 중국 명나라 초엽을 배경으로, 동해 용왕의 아들 **해룡**海龍과 남해 용왕의 딸 **금방울**을 주인공으로 한 그 이중구조의 줄거리는 이러하다.

선비 **장원**張源은 오래도록 자식이 없다가, 아내가 문득 꿈속에서 [괴물에게 쫓겨 약혼녀와 헤어진] 동해 용왕의 아들을 입으로 받는 태몽을 꾸고서, 잉태하여 아들을 낳고 **해룡**이라 이름 지었다. 어느 날, 부부는 도적 떼의 습격을 받고 도망치다가 아들을 잃고, 도적 **장삼**張參이 아기 **해룡**을 주워 키운다. 한편 **김삼랑**金三郎의 아내 **막씨**莫氏는 남편을 잃고 홀로 살다가, 남해 옥황상제에게 아이를 점지받고 죽은 남편의 혼과 동침하여 **금방울**을 임신한다. 이 아이가 바로 남해 용왕의 딸로서, 동해 용왕의 아들 **해룡**의 약혼녀인데, 둘이서 괴물에게 쫓기다가 헤어졌던 것이다. **금방울**은 신출귀몰하는 재주로 어머니를 도와 온갖 어려운 일을 처리해낸다.

막씨네 마을의 원님이 된 **장원**은 **금방울**이 요망하다는 소리

듣고 처치하려다가 오히려 고생만 잔뜩 하고 그를 풀어준다. 마침 장원의 아내가 병을 얻었다가 **금방울**이 준 보은초報恩草로 살아나 아내와 **막씨**는 의자매가 된다. 도적 **장삼**의 양자가 된 **해룡**은 양모養母 **변씨**卞氏의 학대로 고생이 자심하였다. 더구나 **변씨**가 아들 **소룡**을 낳고 양부養父가 사망하면서, 의붓어머니와 의붓동생으로부터 더 심한 박대를 당한다. 이후 **소룡**의 살인죄 누명까지 쓰면서 감옥에 가지만, 마을 관리의 어린 아들 **귀동이**의 도움을 받아 누명을 벗는다.

태조太祖 고황제高皇帝가 난을 평정한 뒤, 딸 **금선공주**金仙公主가 요괴에게 납치당하자, **해룡**은 **금방울**의 도움을 받아 공주를 구해주고 부마가 된다. 나라의 변방이 어지러워지자 **해룡**은 순무어사巡撫御使가 되어 전국을 돌다가, **금방울**의 도움으로 친부모인 장원 부부와도 만난다. 이후, **해룡**은 황후의 양녀가 된 **금방울**과 **금선공주** 두 부인을 거느려 행복하게 살다가 신선이 되어 선계로 떠난다.

이 설화적 요소가 짙은 전기소설傳奇小說은 중국을 배경 삼아 여주인공 **금령**이 '금방울'의 모양으로 태어나서 벌이는 신기담神奇談을 흥미진진하게 펼쳐간다. **해룡**과 **금령**의 '남녀 결합'과 '부귀 획득'으로 나타나는 그 가치관은 작가의 인생관인 동시에 독자층의 행복 의식을 투사한다.

특히, 여성의 적극적인 활동으로 이룩한 남녀 결합은 여성 독자의 의식을 반영한 것이며, 특권 획득과 신분 상승은 권력에서 소외된 피지배계급 독자층의 의식을 투영한 것이겠다. **금령**의 초월적 힘은 미천하게 태어나 고달픈 삶을 사는 많은 독자에게 정신적 위안을 주어서 생의 고통을 덜어줄 수 있었다.

'청노새'와 검푸른색 '청靑'에 관하여

> 1) 새[鳥] 인형, 청노새
> 2) 검푸른 털빛의 청노새
> 3) 해려海驢: 바다사자 —'독도 강치強治'에 관하여
> 4) 청우靑牛
> 5) 청마靑馬
> 6) [청]해청[靑]海靑 송골매와 해동청海東靑 보라매(참매)

　언제나 **때때옷** 입은 아이들을 볼 때마다 그 귀엽고 정겨움으로 인해 마음이 삽시간에 환해진다. '알록달록한 천을 이어 붙여 곱게 지은 어린아이의 이 옷'은 아이용 한복으로 **고(꼬)까옷** 또는 **색동옷**이라고 한다. '고(꼬)까[옷]'은 '곱게 입은 옷'을 말하는 '곱개'가 일상 구어체로 변이된 표현이다. 즉, [첫 말 받침] ㅂ + [다음 말 초성] ㄱ이 연음連音으로 결합하면서 경음화(硬音化, 된소리되기)된 '고까'가 [첫 말 초성마저 어감의 강조를 위해 경음화된] '꼬까'로 된 것이다. '때때[옷]'이란 말은 아마 '명절 때'나 '돌 때' 등 특정한 '때'에 입는 옷이기에, 강조를 위한 동어반복으로 3음절에 맞춘 말이 아닌가 싶다. 또한 '색色동'이란 여러 색[으로 염색한] 옷감들을 잇대어 만든 옷이다. ['-동'의 용례는 '저고리나 웃옷의 목둘레에 둘러대는 부분'을 '깃동'이라고 하는 데서 볼 수 있다.]
　특히 그 옷들은 성별과 관계없이 입는다는 점에서 어린아이의 천진난만함이라는 어떤 초월적 인간성을 불러일으키므로, 보는 이로서 더욱 마음이 흐뭇해진다. 여기에 쾌자快子[117]나 배자褙

---

117) 한복 가운데, 소매 없이 등솔기가 허리까지 트인 겉옷으로, 명절이나 돌날에 아이들이 복건幞巾과 함께 입는다. 원래는 옛 군복[무복武服]의 일종으로 정장正裝에 가까운 옷이었다.

子118)를 덧입히면 더욱 앙증맞아서 절로 귄이 철철 넘친다. 색동옷은 음양오행의 오방정색五方正色119)을 소매에 배색한 옷이다.

그 오방정색 가운데서, 목木과 동쪽에 해당하며 상승 기운이 가득한 '청색靑色'에 관해 토막글을 두서없이 모아 보고자 한다.

계간 《시인세계》(2004년 봄호)는 '현역 시인 100명이 좋아하는 대중가요 노랫말' 제1위로 「봄날은 간다」를 선정하였다.120) 본

---

118) 단추와 소매가 없이 [부녀자의] 저고리 위에 덧입는 조끼 모양의 겉옷. 안쪽엔 토끼·너구리·양 따위의 털을 달아 가장자리로 드러나 보이는, 소매 없는 마고자이다. / • 마고자[마괘자, 반배半褙]: 깃과 동정이 없이 앞을 여미지 않은 채 두 자락을 맞대고 단추를 끼워 저고리 위에 덧입는 옷.
119) 음양오행 사상의 색채 체계는 동서남북과 중앙의 오방五方에 해당하는 정색正色이 있고 각 정색 사이에는 간색(間色, 중간색)이 있다. 양陽을 상징하는 오방정색: ① 목木: 청(靑·파란색·동쪽·상승 기운), ② 화火: 적(赤·빨간색·남쪽·발산 기운), ③ 토土: 황(黃·노란색·중앙·조화 기운), ④ 금金: 백(白·하얀색·서쪽·하강 기운), ⑤ 수水: 흑(黑·검은색·북방·응축 기운). 이를 기초로, 동쪽 청룡靑龍·서쪽 백호白虎·남쪽 주작朱雀·북쪽 현무玄武의 개념이 나왔다. 오방 간색은 음陰을 상징한다. 본서 115와 각주 75) 비교.
120) '시인들이 좋아하는 대중가요 노랫말'(『시인세계』 제7집, 2004). [봄날은간다 – 한국민족문화대백과사전(https://encykorea.aks.ac.kr › Article)]. 참고로, 2위: 조용필(趙容弼, 1950~)의 「킬리만자로의 표범」, 3위: 정태춘(鄭泰春, 1954~)의 「북한강에서」, 4위: 양희은(楊姬銀, 1952~)의 「사랑, 그 쓸쓸함에 대하여」, 5위: 양희은의 「한계령」. 한편, 시인 문인수(文仁洙, 1945~2021)는 새로이 4절을 지어 덧붙였다. '밤 깊은 시간엔 창을 열고 하염없더라/ 오늘도 저 혼자 기운 달아/ 기러기 앞서가는 만리 꿈길에/ 너를 만나 기뻐 웃고/ 너를 잃고 슬피 울던/ 등 굽은 그 적막에 봄날은 간다.' (시집 『나는 지금 이곳이 아니다』(창비, 2015)) 이에 한술 더 떠서, 2017년 '자유칼럼그룹' 공동대표 임철순(任喆淳, 1953~)은 5절을 창작하여 이에 추가하였다. '어두운 이 밤이 지나가면/ 푸르른 새벽/ 오늘도 그 모습 그리면서/ 이별에 겨워 우는 주막 등 길에/ 별이 뜨듯 다시 만나 꽃이 피듯 함께하자/ 살뜰한 그 다짐에 봄날은 간다.' 앞 구절들에 나타난바, 이산·별리·노쇠·소멸이라는 상실과 비탄의 정서를 극복하고 재회·부활·소생의 심상으로 내용을 매듭짓고자 하려는 의도가 선명하다. 봄날은 가고 사람은 사라지지만 봄은 어김없이 다시 오고 그날을 노래할 사람들도 이 세상에 다시 온다는 뜻이라고 한다. — [자유칼럼] '봄날은 간다' 제5절_임철순(m.freecolumn.co.kr › news › article View) 또는 임철순, 『손들지 않는 기자들 ─ 유쾌한 어문 에세이』(열린책들, 2019).

서 134쪽에서 미리 잠깐 인용했던 그 2절을 다시 보자.

> 새파란 풀잎이 물에 떠서 흘러가더라
> 오늘도 꽃 편지 내던지며 **청노새 짤랑대는** 역마차驛馬車 길에
> 별이 뜨면 서로 웃고 별이 지면 서로 울던
> 실없는 그 기약에 봄날은 간다

이 대중가요는 전쟁 직후 대중의 정신적 피폐를 위로하는 서정성으로 큰 호응과 평가를 받았다.

무엇보다도, 2절의 "청노새 짤랑대는 역마차 길에"라는 가사가 눈길을 끈다. 육로가 이동 길의 전부였던 옛 시절 1900년대 초에, 역을 정해 놓고 주기적으로 경유하던 역마차에 동원된 청노새는 아주 긴요한 교통수단이었을 터. [이후에 육로의 새로운 길을 나타내는 '신작로'란 용어는 일제강점기에 한민족의 수탈을 용이하기 위하여, 군사적으로 도로를 크게 내면서 생긴 말이다.]

그러나 평론적인 분석에 있어서, 수탕나귀와 암말의 교배로 태어난 '노새'는 그 유전적 한계에 도달하여 번식능력이 배제된 불임不姙, 즉 불모성不毛性을 상징한다. 따라서 화자話者나 창자唱者에게 건네진 사랑의 약속이란 문자 그대로 '실없는 기약'에 그쳐서 봄날처럼 덧없고 무상하여 차후에 미래가 없을 것임을 시사하는 절묘한 노랫말이라 하겠다.

이왕 말이 나온 김에, '청노새'에 관하여 손이 닿는 대로 이러저러한 자료들을 뒤져볼까 한다.

▼ '**청노새**'는 다음 두 가지 의미를 지닌다.
  1) 전통 인형극 《꼭두각시놀음》에 등장하는 새[조鳥] 인형
  2) 검푸른 털빛의 노새

앞쪽의 네모에서 1)의 '청노새'는 문자 그대로 '[녹색 기운을 띤] 청색'이지만, 2)의 경우는 '[검은빛을 띤] 푸른색'으로서, 서로 지칭하는바 색깔 빛이 약간씩 다르다.

▼ 1) 새[조鳥] 인형: 청노새

먼저, '청노새'는 한민족의 대표적인 전통 인형극 《꼭두각시놀음》의 네 번째 거리 「이시미거리」에 등장하는 해로운 새[鳥]의 조형鳥形 물건을 말한다. 나무를 깎아 만든 외양은 푸른 청색 바탕에, 깃털 끝부분이 검은색과 붉은색으로 되어 있다.

곡식을 축내려고 중국 '청국 땅'에서 온 그 인형 새는 극 중에서 **이시미**에게 잡아먹힌다.

▲ 청노새 인형/ 꼭두각시놀음_한국전통연희사전
• 제공처: 민속원*(http://www.minsokwon.com/)*
• 출처: [네이버 지식백과] 청노새 (한국전통연희사전, 2014. 12. 15., 전경욱)

《꼭두각시놀음》은 1964년 국가 지정 중요무형문화재 제3호로 지정된바, 조선시대의 예인집단 가운데 하나인 남사당패에 의해 전승되어 왔다. 주요 등장인물의 이름들을 따서 '[꼭두]박첨지놀이'·'홍동지놀이'·'덜미' 등으로 달리 불리기도 한다.

　'덜미'란 인형극을 일컫는 남사당패의 은어인데, 인형의 목덜미를 잡고 노는 데서 비롯되었다고 전한다. 토박이 광대 패가 전승하는 《서산박첨지놀이》121) 도 있지만, 이 역시 《꼭두각시놀음》의 영향을 받은 민속놀이이다.

　「이시미거리」는 《꼭두각시놀음》「박첨지 마당」의 네 번째 거리이다. 그 줄거리를 살펴보면, 먼저 **박첨지**가 등장하여, 중국에서 날아온 청노새가 양식을 축내러 나왔다는 것을 알리고 퇴장하면서 시작한다. **이시미**가 나타나서, 청노새를 비롯하여, 그 새를 쫓으러 나왔던 여러 등장인물들 즉 박첨지 손자·피조리·작은박첨지·꼭두각시·홍백가·영노·표생원·동방삭이·묵대사 등 반복적으로 **산받**이에 의해 정체가 확인된 후, 나오는 순서대로 모두 잡아 먹어버린다. 후반부에서, **박첨지**가 나와서 앞서 나온 이들의 행방을 묻자, **산받이**는 **이시미**의 짓이라고 고자질한다. **박첨지** 역시 **이시미** 곁으로 갔다가 물리고 말아 잡아먹힐 지경에 처한다. 이때 홍동지가 등장하여 **이시미**를 때려잡은 후, 그 가죽을 벗겨 들고 퇴장한다. 마무리에, **홍동지**의 도움으로 겨우 살아난 **박첨지**가 재등장하여, 자기가 살아난 것은 자신의 명에 의한 것이라고 말하면서도, 자신을 살려준 **홍동지**에게 막걸리를 받아주겠다며 퇴장하는 것으로 끝이 난다.

　인물 인형 **박첨지**와 **홍동지**는 《꼭두각시놀음》과 《서산박첨지놀이》에 모두 등장한다. **박첨지**는 매 거리마다 나와 극의 진행과 해설을 도맡는다. 상투 튼 머리에 역사力士의 체격인 **홍동지**

---

121) 본서 105쪽 각주 66) 참조.

는 그 특징적인 온몸의 붉은 색깔이 '홍紅'이라는 명칭 속에 함축되어 있다. 모든 권위와 관념을 파괴하고 젊음과 힘을 과시하는 저항의 반사회적 인물인 그는 **이시미**를 때려잡고 평안감사의 사냥을 위한 길을 닦는다면서 무례하게도 커다란 성기를 휘두르며, 평안감사의 상여를 알몸으로 떠메고 간다.

○ '유랑 예인 집단'은 조선 후기에 크게 활약한 남사당패·사당패·대광대패·솟대쟁이패·초라니패·풍각쟁이패·광대패·걸립패·중매구·굿중패 등을 총칭한다.

이 가운데 남자만으로 구성된 유랑 예인단체 **남사당패**는 조선 후기의 사당·거사居士·굿중패(승려가 주동이 된 연희패)122)와 더불

---

122) 조선 후기 유랑 예인 집단 가운데 하나로 승려가 주동하여 직접 연희에 참여하는 연희 패였으나, 현재는 사라졌다. 민속학자 **이두현**(李杜鉉, 1924~2013)은 '잡승雜僧들이 꽹과리 치며 염불을 외우고 구걸하는 자들은 **굿중패** 또는 **중매구**라고 했다'고 했는데, **이덕무**(李德懋, 1741~1793)의 시 「관승희觀僧戲」의 내용과 일치한다. 그 시는 조선 후기에 민간 마을을 돌아다니며 연행하던 재승才僧 계통 연희자들의 모습을 생생하게 묘사한다. 민속학자 **심우성**(沈雨晟, 1934~2018)은 **걸립패** 및 **중매구**와 구별하여, **굿중패**를 원래 시골이 아닌 대도시만을 순회했던 뛰어난 놀이패라고 설명했다. 후대에 이르러, 구한말 및 [일제 때인] 1930년대 초에는 남사당패와 솟대쟁이패가 합류하여 기예에 뛰어난 연희자들로만 구성되기도 하였다. 또한 수륙재(水陸齋, 물과 뭍에 떠도는 잡귀를 위해 재를 올리는 법회)를 거행할 때 거는 탱화인 **감로탱**(甘露幀, 수륙화水陸畫)에 모든 유랑 예인 단체들의 연희장면들이 그려져 있기도 한다.

　　북소리 징소리 온 이웃이 들썩이고
　　뜰 안에는 소반 받든 사람이 늘어섰네.
　　꽃 달린 굴갓은 속안俗眼에 곱게 뵐 뿐
　　붉은 비단 기를 끌며 애써 귀신을 청탁하네.
　　반나절을 나란히 나무[南無]만 불러대며
　　더더욱 동도東道님 복 누리라 기도 드리누나.
　　춤출 때, 마을 아낙네 수줍음 머금고 말하기를,
　　내년엔 새 아들을 낳을 거라고 일러주었다더군.

　　발고당정동사린(伐鼓撞鐘動四隣), 정중족족봉반인(庭中簇簇奉盤人).
　　화번채립사미속(花翻彩笠徙媚俗), 기예홍초강탁신(旗曳紅綃强托神).
　　재창나무요반일(齊唱南無饒半日), 갱기동도향장춘(更祈東道享長春).

어 재승才僧123) 계통 연희자들의 후예라 하겠다. 이들은 **꼭두쇠**(우두머리)를 정점으로, 풍물(농악)·버나(대접돌리기)·살판(땅재주)·어름(줄타기)·덧뵈기(가면극)·덜미(인형극이나 꼭두각시놀이) 등 여섯 연희를 공연하였다. 옛날엔 그 밖에 환술(幻術, 요즘의 요술妖術)도 연행演行하였다고 한다. 이들은 일정한 보수 없이 숙식과 다소의 노자만 제공되면, 마을의 큰 마당이나 장터에서 밤새워 놀이판을 벌였다. 현재 남사당패는 현재 서울시 강남구 삼성동 소재 '서울무형문화재 전수회관'에 보존회가 있으며, 1988년 꼭두각시놀음을 포함한 여섯 가지 연희 종목 모두를 중요무형문화재로 확대·지정하여 현재에 전승한다.

○ 재승 계열의 연희자는 삼국시대에 이미 존재하였다. 대표적인 예로, 신라 **원효**(元曉, 617~686)의 《무애희無㝵戲》는 재승 연희자가 크게 활약한 불교 국가 고려를 거쳐, 조선 전기까지 전승되었다. 『고려사』「문종 10년(1056) 9월 조」를 보면, 고려시대에는 불교에 속한 무리이면서도 속인俗人 복장으로 기생들과 뒤섞여 놀거나 장사하면서, 절의 건립을 명목으로 악기 연주 등 공연을 하고 다니는 자들이 있었다. 이들은 승적에 이름을 올려

무시촌부함치어(舞時邨婦含羞語), 기취명년특자신(記取明年得子新).
— 이덕무, 「관승희觀僧戲」 전문.

여기서 연희자들은 북과 징 따위의 악기를 연주하고 종이꽃 달린 굴갓을 썼으며 깃발을 들고 각 집안 마당 안에 들어가 춤추거나 염불하고 기도하며, 동도주(東道主, 단골 주인)의 복을 빌거나 점도 봐주면서, 걸립(乞粒, 절의 중건 등 불사佛事 경비 모금을 위해 각처로 돌아다니며 탁발托鉢하는 일)을 한다. 이 시의 앞에 '중의 무리 십수 명이 깃발 들고 북을 둥둥 울리며, 때때로 마을 안에 들어와 입으로 염불 외고 발 구르며 춤추면서 속인의 이목을 현혹하여 미곡米穀을 요구하니 족히 한 번의 웃음거리가 된다. 시 한 수 지었으니 대개 실상을 기록한 것이다'라는 설명이 나온다. 승려들이 직접 연희한 후 곡식을 요구했다는 점을 미뤄볼 때, 여기 언급된 놀이패는 **중매구**나 **굿중패**인 듯싶다.
123) 절과 관련된 연희자. 승려나 절의 노비이면서 연희 종사자, 혹은 승적에 입적한 승려인 양 행세하나 실제로는 속인俗人 연희자를 총칭하는 말.

놓고 승려 행세를 부렸지만, 사실상 속인이나 마찬가지였다. 고려시대에는 이런 재승 계통 연희자들이 우란분재(盂蘭盆齋, 사후에 고통받는 자를 위해 음력 7월 15일에 음식을 공양하는 불교 의식)뿐만 아니라 연등회燃燈會·수륙재水陸齋·불탄일佛誕日 등 불교 행사 때에도 연희를 공연했던 것 같다.

▼ 2) 검푸른 털빛의 청노새

짙은 검은색 털의 개나 까마귀를 보면, 반지르르한 청록색 즉 '푸른빛' 기운이 도는 것처럼 비치곤 한다.

우리 한민족의 선조들은 오방정색五方正色에서, 겨울과 북쪽 및 죽음을 상징하는 **검은색**을 되도록 기피하고, 나무의 기운으로 봄과 동쪽 및 생명을 표상하는 '푸를 청靑'자를 선호하였다.124) 또한 파란색과 초록색을 굳이 구분하지 않고 뭉뚱그려서 서로 혼용하여 표현하였다. 원래 '초록草綠'은 한자어고, '파랑'은 순우리말이다. 파랑은 ['풀'이 변한 말인] 어근 '팔'에 접미사 '-앙'이 붙은 명사이다. 형용사 '푸르다'는 명사 '풀'[←'팔']에서 나왔다. '초록색'만을 나타내는 순우리말은 따로 없이 그저 푸른색이라는 포괄적 개념으로 불렀다. [이는 아마 파란[靑] 염료를 구하기가 어려웠기 때문이라는 설이 있다.] 맑은 물빛과 푸른 신록 빛을 모두 지니는 **청색**은 [백색과 함께] 그 맑고 깨끗한 심상 때문에 조선시대 이후로 가장 선호도가 높은 색깔이며, 특히 젊은이의 기상과 진취적인 정신을 나타낸다.

노새(mule)는 한자로 '노새 나騾'자를 쓰며, '노새와 나귀'를 아울러 '나려騾驢'라고 한다. 이와 반대로 암탕나귀와 수말 사이에서 태어난 것은 **버새**(Hinny)라 하고 '버새 거駏'자를 써서 '거허駏

---

124) 본서 159쪽 각주 119) 비교.

驘'라 부른다. 노새의 덩치는 당나귀와 말의 중간 크기인데, 버새는 거의 새끼 당나귀 수준으로 노동력도 훨씬 떨어진다. '근본 없는 목숨이지만 말보다 오래 사는' 노새는 '동물계(動物界, Animalia)-척삭동물문(脊索動物門, Chordata)-포유강(哺乳綱, Mammalia)-기제목(奇蹄目 또는 말목馬目, Perissobactyla)-말과(馬科, Equidae)-말속(馬屬, Equus)'까지 분류가 되지만, 그다음 단계인 '종種'은 '미분류'로 규정되어 있다. 그것은 노새가 수탕나귀와 암말 사이의 이종교배異種交配로 태어난 잡종 동물이기 때문이다.125)

잡종강세(雜種強勢, hybrid vigor; heterosis)126)의 대표적 사례인 노새는 말과 당나귀의 장점을 모두 갖추었으며, 말보다 오래 사는 것도 사실이다. 주로 암갈색 털빛의 생태 노새는 크기가 말과 당나귀의 중간 정도로 당나귀처럼 긴 귀와 짧은 목이 있고, 갈기나 꼬리의 털은 말과 비슷하다. 또한 어깨와 다리 등에 무늬 줄이 나 있기도 하는 노새는 성실하고 체격에 비해 체력이

---

125) 자연 교배를 하지 않는 말과 당나귀 사이에서 인간이 억지로 교배하여 낳게 한 새끼인 노새나 버새는 염색체 수 차이의 열성형질劣性形質로 불임不姙이기에 자체 번식을 하지 못한다. 외관상 수노새의 정소精巢는 정상이지만 정충은 생성 과정 중에 발육이 멈추어 수정 능력을 갖춘 정충을 생성하지 못한다. 즉, 그 잡종 2대는 생겨나지 못하므로 노새나 버새의 새끼란 있을 수 없다. 염색체 수는 말(64개)과 당나귀(62개)가 다르며, 1대 잡종인 노새는 염색체가 63개여서, 상동염색체相同染色體의 짝이 맞지 않으므로 생식을 위한 감수분열減數分裂을 일으키지 못하는 것이다. 자연계에서는 수컷보다 암컷의 번식력이 강하여, 암노새는 아주 드물게 말이나 당나귀의 씨를 받아 새끼를 낳기도 하지만, 수노새는 암노새나 암말 및 암탕나귀를 임신시킬 수 없다. 두 개체의 자식이 번식되면 두 모체母體는 같은 종이고, 번식이 불가능하면 두 모체는 다른 종이므로, 노새는 생물학적 '종'이 아닌 것이다.
126) 잡종이 생육·생존력·번식력 등에서 양친兩親보다 우수한 성질을 갖는 현상. 잡종약세(雜種弱勢, 자식약세子息弱勢, inbreeding depression)의 반대이다. 이 현상은 모든 잡종에 나타나지 않으며, 양친의 조합에 따라 그 정도가 다르다. 일반적으로 같은 종 가운데 혈연이 먼 것들 사이의 조합일수록 잡종강세가 강하게 나타나지만, 너무 먼 것은 오히려 생육이 불량한 잡종약세를 보이기도 한다. 잡종강세는 잡종 제1대(F_1)에서 가장 두드러지고, 잡종 세대가 거듭될수록 점차 강세 정도가 감소한다.

강인하여, 농경에 이용되거나 험한 산악지대에서 많은 짐의 운송 수단으로 활용된다. 한편으로는 그 비천한 출생과 센 고집 탓에 부정적인 의미로도 많이 사용된다.127)

바로 이러한 '청노새'를 가사로 삼은 고전 대중가요가 두 곡 있는데, 그것은 **남인수**의 「청노새 탄식歎息」(1938)과 **백설희**의 「봄날이 간다」(1953)이다.

○ **남인수**의 「청노새 탄식歎息」(오케레코드 OK-12122, 1938)

- **남인수**(南仁樹, 본명: 강문수姜文秀, 어릴 적엔 **최창수**崔昌洙로 불림, 경남 진주晉州 출생, 1918~1962)
- **조명암**(趙鳴岩, 1913~1993, 본명: 조영출趙靈出), 1948년 월북한 관계로, 그가 작사한 가사들은 1950년대에 대부분 **반야월**(半夜月, 본명: 박창오朴昌吾, 1917~2012, 가수 예명藝名은 **진방남**秦芳男) 등 다른 작사가들에 의해 개사改詞되어 불리었다.
- 작곡가 **손목인**(孫牧人, 1913~1999)

  1절: 어서 가자 노새야 어서 가자 노새야
  　　　안개 낀 지평선 어서 가자(달려가자) 노새야
  　　　음 음 이 마을 저 마을에 푸른 연기가(만)
  　　　아 아 애달픈 탄식처럼 솟아오른다

---

127) 부언하자면, 지구력이 강한 노새는 바위산 사이로 꼬불꼬불 난 좁은 산길에 짐을 잔뜩 실은 마바리(짐을 실은 말, 또는 그 짐)꾼들에게 활용도가 높다. 노새는 말보다 발굽이 더 튼튼하여 발디딤이 좋고 끈기가 좋으며, 당나귀보다 순하다. 아무거나 적게 먹으며 지능도 좋다. 키울 때도 말보다 손이 덜 가지만, 기억력이 좋아 예전에 갔던 위험 장소는 잊지 않고 가기를 거부하는 등 고집이 세어 독립적인 면도 있다. 또한 가죽이 말보다 질겨서 덜 민감하고 강한 햇빛과 비에 잘 견디며 질병과 해충에 잘 버틴다. 미국의 개척 시대에 길 없는 바위 산맥을 넘어 다니는데, 그리고 프랑스의 **나폴레옹**(Napoléon Bonaparte, 1769~1821)이 알프스산맥을 넘을 때도, 노새를 이용했다고 한다. 노새는 평소 말처럼 투레질[말이나 나귀가 히힝거리고 푸릉거리거나 또는 코로 숨을 급히 내쉬며 투루루 내는 소리]도 낸다.

2절: 울고 남은 눈물아 울고 남은 눈물아
마지막 이별에 풀어져라 풀어져
음 음 노새는 가자 울고 날은 저물어
아 아 들판에 사무친다 먼 데 종소리

3절: 타고 남은 사랑아 타고 남은 사랑아
고달픈 유랑에 쓰러져라 쓰러져
음 음 피어린 가슴 속에 눈물을 심고
아 아 조각달 바라보며 울고 또 운다

유성기(留聲機, '축음기蓄音機'의 구칭)로나 들을 수 있는 이 왜정 때의 이별 연가는 눈물 어린 당대의 시대 상황을 별리의 애절함에 빌어 노래한다.

일제 말기인 1942년부터 뚜렷한 친일 행보를 걷던 **남인수**는 해방이 되면서 사회주의 이념에 빠져 선동적인 좌익의 반정부 가요를 불렀다. 그것도 잠시, 1950년 경인공란(庚寅共亂, 한국전쟁)으로 민족이 전란戰亂에 휘말리자, 이번엔 남한 정부의 국방부 정훈국 문예 중대에 소속되어 위문 활동을 벌이면서 사망할 때까지 남한의 가수로 남았다. 격동하는 역사의 소용돌이에서 숱하게 닥쳐오는 역경의 고비마다 고뇌와 변절로 거듭된 이른바 '시대 맞춤 살이'를 했던 한 노래꾼의 애환이 엿보인다.

○ **백설희**白雪姬의 「봄날이 간다」(유니버설레코드사, 1953)

- 백설희(본명: 김희숙金姬淑, 서울 출생, 1927~2010)
- 손로원(孫露源, 1911~1973) 작사
- 박시춘(朴是春, 1913~1996) 작곡

이 가요는, 한국전쟁 시절, 너무나 밝고 환해서 더더욱 슬펐던 봄날의 역설이 전쟁에 시달린 인민들의 한 맺힌 내면 풍경을 보여쭸기에 이내 공감을 샀다.128) 원작사자 **손로원**은 경인공란庚寅共亂 때 피난살이 하던 부산의 용두산龍頭山 판잣집에 어머니 사진을 걸어두고 지냈다. 그런데 동네에서 화재가 일어 사진이 불타버리는 바람에, 흰 저고리 연분홍 치마차림으로 수줍게 웃던 어머니는 노랫말 속에만 남고 말았다. 어머니를 향한 그리움이 사무치는 이 사모곡思母曲은 떠나버린 연인을 그리워하는 사모곡思慕曲으로, 그리고 더 나아가 지난날 인생의 화양연화(花樣年華, 인생에서 가장 아름답고 행복했던 한때) 시절을 향한 추억곡을 넘어, 요즈음은 조가弔歌나 장송곡葬送曲으로까지 애창되기에 이르렀다.

그 전문全文은 이러하다.

  1절: 연분홍 치마가 봄바람에 휘날리더라
     오늘도 옷고름 씹어가며
     산 제비 넘나드는 성황당城隍堂 길에
     꽃이 피면 같이 웃고 꽃이 지면 같이 울던
     알뜰한 그 맹세에 봄날은 간다

  2절: 새파란 풀잎이 물에 떠서 흘러가더라
     오늘도 꽃 편지 내던지며
     청노새 짤랑대는 역마차驛馬車 길에
     별이 뜨면 서로 웃고 별이 지면 서로 울던
     실없는 그 기약에 봄날은 간다

  3절: 열아홉 시절은 황혼 속에 슬퍼지더라
     오늘도 앙가슴 두드리며
     뜬구름 흘러가는 신작로新作路 길에
     새가 날면 따라 웃고 새가 울면 따라 울던
     얄궂은 그 노래에 봄날은 간다

---

128) 박해현(2010년 5월 5일). "〈만물상〉 '봄날은 간다'". 〈조선일보〉 2010년 5월 11일 자. 또한, 참고: '봄날은 간다(백설희의 노래)'_wikipedia.org (https://ko. wikipedia. org › wiki › 봄날은_간다_(백설희의 노래)).

이 다단조 4·4박자 노래는 원래 3절 가사였으나, 1953년 첫 발매 당시의 초판에는 녹음 시간이 맞지 않는 문제가 생겨 제2절을 빼고 제1절과 제3절만 수록하였다. 나중에 **백설희**가 다시 녹음한 재판에 2절이 실리면서, 이후 다른 가수들의 커버(Cover)129) 녹음에도 대부분 수록되었다.

가슴이 아리도록 아름다운 이 노랫말 가운데, 특히 2절의 '청노새 짤랑대는 역마차 길에 별이 뜨면 서로 웃고 별이 지면 서로 울던 실없는 그 기약에 봄날은 간다'는 이유를 알 수 없게 가슴을 먹먹하게 적신다. 여기서 '청노새'란 그 털에 검푸른 빛이 돌 정도로 젊은 노새를 일컫는다.

환청처럼 짤랑대는 말 목의 방울[마령馬鈴, 즉 '워낭'] 소리에는 길에서 마주칠지 모를 사나운 짐승을 미리 물리치고자 하는 예령豫鈴의 의미가 깃들어 있다고 한다. '물에 떠서 흘러가는 새파란 풀잎'이나 '내던져진 꽃 편지' 및 '뜨고 지는 별' 등의 시각적

---

129) 다른 음악가가 자신의 의도를 반영하고자 음악 기법을 활용하여 남의 곡을 재연주·재가창하는 일. 사전적으로 '[뭔가를] 감싸거나 덮는 일'을 뜻하는 그 용어는 그로 인해 '원래의 것이 보이지 않는 상태'가 됨을 뜻한다. 원곡자의 곡을 다른 가수나 음악가가 기교·편곡·혼합 등의 수법을 빌어서 자신의 의도와 표현대로 가창 및 연주하는 이 분야는 원곡자와 똑같이 부르는 **모창**(模唱, Mimicking/ Imitation)이나 그저 따라 부르는 **가창**(歌唱, Singing)과 구분된다. 서로 다른 음악 성향을 섞어 새로운 시너지(synergy, 분산 상태의 집단이나 개인이 서로 적응하여 통합되는 과정을 통해 발휘하는 힘이나 효과)를 창출하는 이 '커버 뮤직'은 연주자나 가수가 본인 스타일대로 얼마나 자연스럽고 예술적인 창의력으로 표현하는지가 중요 요소이다. 예전엔 이를 **리메이크**(remake)라고 불렀다. 이는 후배가 선배 음악을 음반으로 재연하는 '헌정음반'(Tribute Album) 형태, 및 음악가가 직접 남의 음악을 오프- 내지는 온-라인에서 음악 기법을 활용해 재연하는 형태 등으로 분류되는데, 요즘 후자가 많이 선택된다. 신인들이 음악적 꿈을 이루는 가교架橋 역할의 '커버 뮤직'이나 '커버 송'은 저작권과도 연관된다. 재연자(再演者, 커버 음악가)를 통해 생성된 커버 음악도 '2차 저작물'에 해당하지만, 저작권을 주장하려면 전체적으로 독창성이 얼마나 반영되었는지가 중요한 판단 기준이다. 그밖에 [재]편곡·작사·작곡·번안·표절 등은 '커버'의 범주를 벗어나는 개념들이다.

심상에 버무려지는 '짤랑대는 역마차 길 방울 소리'의 청각적 심상은 노래의 감상자들에게 고혹적인 전율을 일으킨다.130)

이러한 대중음악의 영향을 받아서인지는 몰라도, '청노새'의 서정적인 심상을 담아낸 현대시도 몇 편 나왔다.

○ 김관식(金冠植, 1934~1970)의 시 「무검撫劍의 서書」.

   시방은
   공원公園의 벤취 위에
   팔 베고 돌아누워
   명상瞑想에 취할 때,

   나무여,
   바람에 흐느끼는 발가벗은 나무여.
   그래도 너는,
   한 해에 한 번씩은 제 마음을 가늠하여
   자아自我의 혁명革命을 개운히 치르고,
   무거운 침묵沈默 속에 안으로 눈을 돌려
   또 하나의 연륜年輪을 굳혀 가건만……

   원願하여 이룬 바 없이
   불혹不惑의 나이에 도리어 의혹疑惑만 짙어
   칼자루 어루만지며 휘파람 불어
   세상일 길이 탄식하노니
   강江물은 흘러도
   구르지 않는 바위가 되어, 바위가 되어
   부동심不動心의 자세姿勢를 배워 줄란다.

   비인 포키트에 손을 찌르고

---

130) 본서 134, 139, 159-160쪽 비교.

스치는 시장기를 하품으로 달래며
어둠살 짙은
육조六曹 앞 너른 길을 걸어가다가
문득, 이런 것을 생각해 본다.

정부政府는 배요,
인민은 바다, 바다는 뱃길이사 열어 주지만,
어쩌다 포효咆哮하여, 산악山嶽이 찢어지는 천지개벽의 그 전날같이 물너울이 또로 공중에 치뻗히는 날에는 까짓 거 사정없이 때려 부신다!

일껏, 호텔의 옥상屋上에 서서
휘저은 골프 크럽, 저 멀리 손짓하여
아방궁阿房宮에 도둑의 떼 불러들이고
누구의 피로,
헛되이 만리성萬里城을 쌓으려는가.

생강을 씹지 않곤
잠 못 이루던 공자孔子의 괴로운 밤을
아하, 어떻게 새워야 하나.
소크라테스보단도 육신肉身은 야웨ㅆ는데,
독배毒盃도 내 차지는 없단 말이냐!
두룩저어지종種 누룩돼지야
오래 오래 꿀, 꿀, 꿀 잠 잘 자거라.

높새가 불고 청노새 울어
지평선地平線 너머 누른 해는 빠지고
쇠붙이 소리 서그럭거리는 고량高粱, 수수밭에 서리 찬 달빛. …… 기러기 떼 우지짖으며 지나가는 그림자도 그리 반갑던 나의 형제兄弟의 즐거운 안항雁行의 밤은 어린 시절時節의 아름다운 동화童話 속에나 묻어 버리고

눈이여. 어서 내리고 지고,
내리고 지고, 눈이여. 우리
눈 속에 묻혀 눈을 씹어 눈물을 먹고
삼동三冬을 하얗게 얼어서 살자.
　　　— 김관식,「무검撫劍의 서書」(1968) 전문.

▶ 무검撫劍: 칼을 빼려고 칼자루에 손대어 잡음. 안검按劍.
- 출전:『춘추좌씨전春秋左氏傳』「양공23년襄公二十三年」: 遂超乘, 右**撫劍**, 左援帶, 命驅之出。(• 출처: 撫劍_百度百科 *(https://baike.baidu.hk › item › 撫劍)*)
- 안검상시按劍相視: '칼자루에 손을 대고 서로 본다'는 뜻으로, 서로 원수같이 대함을 이르는 말.
- 중국 제齊나라 선왕(제선왕齊宣王, ?~301 B.C.E.)과 대담을 나누면서, 멍쯔(孟子, 372?~289? B.C.E.)가 외교정책에 관하여 한 말. (『맹자孟子』「양혜왕장구梁惠王章句 하下」3장 2.)

　대저 칼을 어루만지며 눈을 부릅떠 노려보며[撫劍疾視] '네가 감히 나를 당해낼 수 있겠는가'라고 말하는 것, 바로 이는 필부의 용기로, 한 사람을 대적하는 것입니다.

　부무검질시왈(夫**撫劍疾視**曰): 피오감당아재(彼惡敢當我哉)。 차필부지용(此匹夫之勇), 적일인자야(敵一人者也)。

- **타오옌밍**(도연명陶淵明, c. 365~427)의「의고구수擬古九首」기팔其八: 여러 고시古詩를 인용하여 자신과 옛 절의지사節義志士들을 빗대면서, 자기를 알아주는 이가 없음을 한탄한 시.

　젊었을 적엔 씩씩하고 [성정性情이] 굳세어[壯且厲]
　검을 손에 쥐고 혼자 돌아다녔다네. (1-2구)
　… (중략) …
　[그러나] 알아주는 사람은 만나지도 못하고
　오직 옛날의 무덤만 보았을 뿐이네 (7-8구)

　소시장차려(少時壯且厲), **무검독행유**(**撫劍**獨行遊)。
　… (중략) …
　불견상지인(不見相知人), 유견고시구(惟見古時丘)。

- **이색**(李穡, 1328~1396)의「입추立秋」12-13구.『목은시고牧隱詩藁』3권卷之三「시詩」

밤중에 일어나 칼 쥐어들고 슬피 노래하니
세월은 물처럼 흘러가고 인간사는 어그러지네

무검애가중야기(撫劍哀歌中夜起),
년광여류인사위(年光如流人事違)。

- 매월당梅月堂 김시습(金時習, 1435~1493), 「동봉육가東峯六歌」 제 6수 3-4구.

긴 칼 뽑아 여우를 치려 하였더니
백호가 산모퉁이에 버티고 섰네.

무장검욕격봉호(撫長劍欲擊封狐),
백호정부산지우(白虎正負山之隅)。

- 이순신 장군은 왜군이 한양까지 침입했다는 소식을 듣고는 '흐르는 눈물을 감당하지 못하고, 칼을 어루만지며 혀를 차면서 탄식했다'(불감수루(不堪垂淚), 무검돌차(撫劍咄嗟)。)고 하였다. (『난중일기亂中日記』에서)

▶ 육조六曹: 고려·조선 시대에, 국가의 정무政務를 나누어 맡아 보던 여섯 관부官府. 즉 이조吏曹·호조戶曹·예조禮曹·병조兵曹·형조刑曹·공조工曹를 이른다.
▶ 고량高粱: 볏과의 한해살이풀. 수수[垂穗, 穗垂]의 하나이며, 주로 중국 만주에서 재배한다.
▶ 안항雁行: '기러기의 행렬行列'이란 뜻으로, 남의 형제를 높여 이르는 말.

불혹의 나이 40에 이른 세모歲暮, 겨울날 늦은 오후에, 화자는 궁귀窮鬼 가득한 현실의 고달픔 속에서도 '구르지 않는 바위가 되어…/ 부동심不動心의 자세姿勢를' 배우겠다는 다짐과 함께, 불의한 시국에 대한 개탄을 토로한다. 칼을 빼어 들려고 칼자루를 쥐는 '무검撫劍'은 모종의 결단을 시행하기 전前 단계로서 결연한 각오를 나타낸다. 특히 8연은 '전轉'에 해당하는 절정이다. 이 단락은 직면한 삶의 고충을 서정적으로 승화시키면서, '눈 속에 묻혀 눈을 씹어 눈물을 먹고/ 삼동三冬을 하얗게 얼어서 살자'고 겨울나기의 의지를 다지는 9연으로 이어진다.

○ **이형기**(李炯基, 1933~2005)의 시 「빈 들에 홀로」

    눈비가 오려나
    호지胡地 일모日暮

    먼 산자락 넘어
    구름은 가고

    정은 만 리
    청靑**노새 울음**

    호지 일모에
    눈비 오려나

    저녁 바람 분다
    빈 들에 홀로
       — 이형기, 「빈 들에 홀로」 전문. 시집 『적막강산』(1963).

  가없는 만주 땅 허허벌판, 가을걷이가 끝난 그 한끝에 홀로 서서 저무는 하루해를 바라보는데, 눈비 기운이 가득한 찬바람이 옷 속에 후벼 든다. 먼 산자락 넘어 구름이 흘러가건만 사랑하는 이의 정情은 더더욱 먼 만 리 밖에 있다. 어느 시가 이보다 더 간결하게 스산함을 심화시킬 수 있을까. 지평선에 청노새 그림자가 땅거미처럼 스친다. 이 기저에 당대의 아픔인 한국전쟁이 깔려 있다면, 그 스산함엔 개인적 정서를 넘어 민족사적 비애와 탄식으로 인한 피눈물이 배어있다고 하겠다. 가뜩이나 먹고 살기 어려운 터에 전란의 회오리까지 휘몰아쳐 생사를 모르는 식구와 생이별을 한 채, 제 목숨 하나 겨우 부지하며 혹독한 겨울나기로 연명하려 몸부림치던 세태가 눈앞에 가득하다.

위 시는, 중국 후한말後漢末과 조위(曹魏, 220~265)의 '비련悲戀의 여성 시인' 차이옌(채염蔡琰, 177~249?)131)이 지은 「호가십팔박胡笳十八拍」(풀피리 18곡) 가운데 「제칠박第七拍 사호지경상寫胡地景象」(제칠박, 호지의 풍경)을 배경으로 삼았다.

그 한시는 이러하다.

날 저물어 바람 구슬픈데 변방 소리 사방에 일거늘,

---

131) 『후한서後漢書』「동사처전董祀妻傳 주석注釋 열녀후전烈女後傳」을 보면, 차이옌의 자字가 자오지(소희昭姬)인데, 이 '昭'자가 추존 황제 쓰마자오(사마소司馬昭, 211~265)의 이름자와 겹치므로 후대에 피휘避諱하여 웬지(문희文姬)로 고쳤다. 또한, 이름자 '琰'이 훗날 황제가 되는 서진西晉 무제武帝 쓰마옌(사마염司馬炎, 236~290)과 흡사하기에 피휘하여 주로 차이웬지(채문희蔡文姬)라 불리었다. [차이옌의 이름자는 '옥 염琰'을 쓰고 쓰마옌은 '불꽃 염炎'을 쓴다.] 그녀는 [짜오앙(조앙趙昻, ?~219?)의 아내] 왕이(왕이王異, 생몰연대 미상)・[쓰마이(사마의司馬懿, 179~251)의 부인] 장춘화(장춘화張春華, 189~247)・[오吳나라 초대 황제 쑨췐(손권孫權, 182~252)의 부인] 뿌렌쉬(보연서步練師, ?~238)와 함께 이름이 정확히 역사서에 기재된 몇 안 되는 삼국시대 여성이다. 과거 그의 아버지 차이용은 후이지[회계會稽] 샹위[상우上虞, 현 저장성[浙江省] 샹위[上虞]]의 효녀 차오의(조아曹娥, 130~143)의 비[曹娥碑] 뒷면에 '황견유부외손해구黃絹幼婦外孫韲臼'라는 8자 은어隱語를 적어놓았는데, 어느 날 차오차오와 양시요(양수楊修(脩), 175~219)가 함께 그 옆을 지나다가 그 글자들을 보았다. 양시요는 그 글이 의미하는 바를 곧바로 알아차렸으나, 차오차오는 30리를 더 가서야 깨달았다. 『삼국지연의』에는, 차오차오가 한중漢中으로 출정하는 도중, 차이옌의 집에 찾아가 비석의 탁본을 본 것으로 나온다. 『세설신어』는 이 일화 가운데 차이옌이 등장하지 않고 차오차오와 양시요 두 사람이 비석을 직접 보았다고 전한다. 사실, 탁본은 당나라 이후에 발명된 것이라 삼국시대엔 없었던 문화예술이다. 차이용의 필법은 추이웬(최완崔瑗, 78~143)과 딸 차이옌에게 전해졌고, 차이옌은 아버지의 필법을 죵요(종요鍾繇, 151~230)에 전했다. 죵요의 필법은 동진東晉의 웨이푸런[위부인衛夫人, 웨이슈어(위삭衛鑠, 272~349)]에게 전해졌고 웨이푸런이 그 제자인 왕시지(왕희지王羲之, 303~361)에 전하여, 후대의 많은 능서가(能書家, 글씨를 능하게 쓰는 이)들에게 퍼졌다. 차이옌의 자매 차이젼지(채정희蔡貞姬, ?~249 이후)는 양쳰(양신羊衜, ?~232)과 결혼해서 서진 장군 양후(양호羊祜, 221~278)와 [진무제晉武帝의 황후인] 양후이위(양휘유羊徽瑜, 214~278, 서진 황태후)를 낳으니, 차이옌은 그 이모가 된다. 차이옌의 삶을 소재 삼아, 베이징[北京] 이허웬(이화원頤和園) 창랑[長廊]에 《문희귀한도文姬歸漢圖》가 그려졌으며, 그를 다룬 꿔모뤄(곽말약郭沫若, 1892~1978)의 희곡이 나오기도 하였다.

수심을 알지 못한데 누굴 향한 하소연이런가?
드넓은 초원 황막하고 오랑캐 봉홧불 만 리를 가누나.
풍속은 천하고 쇠락한데 위풍당당한 젊음 아름다워라.
물풀을 쫓아가 얻거늘 편안한 집 첩첩이 쌓아가는데,
소와 양 떼 땅 위에 가득하여 벌과 개미 떼 같구나
풀 다하고 물 마르거늘 양과 말 떼 모두 떠나는데,
일곱 박자에 한을 흘려보내니 이곳 호지에 살기 싫어라!

일모풍비혜변성사기(日暮風悲兮邊聲四起),
부지수심혜설향수시(不知愁心兮說向誰是)?
원야소조혜봉술만리(原野蕭條兮烽戍萬里),
속천노약혜소장위미(俗賤老弱兮少壯爲美)。
축유수초혜안가용루(逐有水草兮安家茸壘),
우양만야혜취여봉의(牛羊滿野兮聚如蜂蟻)。
초진수갈혜양마개사(草盡水竭兮羊馬皆徙),
칠박유한혜악거어차(七拍流恨兮惡居於此)。
— 「호가십팔박胡笳十八拍」「제칠박第七拍 사호지경상寫胡地景象」 전문.

▶ 호가胡笳: '호드기 가笳'자. 원래 '호인(胡人, 만주 사람)이 갈댓잎을 말아 만든 피리'를 말하던 것이 전의되어 '두 입술 사이로 풀잎을 대어 음악 소리를 내는 일'을 뜻하면서, 흔히들 풀[잎]피리, 즉 초금草琴 또는 초적草笛이라고 일컫게 되었다.132) 이 풀잎피리에 맞추어 부르는 노래를 '호가가胡笳歌'(호가에 맞추어 부르는 노래)라고 한다.

---

132) • 호드기: 버들피리[유초柳哨]. 봄철에 물오른 버드나무 가지를 고루 비틀어 뽑아 벗겨낸 그 껍질이나, 짤막한 밀짚토막 따위로 만든 풀피리. • **호가**胡笳: 우리 고유의 관악기인 새납 즉 **날라리**[태(大)평소太(大)平簫]. 단단한 나무를 깎아 만든 관 끝에 구리나 놋쇠로 [나팔처럼 벌어진] 깔때기꼴의 동팔랑을 끼운 다음, 입을 대는 금속 동구銅口 즉 취공(吹孔, 취구吹口, 입 대고 입김을 불어 넣는 구멍)의 부리에 갈대[reed]로 만든 겹 서[혀[舌], reed]를 끼워서 분다. [즉, 더블 리드(double reed)를 사용하는 목관악기로, 서가 얇을수록 음색이 날카롭고 청아한 소리가 난다.] 지공(指孔, 손가락을 짚는 구멍)은 뒤의 하나와 앞의 일곱 등 모두 8개인데, 뒤의 지공 하나가 청공(淸孔, 취구와 지공 사이에 갈대청을 발라 맑은 진동 소리가 나게 한 구멍) 역할을 한다. 길이는 한 자가 조금 넘는 35cm 정도다. 한편, **이순신**(李舜臣, 1545~1598) 장군의 시조「한산도가閑山島歌」종장에 나오는 '일성호가一聲胡笳'는 '한 곡조의 피리 소리'를 뜻한다.

첸료(진류陳留, 현 허난성[河南省] 치셴[기현杞縣]) 출신의 **차이옌**은 후한[동한東漢] 중신重臣이자 대학자 **차이용**(채용蔡邕, 133~192)의 딸로, 시재에 능했으며 변설辯舌과 음악에도 뛰어났다. 어느 날, 아버지 **차이용**이 밤에 거문고를 뜯다가 현 하나가 끊어지자, 이를 듣던 6살짜리 딸 **차이옌**은 두 번째 현이 끊어졌다고 용케 지적하는 것이었다. 아버지는 행여나 하여 다른 줄을 끊고서 어느 줄인지 다시 묻자, 딸은 제4현이 끊어졌다고 또 맞췄다.

16세 때 그녀는 허뚱[河東]의 **웨이쭝따오**(위중도衛仲道, 생몰년대 미상)에게 시집갔으나, 자녀 없이 남편이 일찍 죽자 친정 뤼양[洛陽]으로 돌아왔다. 192년, 아버지 **차이용**이 **똥줘**(동탁董卓, 139~192)의 죽음을 듣고 탄식했다는 이유만으로 **왕윈**(왕윤王允, 137~192)에게 죽임을 당한다. 뒤이어 **똥줘**의 수하들인 **리줴**(이각李傕, ?~198)와 **꿔스**(곽사郭汜, ?~197)가 '삼보의 난'[三輔亂]을 일으켰는데, 이 난리 통에 **차이용**의 많은 저술들이 거의 다 없어졌다. 195년, 흉노가 **똥줘**의 잔당들을 격퇴하고자 뤼양에 쳐들어왔다. 이때, **차이옌**은 흉노 기마병에게 납치되어 남흉노 좌현왕左賢王 **료빠오**(유표劉豹, 생몰년대 미상)에게 바쳐지고 그의 측실이 되는데, 그 12년 동안에 그녀는 아들 쌍둥이를 낳았다.

207년, **차이용**과 친분 있던 **차오차오**(조조曹操, 155~220)는 그의 후사가 없음을 안타까이 여긴 나머지, 흉노족에 사신을 보내 교섭을 벌였다. 결국 거액의 재보財寶를 몸값으로 지불하고 **차이옌**을 데려왔으나 두 아들은 흉노 왕족들이어서 데려오지 못했다.

이후, 그녀는 동향 출신의 둔전도위屯田都尉 **똥쓰**(동사董祀, 생몰년대 미상)와 혼인하였다. 어느 날, **똥쓰**가 법을 어기고 사형당할 위기에 처하자, **차이옌**은 **차오차오**에게 달려가 머리 풀고 맨발로 땅에 조아려 비통하고도 명석하게 남편의 구명救命을 청하니, 주위 사람들이 모두 숙연할 정도였다. 이에 감동한 **차오차오**가

사자를 달려 보내 똥쓰의 사형 집행을 중지시켰다.

〈문희귀한도〉 • 출처: tistory.com(https://nhk2375.tistory.com › ...)

당시 새벽이라 추웠기에, 차오차오는 차이옌에게 두건과 신발을 주면서 아버지 차이용의 저술에 관해 물었다. 차이옌은 아버지로부터 약 4,000권을 받았으나 모두 잃고 약 400편을 암송할 수 있다고 답했다. 차오차오는 관인官人 10명을 보내 차이용의 저술을 복원토록 했지만, 차이옌은 남녀유별을 들어 관인들을 거절하고 종이와 붓만 받아서 혼자 암기해둔 아버지의 저술 약 400편을 복원한 다음, 차오차오에게 보냈다. 그 암기로 복원한 400여 편 중 오자가 단 한 글자도 없었다고 한다.

이후 차이옌은 흉노로 납치되어 보냈던 파란만장한 지난날의 삶을 회상하면서, 시 「비분시悲憤詩」와 「호가십팔박胡笳十八拍」 두 편을 지어 남겼다.

○ 청나귀인가 청노새인가

> 📖 驢: '나귀 려(여)'
>
> • 부수: '말 마馬' 10획.   • 총 획수: 26획
> • 모양자: 馬(말 마) + 盧(성씨 로(노)) • 유니코드: U+9A62
> • 형성문자: [뜻을 나타내는] '말 마馬' 부部와 [음音을 나타내는] '盧(로→려)'가 합슴하여 이루어짐.

문제는 **청노새**를 '노새 나騾'자를 써서 '청나靑騾'라고 하지 않고, '나귀 려驢'자를 써서 '**청려靑驢**'라고 칭한다는 사실이다. '노새와 나귀'를 아울러 일컫는 '나려騾驢'라는 말에서 볼 수 있듯이, 각기 다른 두 동물을 칭하는 한자도 각각 달리 있음에도 불구하고, 일반적으로 '청려靑驢'는 '털 빛깔이 검푸른 [당]나귀' 즉 청나귀를 가리켜야 맞건만, 실질적으로 우리말엔 '**청나귀**'란 표현이 거의 쓰이지 않는다. 대신, '검푸른 나귀나 노새'를 통틀어 '청려靑驢'라고 표기하는 것으로 그 포괄적인 관용법이 굳어졌다. 따라서 한자 '청려靑驢'는 한글로 '청나귀'가 아닌 '**청노새**'라고 번역해야 하는 용례가 되었다.133) 언어는 관습을 따르기 마련이다. 그 사례를 다음의 경우들에서 볼 수 있다.

○ **멍하오란[孟浩然], 청려배靑驢背 타고 탐매探梅 다니다**

중국 성당기 시인인 녹문거사鹿門居士 **멍하오란**(맹호연孟浩然, 689

---

133) 1948년, 수필가 김소운(金素雲, 1907~1981)이 주간지 《청려靑驢》를 발행하였으나, 곧 발매금지를 당하였다. 여기서 '청려'란 '청나귀'가 아닌 '청노새'를 염두에 둔 용어임이 분명하다.

~740)은 후베이셩[호북성湖北省] 샹양[양양襄陽] 출신으로 해마다 이른 봄이면 가장 먼저 핀 매화를 찾아 나귀를 타고서, 파교(灞橋, 빠챠오)134)를 건너 눈 덮인 산속을 누비고 다녔다.

혹한을 이기고 꽃망울을 맺어 개화하는 매화의 고고한 기품과 그 아취雅趣를 찾아 헤맨 그의 탐매(探梅, 활짝 핀 매화를 찾아가 그 풍취를 즐김)는 '검푸른 나귀의 등'에 올라타고 다녔다고 하여 '청려배靑驢背'라고 한다. 엄밀히 말하자면 노새가 아닌 나귀이건만, 둘 다 아울러 '청려靑驢'로 통칭했음을 알 수 있다.

많은 화가들이 그 고사故事를 그렸는데, 그러한 그림들을 '파교심매도灞橋尋梅圖' 혹은 '답설심매도踏雪尋梅圖' 등으로 부른다. 또한, 전하는 민화나 고사[인물]도高士[人物]圖 병풍 가운데, 이른바 '설중방매도雪中訪梅圖'나 '견려완매도蹇驢玩梅圖' 등은 '절뚝이는 나귀'[건려蹇驢] 등에 올라앉은 채 책을 들여다보거나 시흥詩興이 올라 시를 읊조리는 그림들인데, 모두 이 **멍하오란**을 그린 것들이다. 나귀를 타고 돌아다닌 선비가 어찌 그뿐이겠냐마는, **멍하오란**이 파교를 건너 매화 찾아 눈밭 길을 나섰다는 일화가 고사인물도의 주제 가운데 가장 널리 다뤄졌음을 알 수 있다. 이후로 '파교 위의 나귀 탄 **멍하오란**'은 시적 흥취의 대명사가 되었다.

그러기에, 당나라 때 재상 **쩡치**(정계鄭綮, 9세기~899)는 어느 지인이 '요즘 새로운 시를 짓고 있느뇨?'라고 물어오자, '시상詩想은 눈보라 치는 파교의 나귀 등 위에 있거늘, 여기서 어떻게 시를 얻을 수 있으리오?'(시사재파교풍설중려자상(詩思在灞橋風雪中驢子上), 차하이득지(此何以得之).)라 반문했다고 전한다.135)

또한 북송北宋 때 시인 **뚱퍼**(동파東坡) **쑤쉬**(소식蘇軾, 1037~1101)는

---

134) 창안(長安, 현 산시셩[섬서성陝西省]의 성도省都 시안쉬[西安市])의 동쪽을 흐르는 빠쉐이(파수灞水) 위에 세워진 다리.
135) 『전당시화全唐詩話』 제5권卷五 「정계鄭綮」.

시 「증사진하수재贈寫眞何秀才」(초상화를 그리는 하수재何秀才에게 주다) 3-4구에서, '또 못 보았던가, 눈 속에 나귀 타고 가는 **맹호연**孟浩然이/ 눈썹 찌푸린 채 시를 읊느라 움츠린 어깨가 산처럼 솟은 것을.'(우불견설중기려맹호연(又不見雪中騎驢孟浩然), 추미음시견용산(皺眉吟詩肩聳山)。)이라고 읊기도 하였다.136)

○ 고려 말의 문신 근재謹齋 **안축**(安軸, 1282~1348)의 칠언율시 「경포범주鏡浦泛舟」

物결치는 안개 속 흰 갈매기 훨훨 때때로 지나가고
백사장 모랫길[沙路]은 청노새 느릿느릿 터벅거리누나.
늙은 뱃사공에 이르노니, 노를 더 천천히 저으시게,
깊은 밤 기다렸다가 보리라, 휘영청 떠올라 비칠 보름달을.

연파백구시시과(烟波白鷗時時過),
사로청려완완행(沙路靑驢緩緩行)。
위보장년휴질도(爲報長年休疾棹),
대간고월야심명(待看孤月夜深明)。
 — 안축,「경포범주鏡浦泛舟・2」(경포대에 배 띄우고), 5-8구.
『근재집謹齋集』1권卷之一.

▶ 연파烟波: 안개 파도. 곧 안개.
▶ 백구白鷗: 흰 갈매기. '백조'로 된 판본도 있음.
▶ 휴질도休疾棹: 빨리 젓는 노[의 속도]를 줄이도록. • 질疾: 빠르다, 신속하다.
▶ 고월孤月: 청야淸夜의 휘영청 보름달은 뭇별들이 동행할 수 없기에 '고孤'라 일컬음.

흰 물새의 경쾌한 비상과 **청노새**의 늘어 터진 걸음걸이, 그 색채와 동작의 대조 속에서 심야 '경포'의 정중동靜中動은 더욱

---

136) Wikipedia *(https://zh.wikisource.org* › *zh-hans* › *贈寫真何充秀才)*

짙어간다. 사공에게 일러 노를 천천히 젓도록 함으로 깊은 밤까지 기다렸다가 떠오르는 달을 즐기겠다는 '대간待看', 즉 '기다렸다가 보겠다'는 심미적 자세가 곧 이 시편의 시안詩眼이 되겠다. 맑은 호면과 밤하늘의 둥근 달을 통해서, 자연과 인간의 물아일체物我一體 경지에 이르고자 하는 내면적 침잠을 위하여, 사람이 실컷 치러도 좋은 대가는 곧 끈기 있는 기다림이다. 기다림 없는 침사沈思와 융화融和란 없는 것이다.

○ 정란鄭瀾, '청노새[靑驢]' 타고 조선 천하를 주유하다

조선 후기인 18세기 이후로, 사대부 사이에 금강산 등 명산 유람의 기풍이 일면서 문인들은 남다른 여행 체험을 시문들로 남기곤 하였다. 대체로 등반은 벗을 불러 모으거나 때로는 기생과 악공까지 대동하고, 말이나 남여(藍輿, 의자와 비슷한 모양에 위 덮개가 없는 작은 가마)를 타고 산에 오르는 등 호사롭고 떠들썩하였다. 그 이론적 토대는 『논어』「옹야편翁也篇」에서 **콩즈**(공자孔子, 552~479 B.C.E.)가 주창한바 곧 '지자낙수知者樂水 인자요산仁者樂山'(지혜로운 이는 물을 좋아하고, 어진 이는 산을 좋아한다)[137]이다.

대체로, 한양을 출발하여 단발령(斷髮嶺, 834m)[138]을 넘고 내금

---

137) '지자知者는 사리에 통달하여 막힘 없음이 물과 같아 물을 좋아하고, 인자仁者는 의리에 밝아 변치 않음이 산과 같아 산을 좋아한다'는 취지.
138) 강원도 창도군昌道郡 창도읍(옛 김화군金化郡 통화면通化面)과 강원도 금강군金剛郡 내강리內剛里(옛 회양군淮陽郡 내금강면內金剛面) 사이에 있는 고개. 신라 말 애사哀史에 의하면 **마의태자**(麻衣太子, 생몰연대 미상)가 부왕인 신라 제56대 **경순왕**(敬順王, 897~978)에게 하직하고 개골산皆骨山에 입산할 때, 이 고개에서 여러 금강산 봉우리들을 멀리 바라보며 출가를 다짐하는 뜻을 품고 삭발하였다고 하여 그러한 이름이 붙었다. 태백산맥 속 내방산맥內方山脈 북단에 솟은 옥전봉(玉田峰, 1,241m)과 그 남쪽 구단발령봉(舊斷髮嶺峰, 1,241m)과의 사이 안부(鞍部, 봉우리와 봉우리 사이의 우묵한 곳)에 위치한다. 이 고개의 동쪽 사면斜面은 북한강 지류인 금강천金剛川의 상류 계곡으로 통하고, 상신원리上新院里

강 → 외금강 → 해금강 순으로 유람하는 데는 최소한 30~40일 정도 걸린다. 그동안 금강산을 제대로 유람하려면 여정의 경유지와 숙박지 등 여행 정보를 사전에 수집해야 한다. 식량·책·종이와 기타 문방구 등에 더하여 앞서 다녀간 여행자들의 「유산기遊山記」도 여행안내서로 필요하였고, 집 떠나면 걸음걸음마다 드는 여행경비 마련이 긴요하였다. 사대부 대부분은 교유관계를 활용하여, 경유지의 현지 지방 관리들에게 숙식 등 금전적인 지원을 제공받았다. 물론 호사豪奢나 여기餘技 삼아 잠시 현실을 벗어나 자연 산수를 탐방하는 일은 괜찮지만, 여행 자체를 즐기고 돌아다니는 일은 일종의 현실도피로서 사실상 조선조 선비에게 그러한 현실 방기放棄는 절대 금기사항이었다.

그런데도, 그즈음 여행 자체에 생의 의미를 둔 전문여행가가 출현했으니, 경상도 군위軍威 출신의 창해일사滄海逸士 **정란**(鄭瀾, 1725~1791)이 바로 그였다. 크고 드넓은 바다의 '창해'에, 세상에 드러내지 않고 숨어 사는 일민逸民 즉 '일사'가 합성된 그의 호는 바다와 같은 큰 포부가 출사出仕 지향의 세속 욕망과 동떨어져 있음을 뜻한다. 고조부 이래로 큰 벼슬을 하지 못했으나 사대부 양반가 지체인 **정란**은 20대 전후에, 말을 빌려 타고 고향 군위에서 200리 길을 달려 남쪽 고령高靈의 **신유한**(申維翰, 1681~1752)을 찾아가 제자로 받아주기를 청하였다. 이미 전무후무하게도 서얼로서 문과에 장원급제하여 명성이 자자했던 수재 **신유한**은 당시 노년에 이르러 있었기에 그 청을 정중히 거절하다가, 기백 넘친 그 끈질긴 의욕을 결국은 수용하여 '서두르지

를 거쳐 동금강천東金剛川을 따라 동쪽으로 거슬러 올라가면 금강산의 입구 장안사長安寺에 이른다. 서쪽 사면은 북한강 상류의 현리縣里에서 동쪽으로 갈라지는 계곡까지 연결된다. 단발령의 남서 산록에는 오량동五兩洞 마을이, 북동 산록에는 피목정皮木亭이 소재한다. '오량'은 산적을 막고자 안내인에게 닷냥[五兩]의 돈을 주고 호송을 부탁한 데서 생긴 이름이라고 한다.

말고 차근차근 공부하라'는 뜻을 담아 「증정유관란서贈鄭幼觀瀾序」(젊은 정란에게 주는 글)를 써주었다. 이 글은 **신유한**의 문집 『청천집靑泉集』에 실려 전한다. 한동안 **정란**은 **신유한**의 문인(門人, 문하생)으로 경서와 문학 공부에 전념하였다.

  스승이 죽고 3년이 지나서 나이 서른에 접어들자, 그는 문득 공부를 미련 없이 싹 접어버렸다. 주변 세상이 온통 과거시험과 부귀공명에 눈이 멀고 이욕利慾에 악착같은 데에 환멸을 느꼈던 것인지, 그는 자기 몸 안에서 잠자던 자유분방한 기질을 발휘하기 시작한다. 기성의 틀에 안착하기보다는 세상의 올가미 끈을 끊고 천하 주유의 험난한 여행자로서 마냥 돌아다니려는 충동에 몸서리를 치던 그는 이윽고 앞뒤 안 가리고 집을 떠났다.

  서른 살 때부터 20여 년간 조선 팔도를 구석구석 탐방하기 시작한 그는 단출한 여장으로 고독하게 자연과 대면했는데, 과연 그의 옆에는 '일려단복一驢單僕(나귀 한 마리와 하인下人 한 명)이라더니, '**청려靑驢**' 즉 **청노새 한 마리, 어린 종 한 명, 보따리 하나 및 이불 한 채**가 달랑 전부였다. 그야말로 '아스라이 산 중턱에 걸린 묏길을 타박타박 걷는 그림자 세 개'가 눈에 선하다. 한반도 천지에 종횡縱橫으로 제 발자국을 찍어두지 않으면 직성이 풀리지 않는 천생 여행가로서, 그는 남으로 낙동강·덕유산·속리산·월출산·지리산을 두루 엿보고, 서쪽으로 대동강을 굽어본 다음, 동으로 태백산·소백산·금강산을 올랐다. 지리산이나 금강산을 앞마당 정도로 간주할 만큼 조선 산천을 다 돌아다녔다. 그 여행 행적의 백미는 55세 때 백두산과 한라산의 등반이었다.

  본래 시와 문장을 잘한 예술적 심성의 그는 세상을 주유하며 체험한 바를 시와 글을 지어 해낭奚囊139)에 넣었다. 여행의 의미를 예술적으로 담는 일에도 주목하여 산의 풍치를 묘사하거나

---

139) 명승지를 찾아다니며 읊은 시나 문장 따위의 초고를 넣는 주머니.

그림을 그려 산맥과 수맥을 표시한 「유산기遊山記」도 그 안에 들어 있었다. 그는 다른 화가와 문장가들로부터 자신의 산행을 묘사한 그림과 글씨도 받아서 모아두었다. 그 서첩이 곧 이름하여 '썩어 없어지지 않는다'는 뜻의 『불후첩不朽帖』이다.

정란은 당대의 여러 화가들과도 교유하였는데, 특히 단원檀園 김홍도(金弘道, 1745~1806?)와 각별히 지냈다. 그는 1780년 묘향산을 거쳐 의주로 해서 백두산 정상에 오르고 금강산을 거쳐 돌아온 뒤인 1781년, 한양의 단원네 집을 방문했다. 그 자리에는 화가 강희언(姜熙彦, 1710~1784)도 함께 했다. 이를 추억하며 몇 년 후, 단원은 정란을 위해 《단원도檀園圖》를 그렸다. 이 그림 상단엔 정란의 시 2편과 [그림의 사연이 담긴] 제사題辭가 실려 있다. 그 그림에 정란이 타고 다녔던 청노새도 등장한다.

문신 남경희(南景曦, 1748~1812)의 『치암문집癡菴文集』「정창해전鄭滄海傳」에 보면, 그는 "생김새가 깡마르고 기이하여 보통 사람과 달랐다. 성품은 뻣뻣하고 오만하며, 다리를 쭉 펴고 앉기를 좋아하는 등 예법에 구애되지 않았다. 문예에 일찍 숙달하였으나 머리 굽혀 과거 공부를 하려 들지 않았다. … 얼마 지나지 않아 … 노새 한 마리를 장만하여 홀연히 혼자 길을 떠났다"고 알려준다. 충직하게도 주인을 등에 태우고 금강산과 관동팔경을 두루 오르내리던 그 청노새는 그만 삼척 땅에 이르러 병들어 죽고 말았다. 정란은 길가에 묻고 애통 어린 제문祭文을 지어 애도해 주었다. 그 청노새가 묻힌 곳은 훗날 ['나귀 려'자를 써서] 청려동靑驢洞이라 불리게 되었다.

하지만, 심각한 일은 그가 가정도 돌보지 않으며 여행만을 즐겼다는 점이었다. 그를 대신하여 외아들 정기동(鄭箕東, 1758~1775)이 가족을 돌보다가 갓 결혼한 18세 나이로 요절하였다. 문인 이용휴(李用休, 1708~1782)가 쓴 그의 묘지명에 '슬프다! 산길에 사람의 발길 끊어지고 숲에 걸린 해가 저물어갈 때면 문에 기대어 아버지를 기다리는 아들의 모습이 떠오를 것이다.'라고 적었을 정도였다. 이 처지가 얼마나 폭폭했던지, 사돈 **조술도**(趙述道, 1729~1803)는 과부가 된 자기 딸의 시아버지 **정란**에게 '쓸쓸한 방에서 눈이 빠지게 기다리는 아내가 가슴을 치며 장탄식하고, 과부가 된 며느리가 벽을 등지고 몰래 한숨 쉬는 것을 생각하여' 빨리 돌아오라는 편지를 써 보내기도 하였다.

정란은 아들이 죽은 후인 1778년 돌아와서 **이용휴**와 실학자 **신경준**(申景濬, 1712~1781)에게 아들의 묘지명과 묘갈명을 부탁했다. **이용휴**는 '포의정군묘지명布衣鄭君墓誌銘'을, **신경준**은 '정동야묘갈명鄭東野墓碣銘'을 지어주었다. **채제공**(蔡濟恭, 1720~1799)은 화첩을 들고 찾아온 **정란**에게 '처자식을 버리고 명산대천을 여행하기를 좋아한다'며 나무라기도 했다.

지리학자 **김정호**(金正浩, 1804~1866)는 오로지 지도 제작의 집념으로 출타하였지만, 기인奇人 **정란**은 진정코 여행 그 자체만을 목적 삼아 생을 향유한 조선의 대표적인 산악여행가였다.

그러나 오로지 떠돌이 여행에만 탐닉한 이들 대부분은 현실사회에 적응하지 못하고 밀려난 모종의 패배자(loser) 아니면 낙오자落伍者인 경우가 허다한 것도 부인할 수 없는 사실이다.

▼ 3) 해려海驢: 바다사자 —'독도 강치強治'에 관하여

물개의 한 종류인 **강치**強治는 한자로 '나귀 려'자를 써서 **해려**海驢라고 한다. 원래 독도獨島 강치는 '바다사자'(학명: Zalophus japonicus)의 일상어이다. 그 최초의 표기는 [조선 후기 문인 이덕무李德懋의 친손자로서 역시 실학자였던] 오주五洲 **이규경**(李圭景, 1788~1856)이 조선과 청나라의 여러 도서 내용을 정리하여 편찬한 백과사전 『오주연문장전산고五洲衍文長箋散稿』(18~19세기경, 총 60권 60책. 필사본)의 「가지강치해마옹용변증설嘉支强治海馬䱁鱅辨證說」에서 확인된다. 여기서, 동해 사람은 '가지', 북해 사람들은 '강치'라 부른다고 부연 설명을 달아 놓았다.

조선조의 여타 고문헌 자료는, 울릉도와 독도 인근에 서식한 바다사자들을 ['해려海驢'가 아니라] '가지[에]'(可支·可之·嘉支[漁])나 '수우水牛' 등으로 표기한다. 그 다양한 한자 명칭들 모두가 현지에서 어민들이 불러 일컫는 '가지' 또는 '가제(재)'의 발음에 가깝도록 음차音借한 것임을 알 수 있다. 이 독도 강치는 서양식 독도의 지명인 '리앙쿠르 암[초]'(Liancourt Rocks)를 본떠서 '리앙쿠르 대왕'이라고도 불리었다.

고운 흰 털에 지느러미 모양의 뒷다리를 가진 강치는 군집 생활을 하며 수명이 약 20년 정도 된다. 낮에는 대부분 육지 연안에 올라와 휴식을 취하거나 바닷물 속으로 들어가 먹이를 사냥한다. 주요 먹이는 어패류나 갑각류 등 해산물이다. 천연기념물 제336호인 독도에는 가제바위140) 등 주변에 쉬기 좋은 바위가 많고 난류와 한류가 뒤섞여 먹이가 풍부하여, 강치가 주변에 많이 서식하였다. 그 체구는 수컷 2.5m, 암컷 1.64m 정도로, 근연종(近緣種, 생물 분류에서 가까운 관계의 종류)인 '캘리포니아 바다사자'(California sea lion)보다 컸다. [2003년까지는 '독도 강치'가 '캘리포니아 바다사자'의 아종亞種으로 분류되기도 했었다.]

1866년, 독일 동물학자 **빌헬름 페테르스**(Wilhelm Peters, 1815~1883)가 동해의 왜국 연안에서 발견한 바다사자를 토대로, '일본에 사는 동물'이라는 의미로 Zalophus japonicus라는 학명을 등록하면서 그에 따라 이름이 지어졌다.

---

140) 독도는 서도西島와 동도東島 외에 89개의 부속 도서로 이루어져 있다. 그 가운데, '가제' 곧 '강치'가 자주 출몰하는 바위를 현지 어민들이 구전口傳으로 불어온 지명으로, 큰가제바위와 작은가제바위가 있다.

조선시대에 '공도 정책'(空島政策, 섬 거주민을 본토로 이주시키는 정책)을 강도 높게 시행하여 독도와 울릉도에는 사람이 거의 살지 않게 되었다. 그리하여, 그 두 섬을 비롯한 동해 연안에 수만 마리의 강치가 서식하며 번창했다.

그러나 구한말, 공도 정책이 폐지되면서 서식지가 줄어들었다. 그리고 바다사자의 가죽과 [사료용] 고기 및 뼈 등을 얻으려는 왜국의 어부들이 침입하여 대대적인 포획과 무분별한 남획을 자행하면서 그 수가 급격히 줄어들었다.

특히, 강치 가죽의 돈벌이에 눈독 들인 왜국 수산업자 **나카이 요자부로**(中井養三郞, 1864~1934)는 독도 임대권을 자기네 정부에 청원해 어획권을 독점하려 들었다. 하지만, 왜국 내무성은 1877년 공문서 「태정관지령太政官指令」에 따라, 독도가 왜국 영토와 관련이 없다며 청원을 기각한다. 그는 이에 굴하지 않고 1904년 9월 29일 강치 밀렵 및 남획 예방과 보호를 명분으로 내무·외무·농상무 3대신에게 「리양코도 영토 편입 및 대하원」(リャンコ島領土編入並び貸下願, 독도 영토 편입 및 차용 청원)을 다시 제출한다.

마침 러일전쟁을 치르느라 골머리를 앓던 외무성은 러시아 함대에 대한 감시용 망루와 통신시설을 설치한다는 명목으로 그의 손을 들어주었다. 그러자, 내무성 역시 태도를 바꾸어 '무주지無主地 선점론先占論'141)을 주장하며, 1905년 2월 22일 독도를 비밀리에 시마네현[島根縣]에 편입한다는 「시마네현 고시告示 제40호」를 내걸고 무단으로 강치 어렵 독점권을 승인하였다.142)

---

141) 무주지無主地 즉 **테라 눌리우스**(라: Terra nullius, '누구에게도 속하지 않은 땅'이라는 로마법 용어)는 국제 공법公法에 있어서 어떤 국가의 주권도 미치지 않은 영토, 또는 이전에 주권을 행사했던 어떤 국가도 명시적으로 또는 암시적으로 주권을 포기한 영토를 가리킨다. 무주지의 영토 주권은 '먼저 점령하면' 그 소유권을 확보할 수 있지만, 이 경우 기존의 일부 국제법이나 조약을 위반하는 행위가 될 수도 있다.
142) 당시 「량코도 영토 편입 및 대하원」의 청원자가 **나카이 요자부로**(中井養三

그리하여 **요자부로**는 무자비하게 강치를 포획하고 학살하는 일을 본격적으로 감행하였다. 당시 1904~1913년에 약 14,000여 마리가 희생되어, 가죽으로 모자챙·가방·배낭·담뱃잎통·방한 용구 등을 만들었고 피하지방을 끓여 기름을 취했으며 고기는 익혀 건조하여 비료로 썼다. 새끼를 생포하여 동물원과 서커스에 팔기도 했다. '리앙쿠르 대왕'이 왜선 어망을 찢으며 포획 망을 빠져나가자 잡은 새끼로 유인하여 어미를 창살로 무참히 찍어 죽이고 식구를 지키러 온 수컷들은 무차별 총살하였다.

마침내 1931년 7월, 독도에서는 마지막 강치가 더 이상 보이지 않게 되고 말았다.

광복 후인 1947년, 최초의 독도·울릉도 탐사 당시에, 울릉도·독도 학술 조사대는 최소 3마리의 바다사자를 표본으로 포획하였다. 당시 탐사에 참여했던 국어학자 **방종현**(方鍾鉉, 1905~1952)이 1947년에 쓴 답사기「독도의 하루」(《경성대학 예과 신문》 제13호)에서, 전남 해안지방에서는 '석石'을 '독'으로 발음한다며 '독도'의 어원이 '독섬'이고, 이는 '돌섬' 즉 '석도石島'에서 비롯되었다고 최초로 주장하였다.143) 그러면서, 그 고기 맛과 모피

郞)라고 했으나, 정작 문서상에는 처음부터 전혀 다른 이름인 **나가이 젠사부로**(中井善三郞)가 등장한다. 문서상에 **나카이 젠사부로** 5회, **나카이 요자부로** 1회로 나타나면서 두 가지 이름이 혼재된바, **나가이 젠사부로**는 가공인물이므로 그 청원은 무효라는 주장이 나올 정도로 그 고시告示의 승인은 순전히 엉터리였다. • 출전: '독도는 일본 땅' 근거 문서 '시마네현 고시 40호' 효력 없다_동양일보 (http://www.dynews.co.kr › news › articleView) 2021. 2. 21.

143) 그 추정은 1960년대 후반에 와서야, 1900년 10월 반포된 '대한제국 칙령 제41호'의 존재가 알려지며 다시 주목받는다. 그 칙령은 울릉도의 관할 구역을 '울릉 전도全島와 죽도竹島·석도石島'로 규정했다. 즉, 이미 37년 전에 '독도'가 '석도石島'로 표기되었다는 사실이 밝혀졌던 것이다. 울릉도와 독도 연구자 **송병기**(宋炳基, 1933~2018) 단국대 교수는 '칙령 제41호'를 안 보았는데도 그런 추정을 한 **방종현**의 해석을 '탁견卓見'이라며 높이 평가했다. **방종현**의 견해는 역사적 사실과도 부합된다. 울릉도에 주민 이주가 재개

의 용도에 관해 언급하였다.144)

1951년, 독도에서 50~60마리가 확인되었다는 보고가 마지막이며, 1974년과 1975년에 마지막 개체들이 멀리서 목격된 이후로, 강치는 이 세상에서 완전히 사라졌다.

1994년, 국제자연보전연맹(IUCN)이 강치의 절멸을 선언했다.

2015년 8월 7일, 해양수산부가 독도에 강치의 벽화를 설치하고, 울릉도의 통구미 거북바위에 강치 동상을 제막했다.

2017년, 독도 바다사자의 멸종을 다룬 책인 **주강현**(朱剛玄, 1955~) 저 『독도 강치 멸종사, 오키 견문록: 종 멸종에 관한 반문명사적 기록』(서해문집, 2016)이 간행되어 나왔다.

2019년 2월, 독도 바다사자의 뼈에서 최초로 유전자 정보를 확인하는 데 성공하였다.

된 1880년대 중반 이전, 그곳을 드나들던 많은 사람들이 전남 출신이었다. 17세기 말 이래 울릉도를 왕래하며 어업·채취 활동을 하던 그들은 '돌이 많은 독도'를 '독섬'이라 불렀고, 그것이 '독도'와 '석도'로 표기되었다.

144) [이 글은 그 지난해 여름, 독도를 찾은 날에 쓴 일기이다. 그 기록의 일부는 이러하다.] "그러나 다시 한번 우리가 이 섬의 부근附近 해상海上을 살펴볼 때는 거기에는 이름있는 해수海獸가 많고 갖은 어물漁物이 무진無盡이라고 한다. [이익(李瀷, 1681~1763)의] 『성호사설星湖僿說』(c. 1760)에서 보면, 수족水族으로 '가지어加支漁'라는 것이 있어서 바위틈에 혈거穴居하는데, 비늘은 없지만 꼬리는 달렸고 몸뚱어리에 사족四足이 분명分明하나 그 후족後足이 매우 짧으므로 육지陸地에 오르면 잘 달아나지를 못하지마는, 이것이 물속에서 갈 때는 나는 듯이 왕래往來하며 지르는 소리를 들으면 어린애의 것과 같으며, 살에는 기름이 많아서 짜서 연등燃燈에 사용使用한다고 하였다. 이번에 우리 일행一行 중中에서도 이것을 세 마리나 잡아서 표본標本으로 가져오는 것을 보았다. 내가 얼른 보아 (전문적專門的이 아니고) 물고기는 아니고 누구나 일견一見으로 물개라고 하기에 서슴치 않을 것이다. 그 고기 맛은 돼지고기에 가깝고 그 피모皮毛는 매우 반지르르하여 귀貴히 사용使用됨직하다. 그러나 이것이 올눌제(膃肭臍, 해구신海狗腎, [보신 강정제인] 물개 수컷의 생식기)는 아니라는 것을 이 방면方面 전문가專門家들이 확언確言하니, 역시亦是 『성호사설』에 소위所謂 '가지어加支漁'라고 하여 물개와는 구별區別되는 것이라고 보겠다."

▼ 4) 청우青牛

조선 전기의 축산의학서 『신편집성마의방우의방新編集成馬醫方牛醫方』(1399)[145]은 소를 그 상우相牛 형상과 모색론毛色論에 따라 황우(黃牛, 황소)·흑우(黑牛, 흑소)·리우(㹻牛, 얼룩소 즉 칡소)·백우(白牛, 흰소)·청우(靑牛, 검푸른소)·사슴 같은 록반우(鹿斑牛, 점박이소) 등으로 구분하였다.

청우는 지금의 '검은색 한우'에 가까운 희귀종으로, 털이 좀 긴 편이며 검푸른 색깔을 띤다. 보통 소에 비해 덩치가 크고 다리가 좀 더 굵고 짧으며, 머리는 넓적하고 뿔과 뿔 사이가 좀 멀어서 그 생김새가 특이했다. 추위에 강하고 거친 산도 잘 타므로 사람이 길들여 타고 다닐 수 있다.

○ 중국 춘추시대의 라오즈[老子], 청우青牛를 타고 다니다

중국 사학자 쓰마첸(사마천司馬遷, c. 145~c. 86 B.C.E.)의 『사기史記』「노자한비열전老子韓非列傳」에 따르면, 초楚나라 쿠셴(고현苦縣, 현 허난성[河南省] 루이셴[鹿邑縣, 녹읍현])의 리썅(여향厲鄕) 취롄리(곡인리曲仁

---

[145] 1399년(정종 1), 권중화權仲和·한상경韓尙敬·조준趙浚·김사형金士衡 등이 편찬한 축산의학서. 그 초간본은 고려대 중앙도서관에 소장되어 있다. 책의 내용은 서문·마의방馬醫方·우의방牛醫方으로 크게 나뉜다. 말은 그림 72종과 설명이, 소는 그림 9종이 곁들여져 있어 이해가 편리하다. 이후 여러 번 각 시대에 맞게 내용을 교정하고 증보하여 복간되었다. 그 가운데 전주판(선조 13)은 임진왜란 때 왜국에 반출되어 왜어식 토를 달아 『조선우마의방朝鮮牛馬醫方』 4책이 간행되기도 하였다. 고려시대 이조년(李兆年, 1269~1343)의 매 사육서인 『응골방』(고려말, 1325)에 이어 두 번째로 오래된 수의獸醫 축산서로서, 소·말 등 여러 가축의 사육법과 치료법 등이 기록되어 있어서 가치가 크며, 사실상 가축·축산 방면에서는 현존 최고본最古本 수의서라 할 수 있다. 이 수의학책의 저자들이 모두 고관대작들임을 감안할 때, 당시 웬만한 권세가들이라면 적잖은 수의학 지식을 갖추었음을 알 수 있으며, 당시 짐승들은 전문적 치료보다는 집에서 적절히 알아서 치료하였음을 알려준다.

里) 사람인 **라오즈**(老子, 571 이전~470 이전 B.C.E.)는 성명이 **리얼**(이이李耳)이고, 자는 백양伯陽, 시호는 **담聃**이다.146)

춘추시대 말기에 주周나라에서 주하사(柱下史, 주장사柱藏史 또는 수장[실]사守藏[室]史, 즉 주나라 왕실의 장서藏書 관리자)를 지낸 그는 주나라가 쇠망해가자 번거로운 세사를 홀연히 떠나 머나먼 서쪽, 아마 서역西域 쪽으로 가고자 하였다.

라오즈가 [신선들이 타고 다닌다는 검푸른 털의] **청우**, 또는 청우거(青牛車, 청우가 모는 수레)를 타고 [서역西域으로 나가는 관문인] **한꾸꽌**(함곡관函谷關)을 통관하려는데, 관령(關令, 수문장)이어서 **꽌인**[관윤關尹]이라고도 하는 **인씨**(윤희尹喜)가 '도道'와 '덕德'에 관한 말씀을 청한다. 그러자 **라오즈**는 근처의 나무에 청우를 매어두고, 5,000여 자로 도道와 덕德을 일장一場 설파한다. [그가 말한 내용을 정리한 책이 곧 『노자老子 도덕경道德經』이다.] 소를 매어둔 나무를 '청우수青牛樹'라고 하는데, 이때 '청우화노석青牛化老石'이라 하여, 청우가 그만 돌로 변하고 말았다는 설도 있다. 여하튼, 이후로

---

146) 조선 후기 실학자 **이규경**(李圭景, 1788~1856)은 백과사전 『오주연문장전산고五洲衍文長箋散稿』에서 중국인 **첸깡**[진강陳剛]의 말을 인용해 **라오즈**의 출생 내력을 밝혔다. 그에 따르면, **라오즈**는 주나라 말기에 태어났다. 그의 아버지 **꽝**[광廣]은 가난한 시골 백성으로, 어려서부터 부잣집에 머슴살이하면서 나이 70이 넘도록 혼자 지냈다. 그가 어느 날 우연히 산중에서 한 시골 하녀를 만났는데, 그 역시 나이 40이 넘도록 시집가지 못했다. 둘은 산속에서 야합野合을 했고 여자는 천지의 영기靈氣를 받아 임신했다. 그런데 80개월이 지나도 출산하지 못하자, 하녀의 주인은 상서롭지 못하다며 집에서 내쫓았다. 하녀는 들판을 헤매다가 큰 오얏나무[李木] 아래에 이르러 머리털이 하얀 아들을 낳았다. 남편의 성씨姓氏를 알지 못했던 하녀는 눈에 보이는 오얏나무[李]를 그 성으로 삼았고, 아들의 귀[耳]가 유독 컸기에 그 이름을 얼[耳]이라 하였다. 세인들은 그의 허연 머리털을 보고 **라오즈**[老子]라 불렀다. 뱃속에서 80개월을 보냈으니 출생 시엔 이미 노인네가 되어 있었다는 뜻일 터. 그 탓에 **라오즈**를 그린 그림 대부분이 '노인네'로 묘사되었다. 장성한 **라오즈**는 주나라 천자天子의 장서각을 담당하는 미관말직微官末職의 벼슬아치로 일하면서 고례古禮와 고사古事를 많이 익혔다. 동시대의 **콩즈**[孔子]가 뤄양[낙양洛陽]에 있던 그를 찾아가 예제禮制와 관명官名에 대해 묻기도 하였다.

청우는 **라오즈**의 대칭代稱으로 쓰이게 되었다. 이는 『열선전列仙傳』147)에서도 거의 똑같이 전하는 이야기다.

▲ '청우를 탄 **라오즈**' 그림, 臺北國立故宮博物院 소장.
• 출처: 維基百科, 自由的百科全書(https://zh.wikipedia.org › zh-tw › 老子)

그가 출관出關하여 서유西遊한 뒤로, 이후 종적과 여생은 묘연하여 아무도 모른다.148) 일설에, 그는 유사(流沙, 중국 서부, 즉 서역

---

147) 중국 최초로 장생불사를 주제 삼아 신선神仙 고사高士의 행적을 담은 총집. 전한前漢 말기 **료시양**(유향劉向, 77~6 B.C.E.)의 저술로 알려졌으나, 후한後漢의 어느 방사方士 또는 어떤 육조인六朝人의 위작이라는 설도 있다. 상하 2권, 총 70조. 매 조마다 4언짜리 찬어贊語와 맨 끝에 총찬總贊이 달렸다.

의 사막 지방)를 건너 멀리 대진(大秦, 로마 제국이나 그 후의 비잔티움 제국으로 추정됨)으로 갔다고 하여, 이를 후세인들은 '청우도유사靑牛渡流沙'라는 성어로 전한다. 그는 도를 닦아 수명을 연장하여 160~200여 살까지 살았다고 전하기도 한다.

흥미롭게도, 춘추전국시대의 모든 학자들이 자기 성姓에 '자子'를 붙여 달았는데, 유독 라오즈만 '이李'씨 성을 쓰지 않은 것이 특이하여 여러 궁금증을 일으킨다.

라오즈의 신이神異스러운 도상적圖像的 특징인 청우靑牛는 도교나 선도仙道에서 원신(元神, Primordial God)을 상징한다.

원신은 '머릿골' 또는 '한얼'이자, '정精과 기氣를 주재하는 무위無爲 그 자체'다. 그러므로 라오즈가 서유西游를 할 때 청우를 타고 다녔음은 그가 수행하여 원신을 닦았다는 뜻이다. 그리하여 그는 '방안에 앉아서도 천하의 일을 알 수 있었고 창밖을 내다보지 않고도 별자리의 움직임을 알 수 있었다.' 또한 '굳이 가보지 않고도 멀리서 무슨 일이 일어났는지 알 수 있고, 사물의 모양을 보지 않고도 본체本體를 알 수 있고, 추구하지 않고도 무슨 일이든지 이룰 수 있었다.'

원신을 닦는 수련법은 흔히 '수현법守玄法'이라 부르며, 이는 견성見性의 길잡이가 된다. '수守'란 의意와 기氣를 한데 모아 '지킨다'는 의미다. '현玄'은 '현묘玄妙'의 준말로 하늘[天]을 뜻하며, 생각의 골이 깊고 그 끝이 멀다는 의미를 지닌다. '수현守玄' 즉 '현을 지킴'은 사람의 머릿골 속 깊숙이 자리한 얼을 생각하면서, 이른바 '현관玄關'에 '의'와 '기'를 모아 간직함을 뜻한다. '현관玄關'은 얼굴 두 눈 중간에 있는 표피表皮의 규혈竅穴 자리를 말

---

148) 이때 주나라의 쇠락에 관해 언급한 것을 보면 라오즈는 춘추시대 말엽의 인물임이 분명하나, 정작 '한꾸관'은 그 훨씬 후인 전국시대 진秦나라 제25대 군주 효공(秦 孝公, 381~338 B.C.E., 재위: 361~338 B.C.E.) 때 세워졌다. 따라서 이 일화는 후세에 누군가 지어낸 것으로 사료 된다.

하는데, 바로 여기에 '의'와 '기'를 모아야 한다. '수현'의 핵심은 긴장을 풀고 바로 앉아 잡념을 없애면서, 호흡과 마음을 합치시키고 의식을 그 현관에 집중하는 데 있다.

○ 청우도사靑牛道士 펑쥔따[封君達]

중국 후한의 역사가 **빤꾸**(반고班固, 32∼92)가 쓴 『한무제내전漢武帝內傳』에 따르면, 후한後漢 때 롱시쥔(농서군隴西郡, 웨이저우[위주渭州] 인근) 출신의 방사(方士, 신선의 술법을 닦는 사람) **펑쥔따**(봉군달封君達, 생몰연대 미상)의 일화가 나온다.

그는 50여 년간 황련黃蓮을 복용하다가, 다시 조거(서)산鳥擧(鼠)山에 들어가 1백 년 동안 연단煉[鍊]丹하여 만든 수은(水銀, 납[鉛]에서 가공해낸 사산화삼연四酸化三鉛)을 복용하고 귀향하니, 20∼30세 정도밖에 안 되는 젊은이로 보였다.

항상 '검푸른 소'를 타고 다녀 '청우도사靑牛道士'라 불리던 그는 제 신원을 밝히지 않고 병자들을 찾아가 치료하여 낫게 해주기도 하였다. 2백여 년 후에 쉔치오샨(현구산玄丘山)에 들어가 신선이 되어 사라진 뒤로, 사람들은 그를 '기우하처회진인騎牛何處會眞人'이라 불렀다.

○ 거란[契丹, 키탄(Khitan)]의 청우백마靑牛白馬 건국 신화

흉노匈奴 선비족鮮卑族[149] 일파로 현 만주滿洲 지역의 몽골계 부족인 거란족의 건국 신화는 중국 내몽골[內蒙古] 자치구自治區의 동부를 흐르는 하천 시라무룬허[西拉木倫河, 황수黃水]와 라오하허[老

---

[149] 중국의 만주·내몽골·몽골·다싱안링[大興安嶺] 산맥 서쪽 및 일부 러시아 극동 남부 지역에 분포했던 동호계東胡系 민족들 가운데 하나로, 유목·수렵·목축·농업 등을 영위했으며, 이후 일부는 한족漢族에 동화되었다. 현재 남아 전하는 선비족의 언어는 그 단어와 어휘들을 현대 몽골어와 대조해 볼 때 그 방언에 가까울 정도여서 준몽골어족(Proto-Mongolic)으로 친다.

哈河, 토하土河]가 그 배경이다. [이 두 하천은 시랴오허[서요하西遼河]로 합류하며, 시랴오허는 뚱랴오허[東遼河]와 합쳐져 랴오허[遼河]가 되어 셴양[심양瀋陽]을 지나 보하이만(발해만渤海灣, 랴오둥[요동遼東] 반도와 산둥[산동山東] 반도에 둘러싸인 황해黃海의 만)으로 흘러든다.]

랴오시[요서遼西, 랴오허[遼河] 서쪽, 즉 랴오닝성[遼寧省]의 서부 지역] 북부, [만주의 실질적 경계선인] 싱안링[興安嶺] 남서부 일대의 초원에서, 어느 한 선인仙人 사내가 하얀 백마白馬를 타며 시라무룬허를 따라 내려오고, 또 한 선녀仙女가 검푸른 털빛의 청우靑牛를 타고 랴오하허를 따라 내려왔다. [판본에 따라, 백마를 탄 선인과 청우를 탄 선녀가 각각 따라 내려온 강줄기 이름이 서로 바뀌기도 한다.]

각자 하늘에서 내려온 두 남녀는 그 두 강 사이의 싱안링 남서부 초원에서 조우遭遇하여 서로 한눈에 반해 사랑하고 부부가 되었다. 이들은 아들 8명을 낳았는데, 모두가 성장하여 각각 여덟 부족을 이루었다. 거란족의 시조인 이들 여덟 부족이 세력을 합치면서 글단(契丹, 거란)으로 불리게 되었다. 이는 토템(totem)으로 각각 청우를 숭배하는 부족과 백마를 신성시하는 부족이 만나서 종국에는 거란족을 이루었음을 상징한다.

○ 리바이(이백李白, 701~762)의 오언고시五言古詩
　「옹존사의 은거지를 찾다」(심옹존사은거尋雍尊師隱居).

　　　여러 산봉우리[羣峭] 푸르게 솟아 하늘 찌르거늘[摩天]
　　　그 속을 거니느라 보낸 햇수 기억도 할 수 없네.
　　　구름을 헤치며[撥雲] 옛길 찾아가는데
　　　바위에 기대어 흐르는 물소리 들려오네.
　　　꽃들 피어 따스한 데, [신선 타는] 검푸른 소 누워있고
　　　높이 솟은 소나무 위에 백학은 꾸벅꾸벅 존다네.
　　　두런두런 이야기 나누다 보니 강물 빛 저물어 오아
　　　홀로 찬 밤안개[밤기운, 寒煙]에 젖으며 속세로 하산하네.

군초벽마천(羣(群)峭碧摩天), 소요불기년(逍遙不紀年)。
발운심고도(撥雲尋古道), 의수청류천(倚石聽流泉)。
화난청우와(花暖靑牛臥), 송고백학면(松高白鶴眠)。
어래강색모(語來江色暮), 독자하한연(獨自下寒烟)。

― 리바이,「옹존사의 은거지를 찾다」(尋雍尊師隱居) 전문.
• 출처: 維基文庫 , 自由的圖書館_Wikipedia *(https://zh.wikisource.or › wiki › 尋雍尊師隱居)* 및 『全唐詩』 卷182, 23.

▶ 송고백학면松高白鶴眠: 『옥책기玉策記』와 『포박자抱朴子』150)에서 '천년학은 계절에 응하여 울고 나무에 오를 수 있다. 천년이 되지 않은 학은 결코 나무 위에 앉지 않는다.'(천세지학(千歲之鶴), 수시이명(隨時而鳴), 능등어목(能登於木). 기미천년자(其未千歲者), 종불집어수상야(終不集於樹上也)。)고 하였다.

리바이가 청년기에 지은 듯한 이 시는 산중에 은둔한 '옹雍'씨 도사를 찾아뵙고 돌아오는 과정을 읊는데, 여기서 존사尊師란 도사의 존칭이다. 초·중·장·노년 등 인생 전반을 기승전결起承轉結로 구성하면서, 좡즈[莊子]의 소요逍遙·라오즈[老子]의 청우靑牛·『포박자』의 백학白鶴 등등 도가道家 색채가 농후할 정도로, 고고한 은둔자의 모습을 그려냈다.

리바이는 그의 다른 시「심산승불우작尋山僧不遇作」에서 불교적 기미를 띠기도 하였다. 그 작품의 5-6구에서 '청우와노령[靑牛臥老苓]' 즉 '청우가 노송老松 밑둥에 누웠다'는 도교적 은거의 삶을 기리는 말이 나온다. 노령老苓 즉 꽤 묵은 복령茯苓은 오래된 소나무 뿌리에서 기생하는 한방재韓方材 버섯을 가리킨다.

---

150) 중국 동한(후한) 사람 **웨이뾔양**(위백양魏伯陽, 151~221)의 『주역참동계周易參同契』(c. 220)에서 전개한 역易 이론을 바탕 삼아서, 동진(東晉, 317~419) 때 학자 **꺼훙**(갈홍葛洪, 283~343)이 신선도神仙道의 이론과 방법을 확립시킨바, 춘추전국시대 이후 전해 오는 신선에 관한 제반 이론들을 집대성한 도교 경전. 총 50편(「내편內篇」 20·「외편外篇」 30)으로, 신선방약神仙方藥과 불로장생不老長生 비법으로 범부凡夫도 신선이 될 수 있다는 방법론을 제시한다.

〇 『삼국사기三國史記』 권卷 제1第一 「신라본기新羅本紀 제1第一」 「파사이사금婆娑尼師今」 조에는, 신라 제5대 왕 **파사이사금**(婆娑尼師今, ?~112, 재위: 80~112) 5년 여름 5월(84 C.E.)에, 고타古阤[151] 군주郡主가 **청우**靑牛를 바쳐왔다는 기록이 나온다.

〇 고려 중·후기의 문신 이인로(李仁老, 1152~1220)의 시화詩話·잡록집雜錄集인 『파한집破閑集』(1220)에 따르면, 고려 제18대 국왕 의종(毅宗, 1127~1173, 재위: 1146~1170) 초기에 청교역靑郊驛의 한 아전이 **청우**靑牛 한 마리를 길렀는데, 그 생김새가 특이하여 조정에 바쳤다고 한다. (『파한집』 상권, 毅王初靑郊驛吏養一靑牛狀貌特異獻諸朝。)

〇 고려 후기의 선승禪僧 홍변(洪辯, 생몰연대 미상)은 **지눌**(知訥, 1158~1210)의 제자이다. 그는 1215년(고종 2) 황해도 개풍군開豊郡의 창복사昌福寺 담선법회(談禪法會, 고려 때 성행한바 선禪의 수행을 위한 불교 의식)를 주도하고 『육조단경六祖壇經』·『대혜어록大慧語錄』 등을 설하여 그 심요(心要, 마음의 진수와 법의 핵심을 설하는 법문法門의 지극함)를 퍼뜨렸다. 그의 호가 **청우**靑牛였다.

〇 『조선왕조실록朝鮮王朝實錄』 「영조英祖 19년(1743) 4월 20일자 기사」에 의하면, '친경(親耕, 임금이 직접 농사지어서 백성에 시범을 보이는 일) 때 **청우**靑牛는 푸른색으로 염색한 무명을 입혔다' (親耕時靑牛以染靑木衣之。)고 나온다. 조선 후기인 당시에 청우를 구하

---

151) '하오월하五月, 고타군주헌청우古阤郡主獻靑牛.' 5~6세기경 경남 서부 일대의 부족국가인 듯. 당시 지명 '고타古阤'는 ① 현 안동군(安東郡, 古阤耶)·② 거창군(居昌郡, 古阤)·③ 진주군(晉州郡, 古阤) 등 세 군데였는데, 문맥상 정확히 어디를 말하는지 확실치 않다. 당시는 신라 세력이 이 지역들에까지 미치지 못할 때였으므로 그 사실 또한 믿기가 어렵다. — 김부식金富軾, 『삼국사기三國史記·상』, 이병도李丙燾 역주, (을유문화사, 1996년 개정판), 30쪽.

기가 힘들었으므로, 황우黃牛나 흑우黑牛에게 푸른 옷을 입혀서 논밭을 경작하는 데 이용했음을 알 수 있다.

○ 조선 전기의 문신 안정(安珽, 1494~1548)의 고시조 「청우靑牛를 비끼 타고」

> 청우靑牛를 빗기(비끼, 비켜) 타고 녹수綠水를 흘러 건너
> 천태산天台山 깊은 골에 불로초不老草 캐러가니
> 만학萬壑에 백운白雲이 잦았으니 갈 길 몰라 하노라
> — 안정, 「청우를 비끼 타고」 전문.

▶ 천태산天台山: 신선이 산다는 중국의 산. 옛날 한나라 때 어떤 사람이 약초를 캐러 천태산에 들어갔다가 두 여자를 만나 반년을 머물다 집으로 돌아와 보니, 그동안 7대나 흘렀다는 전설이 전해 온다.
▶ 만학萬壑에: 저 숱한 골짜기마다.

조선 전기의 문인 죽창竹窓 안정安珽은 기묘사화己卯士禍152)가 일어나던 날 숙직하다 투옥되었다가 이튿날 석방된다. 2년 뒤에 그 여파로 일어난 신사무옥(辛巳誣獄, 신사사화辛巳士禍)153) 때, 송사련宋祀連이 바친 방명록에 그 이름이 올라 있어 혹독한 고문을 당하고 곤양(昆陽, 현 경남 사천泗川 지역)으로 유배되

---

152) 1519년(중종 14) 음력 11월, 조선 제11대 왕 중종(中宗, 1488~1544, 재위: 1506~1544)의 주도 아래, 남곤南袞・심정沈貞・홍경주洪景舟・김전金詮 등의 훈구勳舊 재상들이 작당하여 조광조趙光祖・김정金淨・김식金湜 등 신진 사림의 핵심자들을 축출하여 죽이거나 귀양보낸 사건.
153) 1521년(중종 16) 10월 11일 관상감 판관觀象監判官 송사련과 그의 처남인 평민 정상鄭瑺(鏛)이 안당安瑭의 아내 장례식에 온 인물들의 방명록을 역모 가담자의 명단으로 거짓 고변한 사건. 안당의 아들 안처겸安處謙 등 그 가족과 지인들이 처형되었다. 훗날, 1589년(선조 23년) 그 역모는 허위로 밝혀졌다. 안당 등은 누명을 벗고 시호를 받았으며, 송사련의 아들들은 노비로 환천還賤되었다.

었다. 이후 사면되어 양성현감陽城縣監 등을 지냈다. 관직에서 물러나 낙향한 뒤 거문고・화초・시화詩畵 등을 즐기며 여생을 보냈다. 특히 사군자를 잘 그렸다고 알려져 있다.

　강호에 돌아가 신선처럼 노니는 정경을 그린 이 시조로 볼 때, 지은이는 **라오즈**[老子]의 풍도(風度, 풍채와 태도)를 본받고자 한 듯싶다. 시인은 시방 '검은 소'를 비스듬히 타고 녹음이 비친 개울물을 유유자적 건너가 천태산 깊은 골에서 불로초를 캐어 신선이 되고자 한다. 약초를 찾느라 구름에 싸인 골짜기들을 헤매다가 길마저 잃어버리게 된다는데, 이는 속세를 버린 이가 산속에서 길을 잃었으니 자연과 일체 동화된 신선의 경지에 이르렀다는 말이다. 결국 불로초를 캐러 가고 싶지만 길을 찾을 수 없다는 내용으로, 속인으로서는 갈 수 없으나 그런 이상향에서 살고 싶다는 소망이 진하게 깔려 있다. 자연 속에 들어가 동화되는 경지를 읊은 이 작품은 또한 당시 정쟁으로 험난해진 벼슬길을 은연중 반증한다고도 볼 수 있겠다.

○ 조선 중기의 고사高士 이지번李之蕃과 청우靑牛

　조선 중기 제13대 왕 **명종**(明宗, 1534~1567, 재위: 1545~1567) 때의 문신 겸 학자 **이지번**(李之蕃, 1508~1575)은 토정土亭 **이지함**(李之菡, 1517~1578)의 친형이다.

　그가 단양 군수로 재직할 때의 일이다. 단양의 언덕들에 마주보고 솟은 두 봉우리[雙峰]가 있었는데, 그 사이에 긴 칡덩굴 밧줄[갈색葛索]을 가로질러 걸치고서 날아가는 학 모양의 형체[비학용飛鶴容]를 올려놓은 다음, 그 위에 올라타고 줄 위를 이리저리 오가니 마치 허공을 날아다니는 듯하였다. 백성들이 이를 바라보고 다들 그를 신선으로 여겼다. 그가 퇴임하여 떠난 뒤에 보니, 관청 곳간에는 칡넝쿨 동아줄만 가득하였다.

고매한 그는 당시 파평坡平 윤씨尹氏, 특히 외척 **윤원형**(尹元衡, 1503~1565)의 횡포가 극에 달하자 벼슬에서 물러나 단양丹陽의 귀담龜潭에 초려(草廬, 초가집)를 짓고 정신을 수양하면서 지냈다. 그가 머무는 방에 신령스러운 밝은 빛이 뻗쳐 나왔다. 그는 두 뿔 간격이 8-9 마디[척尺, 촌寸]나 되는 **청우**青牛를 타고 나가 [남한강의 일부인] 단양강가에서 마음껏 노닐었다. 온 산에 눈이 가득 쌓인 어느 겨울날에는 동자童子 하나가 모는 그 소를 타고 산꼭대기까지 올라 설경의 맑은 흥취를 즐기기도 하였다.

〇 **정선**(鄭敾, 1676~1759)의 그림 《**청우출관도**青牛出關圖》

정선의 《청우출관도》(비단 채색. 29.6×23.2㎝)는 **라오즈**[老子]가 청우를 타고 한꾸꽌[函谷關]을 나서기 전에, 관문지기 **인씨**[尹喜]와 대화하는 장면을 주제로 포착한 그림이다. (본서 192-195쪽 참조)

시방 **라오즈**는 한꾸꽌을 통과해서 서방으로 가려는 참이다. 그림을 보면, 우람한 청우수青牛樹 소나무가 우뚝 서 있고 그 아래에 **인씨**와 청우를 탄 **라오즈**가 보인다. 그 뒤로 구름에 싸인 2층짜리 한꾸꽌 누각도 있다. 소나무 가지가 끝나는 왼쪽 상단에 화제畫題 '청우출관'와 함께 **정선**의 호 '겸재謙齋'가 적혀있다. 사선으로 배치된 길과 구불구불 흐르는 시냇물 및 공중에 떠 있는 흰 구름 등이 그림 공간의 깊이를 더해준다.

이런 그림은 '자기동래도紫氣東來圖'라고도 한다.

중국 신선들의 일화를 모은 『열선전列仙傳』154)에 보면, **인씨**가 누대에 올라 사방을 관망하다가 남극노인성南極老人星의 자줏빛 기운[紫氣]이 동쪽에서 서쪽으로 옮겨오는 것을 보고 성인聖人이 오리라고 예측하였는데 과연 **라오즈**가 왔다는 전설에서 그 제목

---

154) 본서 194쪽과 각주 147) 참조.

이 유래했다. 황제의 곤룡포가 황색과 자색을 띠는바, 귀하고 상서로운 자색 기운이 동쪽에 가득 찼으니 분명히 대단한 인물이 올 것으로 기대한 **인오즈**는 **라오즈**가 오기를 내내 기다렸다가 '도'에 관하여 문의했던 것이다.

조선 후기에 **김홍도**(金弘道, 1745~1806?)와 **장승업**(張承業, 1843~1897) 등 많은 화가들이 '청우출관도'(노자출관도老子出關圖 또는 노자기우도老子騎牛圖)를 그렸다. 배타적인 유교 조선이 도교道敎의 교조敎祖에게 그리도 관심을 쏟았으니 다소 기이한 일이었다.

○ **이광수**(李光洙, 1892~1950)**의 수필「우덕송牛德頌」**(『조선문단朝鮮文壇』 1925년 1월호)

이는 당시 '**청우靑牛 즉 검은 소**'의 해인 을축년(乙丑年, 1925년)을 맞이하여, '소는 짐승 중에도 군자다'라는 전제 하에 소의 덕을 기린 신년 수필이다.

작자는 한민족의 창조 신화와 관련하여 하늘에서 '검은 암소'가 내려와 우리 조상을 낳았고, 꿈에서 '소'가 보이면 조상이 보인 것으로 여긴데다가, 또 콩쥐도 밭을 갈다가 호미가 분질러지자 울고 있는데 하늘에서 '검은 소'가 내려와 밭을 갈아주었다면서, 한민족의 '각별한 [검은] 소 사랑' 전통을 지적한다.

또한 검은 털빛의 소를 굳이 '푸를 청靑'자를 붙여 '청우靑牛'라 한 바는 북방·겨울·죽음의 검은 색깔을 꺼리어, 동방·봄·생명의 표상인 푸른 빛깔로 표현한 것이다.

작가는 예리한 관찰력으로 우리 민족의 생활상에 나타난 색깔의 이중적 성격을 적절히도 묘사한다. 즉, 무서운 어둠의 검은빛은 동서양이 다들 흉하다고 기휘忌諱하지만, 오히려 검은빛을 띠어야 신비스럽고 아름다운 것들을 이렇게 지적한다.

그러나 검은 것이라고 다 흉한 것은 아니다. 어떤 것은 검어야만 하고 검을수록 좋은 것이 있다. **처녀의 머리채**가 까매야 하는 것은 물론이거니와, 이렇게 추운 때에 빨간불이 피는 **숯**도 까매야 좋다. 까만 숯이 한끝만 빨갛게 타는 것은 심히 신비하고 아름다운 것이다. 처녀들의 까만 머리채에 불같은 빨간 댕기를 드린 것도 이와 같은 의미로 아름답거니와, 하(허)연 저고리에 까만 치마와 하얀 얼굴에 까만 눈과 눈썹도 아름다운 것이다.

… **먹**은 검을수록 좋고 **칠판**도 검을수록 하얀 분필 글씨와 어울려 건조무미한 학교 교실을 아름답게 꾸민다. **까만 솥**에 하얀 밥이 갓 잦아 구멍이 송송 뚫린 것은 말할 것도 없고, 하얀 간지間紙에 사랑하는 이의 솜씨로 **까만 글씨**가 꿈틀거린 것은 누구나 알 일이다.

또한 글쓴이는 재치가 넘치게도 외양을 통하여 각종 동물의 성질을 유추해낸다. 쥐·할미새·돼지·토끼·고양이·수탉·뱀·개·말·당나귀·노새·족제비·다람쥐·여우·사자·호랑이·곰·코끼리·기린·하마·두꺼비·벼룩·모기 따위의 여러 짐승과 곤충의 외양이나 몸짓으로부터 기발하게 포착해낸 부정적 성질과 일일이 대비하면서 소의 덕성스러움을 대조적으로 부가하여 나감으로써 글은 한층 생동감과 설득력을 발휘한다.

소의 덕성은 그 울음소리, 파리를 쫓으며 휘두르는 꼬리짓, 외양간에서의 느긋한 새김질, 걸음걸이, 성냄, 한가로운 낮잠, 짐지고 가는 모양, 밭 갈기, 그리고 도살되어 피와 살을 인간에게 다 바치는 소의 운명 따위에서 볼 수 있다. 특히 도살장에서의 죽음에조차 자기희생적인 정신을 부여하는데, 그 단발마의 비명소리마저 '아아! 다 이루었다'라는 뜻으로 풀이함으로써, 소를 향한 칭송으로 입술에 침이 마르지 않는다.

그리하여 그 글을 마무리 짓는 대목은 이러하다.

소는 인욕忍辱의 아름다움을 안다. '일곱 번씩 일흔 번 용서하기'와 '원수를 사랑하며 나를 미워하는 자를 위하여 기도'할 줄 안다.
　　소! 소는 동물 중에서도 인도주의자다. 동물 중의 부처요, 성자. 아리스토텔레스의 말마따나 만물이 점점 고등하게 진화되어 가다가 소가 된 것이니, 소 위에 사람이 있는지 없는지는 모르거니와, 아마 소는 사람이 동물성을 잃어버리고 신성에 달하기 위하여 가장 본받을 선생이다.

소는 성인·예수·영웅·애국자·종교가 등등에 빗대는데, 우리 민족이 동물성에서 인간성은 물론이고 신성神性에까지 이르려면 그러한 소의 성품을 생각하고 배우며 힘써서 간직해야 할 것임을 역설한다. 작자 특유의 이성적 계몽과 종교적 인생관을 규지窺知할 수 있게 해주는 글이다.

▼ 5) 청마靑馬

'청마' 역시 검은 털빛의 말을 가리킨다. 푸른 빛이 돌 정도로 짙은 검은색 털의 말은 찾아보기 어렵지만, 몸 전체가 검은 말을 '가라加羅'155)라고 일컬었던 말을 보면 전혀 없었던 것은 아닌 듯싶다. 그 밖에 털빛에 따라, 네 다리와 꼬리 및 갈기가 검은색이고 나머지 몸통이 적갈색인 '유마騮馬', 몸통 전체가 적색인 '적다赤多' 및 흑백얼룩이 '가라월라加羅月羅' 등이 있다. 이들 기본색에 다양한 유전자의 영향이나 염색체 돌연변이에 따라 회색이나 얼룩덜룩한 하얀 반점이 있는 말이 나오기도 한다.
　　네덜란드 북부 프리슬란트(Friesland)의 산악 및 고원지대에서 서식하는 '프리지안'(Friesian horse) 같은 종의 경우 아주 짙은 흑

---

155) 검은 털빛을 가리키는 말인 '가라'는 몽골어로 '최고'를 뜻하는 'Khar morl'에서 왔다. 털 전체가 흑색인 말을 가장 좋은 품종으로 여겨왔기 때문이다.

색이어서 청마의 후보가 될 수 있을 것으로 보인다.

동학농민혁명이 일어났던 1894년은 갑오년甲午年인데, 갑甲은 푸른색을, 오午는 말을 의미한다. '박력'과 '도약'을 의미하는 말이 '희망'을 이야기하는 푸른색과 만났던 터라, 그 해는 한민족의 역사에 있어서 참으로 역동적인 한 해였다.156)

▼ 6) [청]해청[靑]海靑 송골매와 해동청海東靑 보라매(참매)

원래 '맹금류'란 생물학적 구분이 아닌 편의성에 의한 구분으로 날카로운 부리와 발톱을 가진 육식성 조류를 가리키며, 콘도르목·수리목·올빼미목·매목 등 4개의 목(目, Order)이 있다.

맹금류들은 거의 암컷이 더 크다.

중형 맹금류로 송골매는 매목目 맷과(科, Falconidae) 응속(鷹屬, Falco)이고, 참매인 **해동청 보라매**는 '수리매'라고 하여 수리목 수릿과(Accipitridae) 골속(鶻屬, Accipiter)으로 종류가 서로 다르다.

○ 매목 맷과(팰컨(Falcon))와 수리목 수릿과(호크(Hawk))의 차이점

- 머리: 맷과는 정수리가 평평하고 미간이 넓은 머리 형태이나, 수리과는 같은 크기의 맷과보다 머리가 작고 미간도 좁다.

---

156) 한 해의 띠를 정하는 **십이지간**十二支間은 자子-축丑-인寅-묘卯-진辰-사巳-오午-미未-신申-유酉-술戌-해亥 등 12개의 간間이며, 따라서 띠는 12년마다 한 번씩 돌아온다. **십간**十干은 갑甲-을乙-병丙-정丁-무戊-기己-경庚-신辛-임壬-계癸 등 10개의 간干을 말한다. 날짜·달·연도를 셀 때 십간과 십이지간이 함께 사용되며, 갑자甲子-을축乙丑 등으로 순서에 따라 해마다 간지(干支, Sexagenary cycle)를 맞춰 가면 총 육십갑자六十甲子가 되어, 해당 간지의 해는 60년마다 되돌아온다. 띠 색깔은 음양오행陰陽五行을 기준으로 정하며, 음양陰陽의 음은 달, 양은 태양을 뜻한다, 오행五行은 목木·금金·화火·수水·토土 등 5가지다. 명리학(命理學, 추명학推命學)에서, 오행을 색色으로 구분하면 목木은 청靑, 금金은 백白, 화火는 적赤, 수水는 흑黑, 토土는 황黃에 대응한다. 음양오행 사상의 색채 체계와 관련하여, 본서 159쪽 각주 119) 참조.

- **눈동자**: 맷과는 눈동자에 흰자[위]가 없으나, 수리과는 검은자[위]가 일부만 차지한다.
- **차상돌기**齒狀突起: 맷과는 그 부리에 치상돌기가 있어서 먹이를 뜯을 때 크게 유용하며 사냥감의 경추頸椎를 끊을 때도 쓰이는데, 수리과는 그러한 치상돌기가 없다.
- **날개**: 날개 펼친 모양을 보면, 맷과는 날개폭이 좁고 긴 편으로, 날아내릴 때 날개 끝이 각도가 꺾인 채 날카롭고 뾰쪽하게 붙는다. 하지만, 수리과는 날개가 폭넓게 쫙 펼쳐지며 비행할 때 날개 끝 깃털(primary feather)이 손가락들처럼 펴져서 갈라진다.
- **사냥 방법**: 대체로 맷과는 고공 비행을 하다가 지상에 먹잇감이 보이면157) 수직으로 급강하하여 발톱으로 찍는 방식으로 사냥한다. 하지만, 대개 수릿과는 낮은 나뭇가지 등에 앉아서 기다리다가, 먹이가 나타나면 낮게 쏜살같이 날아가 먹잇감을 낚아채곤 한다.

(1) **송골**松鶻**매**(학명: *Falco peregrinus*, Tunstall, 1771, 영: [Peregrine] Falcon): 매목 맷과. 천연기념물 323-7호. 등짝의 털빛이 암청색으로 거무스름하고 녹두알만 한 흰 반점이 있는 희귀 텃새. 한민족은 예로부터 매를 송골매라고 불렀다. 몽골의 국조國鳥

---

157) 맹금류는 눈이 매우 좋아 시력이 뛰어나지만, 막대세포(간상세포桿狀細胞)가 적으므로 밤눈이 어둡다. 눈썰미가 날카로운 '매의 눈'은 '응시'(鷹視, '凝視'와 다름) 또는 '호크 아이'(Hawk's Eye, '새매나 참매의 눈'을 가리킴)라고 한다. 정작 시력이 가장 좋은 새는 타조이지만, **동체시력**(動體視力, dynamic visual acuity)은 맹금류가 압도적으로 높다. / • 동체시력: 움직이는 물체를 빠르고 정확히 보고 인지하는 능력. 이는 [눈의 공간 해상력解像力, 즉 눈으로 '정지된 물체'를 볼 때 미세 부분까지 식별하고 인식하는 능력인] 일반 정지시력停止視力과 다르다. 동체시력으로 인지한 다음에 실제 행동으로 옮길 수 있는 시간을 **반응 속도**(反應速度, response time)라 한다. 이는 신경계를 통해 자극에 반응하여 뇌로 전달되고 뇌에서 명령을 내보내는 대로 행동할 때까지 걸리는 시간을 말하며, **반사신경**(反射神經, reflexes, 순발력瞬發力)이라고도 한다.

로서, '송골'이란 말은 몽골어 '숑코허르'(шонхор)에서 나왔다거나, '해안가 소나무에 주로 앉는 골속鶻屬의 매'라는 데서 나왔다고 한다. 눈·부리·발톱은 검고 다리와 발은 푸르다고 하여, '거거송골居擧松骨' 또는 '[청]해청[靑]海靑'이라고 한다. 생물학적으로 수리와 촌수가 꽤 멀고, 오히려 앵무새나 참새와 가깝다.

눈 아래 눈가에 짙은 [검정]색 반점 무늬가, 가슴과 배는 누르스름한 흰 바탕에 검은색 가로줄 무늬가 있다. 덜 자란 어린놈은 가슴에 갈색의 세로줄 무늬를 띤다. 부리는 짧고 날카로우며 치상돌기가 있다.

세계에서 가장 빠른 새 가운데 하나이며, 대략 시속 390km로 급강하하여 먹잇감의 목을 발로 차서 부러뜨리거나 낚아챈다. 남극 외의 전 세계에 분포하고 국내도 해안과 섬 절벽에서 번식하며 겨울철엔 하구·호수·농경지에 나타나기도 한다.

▲ 맷과의 송골매. • 출처: 나무위키(https://namu.wiki 〉 매(조류))

(2) **헨다손매**(Henderson Hawk) 즉 **세이커매**(학명: *Falco cherrug*, Gray, JE, 1834, 영: Saker Falcon): 맷과. 유럽에서 중국 동부와 몽골에 이르는 개활지와 황무지에 서식하며, 한반도에 주로 겨울철새나 나그네새158)로 매우 드물게 발견된다. 가슴에 가로줄 무늬가 난 일반 매와 달리, 이 헨다손매는 가슴에 반점이 있고 눈 위엔 흰색 눈썹 선이 나 있다. 일반적으로, 시야가 넓은 데서 먹이를 기다리다가 낮게 날아들어 잡아채거나, 약간 느리게 날다가 지상이나 공중의 먹이를 쫓아가서 잡는 특징이 있다.

(3) **새호(홀)리기**(학명: *Falco subbuteo*, Linnaeus, 1758, 영: Eurasian hobby): 맷과. 봄과 가을에 잠시 머무는 나그네새. 몸길이 30~40cm, 몸무게 0.2kg 정도. 검은 갈색 머리에 깃털 가장자리는 [붉은] 갈색이다. 다리와 배 쪽의 깃은 붉은색이며, 앞이마에서 눈 위로 가느다란 황갈색 띠가 지난다. 눈 가장자리는 노란색이고 가슴·배·옆구리는 연한 갈색 바탕에 갈색의 세로무늬가 있으며, 날 때에 복부나 아랫배가 붉은 갈색이라면 이 새가 맞다.

---

158) 철새 즉 **후조**(候鳥, 계절조季節鳥)는 계절에 따라 무리 지어 서식지를 이동하는 새로서, 계절 변화가 뚜렷한 한반도에서는 다양한 철새를 사계절 내내 접해볼 수 있다. 철새는 따스하고 먹이가 풍부한 시기와 장소에서 새끼를 기르며 월동하는데, 북반구를 기준으로 하여 몇몇 바닷새를 제외하고는 역방향의 이동은 거의 알려지지 않았다. 따라서 월동지 남방과 번식지 북방 사이를 1년에 두 번 이동하는 셈이다. 이의 반대는 **유조**(留鳥, 텃새)라 한다.
- 여름 철새(Summer Visitor): 겨울에 아열대 지역에서 월동하고 봄철이면 한반도로 날아와 번식한 후, 가을철에 남쪽 지역으로 다시 이주하는 새.
- 겨울 철새(Winter Visitor): 여름철엔 시베리아나 만주 등 고위도 지역에서 번식하고 겨울이면 중·저위도의 따뜻한 지방으로 옮겨 월동하는 새.
- 통과 철새(Passage Visitor, **나그네새**[여조旅鳥]): 고위도 지역에서 번식하고 저위도 지역에서 월동하는데, 주로 [북쪽] 번식지에서 [남쪽] 월동지로 이동할 때 봄과 가을 2번에 걸쳐 한 지방을 지나가는 철새. 물떼새 류나 대부분의 도요과 새 따위가 이에 속한다.
- 길잃은새(Vagrant, 미조迷鳥): 동일 부류의 철새들이 철 따라 늘 다니던 길을 그만 잃고서 원래의 이동 경로나 서식 지역에서 벗어난 새.

매와 아주 유사하나 크기가 조금 작다. 멀리서 보면 전체 몸에서 머리의 비율이 새호리기가 조금 더 크다.

(4) **황조롱이**(학명: *Falco tinnunculus*, Linnaeus, 1758, 영: Kestrel or Windhover): 천연기념물 제323-8호. 맷과. 세계 곳곳에 분포하며 한반도 전역에서도 도시 건물이나 산간 지역에서 흔히 서식하는 이 텃새는 몸길이가 35cm 남짓으로 덩치가 작은 편이며, 눈 아래 중앙에 진한 선이 나 있다. 먹이를 찾아 공중에서 원을 그리며 빙빙 돌다가 일시적으로 공중의 한곳에 그대로 머무는 '호버링'(hovering, 정지비행술停止飛行術)159)을 한다면 그것은 거의 다 황조롱이다. 기동성이 좋으며, 새매나 말똥가리가 지은 둥지를 이용하며, 하천의 흙벽 및 암벽의 오목한 곳 등 주로 절벽

---

159) 공기와 같은 유체流體 속을 수평 운동하는 물체는 중력(重力, gravity) · 양력(揚力, lift) · 항력(抗力, drag) · 추력(推力, thrust)의 4가지 힘을 받는다. 양력이 중력보다 크면 위로 뜨고, 추력이 항력보다 크면 앞으로 나아간다. 헬리콥터가 정지비행을 할 때, 중력이 양력과, 항력은 추력과 동일하다. 황조롱이도 날개를 이용하여 그 4가지 힘들의 합이 0이 되게 한다. 중력에 반하여 몸을 띄우는 양력은 날개를 위아래로 움직여서 조절하고, 항력과 추력은 부챗살처럼 쫙 펴지는 꼬리깃을 활용하여 자유자재로 조절한다. 바람은 풍향과 풍속이 수시로 변하며 순간순간이 다르기 마련이다. 다른 새들도 간혹 짤막한 정지비행을 하지만, 어떤 상황이라도 완벽하게 연출하는 황조롱이의 정지비행술이 가장 탁월하다. 이 걸출한 기량 덕분에, 나름 조심성이 많아도 위는 볼 줄 모르고 앞만 보는 쥐 등을 거뜬히 사냥할 수 있다. 쥐로선 앞만 보지 말고 가끔은 위도 올려다볼 필요가 있는 것이다.

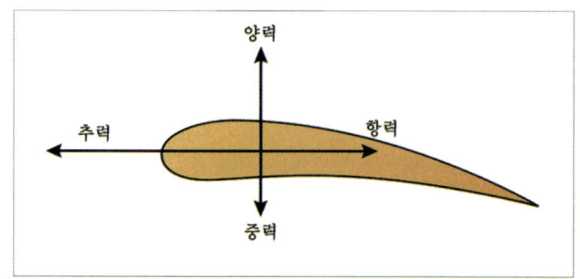

▲ 항공기 날개에 작용하는 힘.
• 출처: Wikipedia *(https://ko.wikipedia.org 〉 wiki 〉 추력)*

이나 처마 같은 지형에도 둥지를 튼다. 같은 종류에 속하는 '비둘기조롱이'는 주로 한반도 서해안을 통과하는 나그네새이다.

▲ 황조롱이의 비상. • 출처: 대기를 올라타고 높이 활개 치는 그대여, 아름다운 아침의 Daum 카페 (https://m.cafe.daum.net › Ch.Y.Art) 2011. 8. 4.

미국 시인 G. M. 홉킨스(Gerard Manley Hopkins, 1844~1889)의 시 「황조롱이」(The Windhover, 1875)는 구어체의 활발한 리듬 운용으로, 현대시의 형성에 일정한 기여를 하였다. 시인은 황조롱이의 활달한 비행에서 **예수 그리스도**의 아름다움과 힘과 영광을 투시하면서 황홀한 경외감을 느낀다. 같은 용어라도 사나운 육식 조류의 뜻이 강한 단어인 Kerstrel 보다 바람 따라 자유로이 고공을 떠도는 Windhover의 낱말을 내세움으로써, 조물주의 거룩한 창조물인 그 새를 통하여 그리스도의 영원성을 보아냈다.

(5) 참매(학명: Accipiter gentilis, Linnaeus, 1758, 영: [Eurasian] goshawk): 수리목 수릿과. 송골매처럼 배 부분이 흰색이고 가로

줄이 일정하게 이어져 나 있으나, 긴 꼬리에 눈 위의 눈썹 선(또는 흰색 머리띠)이 선명하여 얼른 구별이 된다. 또한 날개가 더 넓고 짧은 듯하므로, 비상할 때 날개가 넓게 퍼진 것이 보인다면 그 새는 맷과의 송골매가 아니라 수릿과의 참매이다. 이 새는 가을에 북쪽에서 한반도로 날아왔다가 이른 봄이 되면 북쪽으로 날아가는 겨울 철새인데, 간혹 드물게 텃새로 눌러살기도 한다.

유조幼鳥 때는 세로이던 가슴 무늬가 성조成鳥가 되면 아주 조밀한 가로무늬로 변한다. 눈 위에 흰 눈썹 같은 머리띠가 있으며, 생김새가 멋있어서 보기에도 절로 용맹한 인상을 준다.

이 매의 어린 1년생은 **보라매**라 부르며 산비둘기와 비슷한 갈색 빛깔이지만, 1년이 지나 털갈이하면 갈색은 사라지고 푸르스름한 회색을 띤다. 중국 쪽에서 고려를 '해동海東'이라 하는데, 고려의 매는 '푸른 색깔'이 난다고 하여 **해동청**(해동海東의 청靑) **보라매**라고 불렀다. 매사냥이 성행하던 그 고려시대에 사냥매를 조공물로 원나라에 바치곤 하였다. 덩치 큰 북방 매를 부리던 중국인에게 **해동청 보라매**는 팔뚝에 얹고 다니기가 가볍고 활동성이 강해서, 최상의 사냥매로 대접받았다. 검독수리를 길들여 여우와 늑대를 사냥하는 전통의 몽골에서도 선호되었으며, 원나라 군대에선 통신용으로 사용하였다.

한반도의 매사냥꾼들이 애용하던 이 매는 특히 숲에서 꿩 잡는 기술이 타의 추종을 불허한다. 따라서 예로부터 숲속 꿩사냥에 이 참매를 부려 왔는데, 매를 날리면 꿩 뒤를 쫓아가 발톱으로 움켜잡고는 날카로운 부리로 일격을 가한다. '거위(goose)를 잡는 매'라는 영어 이름처럼, 참매는 몸매가 비교적 큰 오리도 사정없이 공격했다. 매꾼들은 참매가 북에서 날아오는 가을철에 사로잡아서 2주쯤 훈련한 다음 겨우내 사냥을 즐긴다. 이때는 농사일도 대강 끝나서 여가를 활용하기 좋은 때다. 농부 매꾼들은 참매를 잡아 한철 실컷 즐기고는, 농사철이 오기 전에 고기를 배부르게 먹인 다음, 풀어 놓아주는 아량을 보이곤 하였다.

▲ 수릿과의 참매.　• 출처: 나무위키(https://namu.wiki › 참매)

(6) **소리개**(준말: 솔개, 학명: *Milvus migrans*, Boddaert, 1783, 영: black kite): 수릿과. 몸길이 약 60cm에 등은 암갈색이고 배는 약간 밝은 색을 띤다. 날개 아랫면에 연한 반점이 있는데, 날 때 길고 가는 각을 이룬 날개와 제비 꽁지깃 모양이 특징적이다.

　흔한 나그네새이자 텃새로 무리 지어 생활하는데, 한반도에서 월동을 위해 내려오는 11월과 이듬해 4월 사이에 볼 수 있다. 하늘에서 날개 편 채로 빙빙 맴돌며 지상의 먹잇감을 찾는 소리개는 황조롱이처럼 공중에서 정지비행 하다가 고도를 조금씩 낮추면서 한 번에 낚아채곤 한다. 그 계통인 검은죽지솔개(검은어깨매)는 생김새가 멋있으나 한반도에서는 희귀한 편이다.

　한자로 '솔개 연鳶'자를 쓰는데, 오늘날 그 글자는 '날리는 연'

으로 굳어졌다. 영어 Kite 역시 공교롭게도 같은 의미로 쓰인다.

『성경』을 보면, 여호와 하느님이 아직 아들이 없던 **아브람**(Abram, 이스라엘 민족의 선조로서 **아브라함**(Abraham)으로 개명하기 전 이름)과 그 자손이 크게 번창할 것과 가나안 땅을 후손에게 주겠다는 계약을 맺는 과정에서, **아브람**이 3년짜리 소·염소·양 등의 희생 동물들을 반으로 쪼개고 비둘기 제물 두 마리는 쪼개지 않은 채 제단에 올렸다. 이때 이를 보고 맹금들(the birds of prey)이 몰려오자 그는 그 새들을 연신 쫓아내었다. (창세기 15:1-11) 『개역 한글판 성경전서』는 이를 '솔개'로 번역하였다.160)

 (7) **새매**(학명: *Accipiter nisus*, Linnaeus, 1758, 영: Eurasian sparrowhawk): 수릿과. 눈썹 선 및 색상이 보라매와 유사하며, 가슴과 배에 난 가로무늬가 연결이 불규칙하고 가로선에 갈색빛이 보인다. 다리가 가는 것이 특징이다. 맹금류치고 소형이어서 붙잡으면 한 손에 쏙 들어올 정도다. 특히 참새의 대표적인 천적이라 하여 그러한 이름이 붙었다. 영어로 새매는 Hawk, 참매는 Goshawk, 매는 Falcon으로 구별하여 부른다.

 (8) **벌매**(학명: *Pernis ptilorhynchus*, Temminck, 1821, 영: Oriental (crested) honey buzzard): 수릿과. 환경부 지정 멸종위기 야생동물

---

160) 일설에 따르면, '독수리의 재생'(Rebirth of the Eagle)이라 하여 '솔개'를 극복과 개혁의 우화적 상징으로 보기도 한다. 즉, 솔개는 40살이 되면, 삶의 한계에 다다라 묵은 털로 뒤덮여 몸과 날개가 무거워지고 부리와 발톱은 너무 길게 휘어 먹이를 쥐거나 먹을 수 없게 된다. 이때 그대로 굶어 죽거나 갱생의 길을 가는 양자택일이 있는데, 그 가운데 솔개는 후자를 선택하여 먼저 바위를 쪼아 제 부리를 깨어 부순 다음, 새 부리가 돋아나오면 발톱을 모두 뽑아내고, 발톱이 다시 자라면 제 깃털을 몽땅 뽑아낸다. 그렇게 생사를 건 130여 일간의 사투 끝에, 가벼워진 날개 및 새로운 부리와 발톱으로 거듭나면, 창공을 차고 올라가 30년을 더 살 수 있게 된다는 것이다. 이러한 변화와 변혁을 위한 각고(刻苦)의 변신, 즉 고통스러운 갱생의 과정을 솔개의 표상으로 전해 오지만, 이는 사실무근으로 허무맹랑한 이야기이다.

2급. 몸길이 55~60cm 정도. 검은색 부리로, 개체마다 색상 차이가 심하다. 머리는 청회색을 띠며 몸은 갈색, 배 부분은 흰색 바탕에 줄무늬가 있다. 먹이는 그 이름에 걸맞게 벌과 그 유충을 주로 잡아먹고, 벌 가운데서도 덩치 큰 말벌을 선호하며 심지어 장수말벌까지 사냥한다. 또한 매이기 때문에 다른 곤충들이나 개구리·뱀·새 등의 작은 척추동물도 사냥한다. 2009년 8월경 강원도 홍천洪川에서 벌매가 번식하는 것이 확인되었다.

(9) 뿔매(학명: *Nisaetus nipalensis*, Hodgson, 1836, 영: Mountain hawk-eagle): 수릿과. 몸길이 80cm에 활짝 편 날개 길이는 1.6m 정도이다. 머리에 돌출된 깃이 있어 생김새가 독특하다. 등 쪽은 어두운 갈색이고 아랫면은 가슴까지 흰색이다. 머리와 목에 검은 갈색의 세로무늬, 가슴과 배에 갈색 가로무늬가 있고, 꽁지는 둥글다. 발가락까지 털로 덮이고 뒷머리에 작은 뿔털이 있다. 한반도에서 드문 종으로, 예로부터 사냥매로 길들여 쓰이며, 높은 산의 숲속에 사는데 동남아시아 등지에 널리 분포한다.

(10) 개구리매(학명: *Circus spilonotus*, Kaup, 1847, 영: Eastern marsh harrier, or Hen harrier): 수릿과. 천연기념물 323-3호. 외형상, 수컷이 약간 갈색과 하얀색 색상인 반면에, 암컷은 몸 대부분이 갈색이다. 특히 날개 아랫부분인 아랫날개 덮깃이 수컷은 단조로운 하얀색 깃에 황색 다리이지만, 암컷은 깃이나 다리가 모두 갈색이다. 먹이는 설치류와 소형 조류 등 외에도 개구리와 같은 양서류도 잡아먹는다. 한반도에는 봄과 여름에 잠깐 거쳐 가는 나그네새다. 주로 습지나 농경지에서 보인다.

사냥술이 독특한 맷과나 수리과 맹금류들은 먼저 상공을 빙빙 돌며 선회하다가 물 위나 지상의 목표물이 포착되면161) 공중에서 시속 100km 남짓 속도로 수직 하강을 한다. 그러다가 사냥물과 수평을 이루는 지점에서 곧바로 수평 비행으로 변환하는데 이때 속도가 320km에 이른다.

이렇게 하방下方 낙하를 하는 동안 중력 가속도를 증가시켜 막대한 운동 에너지와 속도를 '축적'한 다음에야 이를 수평 방향으로만 전환하기만 하면, 최대한 축적한 에너지의 양을 손실하지 않고 그대로 수평 '발산'시켜 사냥감을 튼튼한 두 발로 낚아챌 수 있다. 이 속도라면 먹잇감은 포식자의 접근을 인지하기도 전에 눈 깜짝할 사이에 낚여 채인다. 이렇게 수직 강하는 에너지의 축적과정이 되고 수평 비행은 에너지의 발산과정이 된다.

이를 '우회迂回 축적蓄積의 원리原理'(principle of bypass accumulation)라고 일컫는다.162) 이를테면, 제자리뛰기로는 개울을 건너뛰기가 어려워도 저만치 뒤로 물러났다가 힘껏 달려와 뛰면 그 축적된 운동 에너지로 뛰어넘을 수 있듯이, 그 원리는 특정 능력을 모아들였다가 한 번에 발산하여 목표를 달성하는 지혜를 말한다. 이러한 원리는 또한 **우직지계**(迂直之計, 돌아가는 것이 빨리 가는 것이다) 병법과도 상통한다.163)

---

161) 본고 207쪽 각주 158) 참조.
162) 미국의 언론인 **말콤 글래드웰**(Malcolm Timothy Gladwell, 1963~)은 저서 『아웃라이어』(*Outliers: The Story of Success*, Little, Brown and Company, 2008)에서, [1993년 스웨덴의 심리학자 앤더스 에릭슨(K. Anders Ericsson, 1947~2020)이 처음 소개한 개념인] '1만 시간의 법칙'(The 10,000 Hours Rule)을 널리 알렸다. 그 요지는 [잘 다져진 역사가 있는 어떤 분야에서든] 성공하거나 전문가가 되려면 최소한 1만 시간의 연습과 훈련이 필요하다는 것인데, 이는 매일 3시간씩 약 10년이 걸리는 시간이다. 즉, [정확히 1만 시간은 아니더라도] 오랜 시간에 걸친 엄청난 양의 노력을 투자해야 한다는 취지가 담긴 주장이라 하겠다. 재능만으로는 스스로 역전하는 게 불가능에 가깝지만, 노력은 상황과 결과를 역전시킬 수 있다. 성공은 스스로의 노력과 배움 및 도전으로 만들어가는 것이다. 인간 노력이 필요한 거의 모든 영역에서 '올바른 방법'으로 훈련하기만 한다면, 제 자신의 수행 능력을 향상하여 엄청난 역량을 발휘할 수 있다. 훈련 기법이 발전하면서 인간 잠재력의 지평은 세대가 바뀔 때마다 갱신되고 확장되어가는 중이다.

만약에 맹금류들이 상공에서 곧바로 먹잇감을 향해 아무리 빠른 시속 168km의 직선 속도로 돌진하더라도, 사냥감이란 명줄이 경각에 달린 터에 죽을힘을 다해 달아나려고 하기 마련이다. 그렇게 필사적인 먹잇감은 놓치기 십상이기에, 종종 헛발질이 연속되기도 한다. 사냥감을 포획하기 위한 '축적'이 부족하면 '발산'하기도 전에 현실의 벽에 부딪히는 셈이다.

특히나 생태계 최상위 포식자 부류에 속하는 송골매 같은 맷과 맹금류들은 날개폭이 좁은 대신, 날개의 길이가 길어 공중에서 손꼽을 정도로 빠른 속도를 낼 수 있다. 그 가속력에 힘입어서, 사냥할 때 공중에서 기류를 타고 놀라운 비행 속도로 급강하하여 사냥감을 낚아채 일격을 가하고 목뼈를 부러트려 즉사시킬 정도로 큰 위력을 발휘한다.

사냥매는 크게 두 종류로 맷과(Falcon)인 '송골매'와 수릿과(Hawk)인 '참매'가 대표적이다. 매사냥이 성행하던 지역의 고유한 지리적 특성에 따라, 장애물이 거의 없는 드넓은 사막이나 초원지대에서는 날개폭이 좁고 길어 압도적 비행 속도를 가진 송골매(Peregrine falcon)가 유리한 반면, 숲이 많은 장애물 지역에서는 폭이 넓고 짧은 날개와 [제동기나 방향타 역할을 하는] 꼬리깃이 발달하여 정교한 비행술로 좁은 나무 사이를 이리저리 재빠르게 이동할 수 있는 수리과 참매(Goshawk)가 많이 쓰인다.

---

163) '어려울 때 [이를 피하지 않고] 적절한 방법을 찾아 돌아감으로써 곤란한 처지를 오히려 이로움으로 삼는다'는 뜻. 장수가 출병할 때 우회迂廻의 전략을 취함으로써 적의 허를 찌르라는 취지로, 목적을 위해 수단은 얼마든지 바꿀 수 있음을 뜻한다. ―『손자병법孫子兵法』「군쟁軍爭」. "군쟁 중에 어려운 일이 생기면, 먼 길을 곧은길로 삼고 근심거리를 이로움으로 삼는다. 따라서 출정 길을 구불구불 감으로써 유리하게 끌어들이면 나중에 출발한 군대가 먼저 도착하는 것이니, 이는 '우직지계'를 안다고 할 수 있다."(군쟁지난자(軍爭之難者), **이우위직**(以迂爲直), 이환위리(以患爲利), 고우기도(故迂其途), 이유지이리(而誘之以利), 후인발(後人發), 선인지(先人至), 차지우직지계자야(此知迂直之計者也).)

▲ 왼쪽부터: 보라매 → 중간 매 → 산진이
• 출처: http://blog.daum.net/dhdekftoaanf/8764815

그동안 맷과의 송골매나 수릿과의 참매나 '태어난 지 1년이 안 된 유조幼鳥를 잡아 길들여 사냥에 쓰면' 다 보라매라고 통칭하거나, 또는 참매와 매가 다 함께 해동청으로 취급되어왔던 것 같다. 사냥매로는 주로 암컷을 사용한다. 길들인 사냥매에는 매의 고리에 주인의 정보가 담긴 '시치미'라는 표식을 달아매어 놓는다. 사냥매는 나이가 들수록 경험이 늘어 사냥 성공률은 높아지지만, 몸이 둔해서 활동력이 떨어지는 단점이 있다.

매나 참매를 길들이고 훈련하여 그 비행 속도를 이용하여 꿩이나 토끼를 사냥하는 매사냥(falconry) 전통은 고조선 시대 만주 동북부 지방의 수렵 민족인 숙신족肅愼族164)으로부터 전해져 삼국시대 이후 크게 성행했다.

이후, 매의 사냥과 사육을 위해 설치했던 관청으로 고려 때엔 응방鷹坊이 있었으며, 조선 시기엔 그 관청을 응방鷹房이라고 표

---

164) 만주(滿洲, Manchuria)와 연해주(沿海州, Primorye) 등 고대 동아시아에 살았던 퉁구스계 민족(Tungusic). 고대 읍루挹婁・말갈족靺鞨族・여진족女眞族・만주족滿洲族)의 조상이기도 하다.

기하였다. 2010년 유네스코에 등재된 문화유산 매사냥의 인간문화재인 응사鷹師는 2명뿐이다.

『삼국사기』 「김후직조金后稷條」에 신라 제26대 진평왕(眞平王, 567~632, 재위: 579~632)이 매사냥을 즐겼다는 기록이 있다.

『일본서기日本書紀』에는, 왜국 닌토쿠왕[仁德王] 43년 백제 왕족인 주군酒君이 매를 전하여 매사냥을 배웠으며, 모즈노[百舌野]에서 꿩을 사냥한 뒤로 응사부鷹飼部를 두어 매를 길렀다고 나온다.

『재물보才物譜』(1798, 정조 22)165)는 해동청을 '숑골매'라 하여 랴오둥[遼東]에서 나며 청색이라 하였고, 『물보物譜』(1802, 순조 2)166)에서는 해동청을 '거문나치'라 일컬었다.

이규경의 『오주연문장전산고五洲衍文長箋散稿』(본서 187-188쪽 참조)엔, '해주목海州牧과 백령진白翎鎭에 매가 많이 나고 전국에서 제일이다. 고려 때, 응방鷹坊을 두어 원나라에 세공歲貢하였다. 그래서 중국은 이 매를 해동청·보라응甫羅鷹이라 하였다.'고 나온다.

자고이래로, 매사냥의 전통은 세계적이어서 유럽 각지에서도 조정과 민간에서 장려되거나 하면서 오랫동안 전해져 왔다.

---

165) 조선 후기 학자 이만영(李晩永, 1748~?)이 집록輯錄·集錄한 유서(類書, 일종의 백과사전). 총 8권 4책. 필사본. 항목마다 상세한 설명과 철저한 출전을 달았으며, 여러 이본이 전해질 정도로 당대에 인기가 높았다. 태극太極·천보天譜·지보地譜 편인 제1권은 하늘과 땅의 이치 및 조선 내외의 지리를, 제2권부터 5권까지는 인보人譜 편으로 인간의 신체와 사람살이를, 제6-8권은 물보物譜 편으로 의복·동식물·음식 등을 다루었다. 서울대학교 규장각·국립중앙도서관·한국학중앙연구원 장서각 등에 소장되어 있다.

166) 조선 후기의 학자 이가환(李嘉煥, 1722~1779)이 각 물명物名마다 한자로 쓰고 이어 국어로 써넣는 초고를 작성했으며, 그의 아들 이재위(李載威, 1745~1826)가 이어받아 이를 체계적으로 분류·정리하여 엮은 어휘집. 1권 1책. 후손 이돈형李暾衡이 재위의 수필본手筆本으로 추정되는 사본을 소장하고 있다. 물명을 천생만물天生萬物과 인위만사人爲萬事로 구분하고 상·하 2편으로 나누었다. 광곽(匡郭, 서책에서 판의 사방에 둘러친 선)이 없는 판본이며, 근대국어 및 방언사 연구에 꽤 귀중한 자료이다.

📖 순우리말의 매 종류

○ [육]추매: 둥우리에서 갓 잡아 온 어린 매.

○ 보라매: 그해에 나서 길들인, 즉 태어난 지 1년이 넘지 않은 참매의 유조幼鳥. 대체로 온몸이 갈색으로, 가슴 털이 보라색 기미를 띠며, 흰 눈썹에 가슴과 배에 세로무늬가 있다. 야생화野生化가 덜 되어 길들이기가 아주 좋으며, 꿩만 보면 달려들기에 사냥 성공률이 높은 가장 우수한 사냥매이다. 젊은 매 답게 씩씩한 기상에 몸이 날렵하고 활동성이 강해, 공중에서 날개를 접고 급강하하여 다리로 차서 떨어뜨린 다음 잡아챈다. 날아오르는 힘도 강하다. 1년이 지나면 털갈이해서 가슴과 배의 세로무늬 털이 잿빛의 가로무늬로 바뀐다.

○ 수지니(← 수진手陳이): 새끼 때부터, 즉 보라매였다가, 사람의 손과 집에서 한 해 이상 여러 해 된 매로서, 매사냥꾼에게 훈련받고 길이 잘 들어 사람을 잘 따르는 참매.

○ 날지니: 나이에 상관없이 들에서 잡힌 야생 참매.

○ 갈지개: 1년 이내의 매.

○ 초지니: 1년과 2년 사이, 즉 2년 미만의 매.

○ 재지니(← 재진再陳이): 2년을 묵어서 세 살이 된 매.

○ 산지니(← 산진山陳이): 1년 이상 된 야생에서 포획하여 여러 해 된 매를 말한다. 가슴과 배의 세로무늬가 잿빛 털의 가로무늬로 바뀌어 있다. [흔히 '날지니'와 동일시한다.]

○ 삼지니/ 삼계참: 3년째 된 수지니나 산지니를 '삼계참'이라 하며, 그 이상 되면 동작이 느려 쓸모가 떨어진다.

한편, 이 매들을 두루 읊은 옛시조 한 편을 읽어보자.

이는 이른바 평시조의 정형률을 깨뜨린 산문시조(장시조)로서, 이름 모를 평민 가객들의 정서를 생동감 넘치게 풀어낸다.

> 바람도 쉬어 넘는 고개 구름이라도 쉬어 넘는 고개
> 산진山眞이 수진手眞이 해동청海東靑 보라매도 다 쉬어 넘는 고봉高峰 장성령長城嶺 [고개]
> 그 너머 님이 왔다 하면 나는 아니 한 번도 쉬어 넘어가리라(넘으리라)
> ― 조선 후기 작자 미상의 산문시조. • 출전: 『병와가곡집甁窩歌曲集』・『청구영언靑丘永言』・『악학습령樂學拾零』.

▶ 장성령長城嶺 고개: ① 전남 장성군長城郡과 전북 정읍시井邑市의 경계에 있는 갈재[노령蘆嶺] 고개. ② 길고 긴 성이 있는 고개, 또는 긴 성처럼 높은 고개. 여기서는 ②의 뜻인 듯.
▶ 아니 한 번도 쉬어: 즉, 한달음에. 단숨에.

위 시조는 사모思慕의 심정을 우수한 문학성으로 형상화한 전형적인 연모가戀慕歌이다. 내용인즉슨, 바람과 구름은 물론이고 산에서 여러 해 자란 야생 산지니나 집에서 사람이 기른 수지니나 매사냥에 쓰는 송골매나 보라매 등 높이 나는 날쌘 매마저도, 쉬었다 넘어가는 저 성벽 높은 갈재의 산마루일지언정, 님이 와 있다는 기별만 있다면 단숨에 넘어가겠다고 화자는 단언한다. 그럴 정도로, 님을 향한 사모의 의지를 여실히 드러낸다.

여기서, 전통 유교 봉건 사회의 엄한 남녀유별을 벗어나, 사랑을 성취하고자 하는 연애 감정을 적극적으로 밝히는 데 온갖 매 종류들을 다 동원한 이 생활 정서야말로, 진정한 근대 정신의 시발이라고 아니 할 수가 없다.

▲ 동심·기묘·진경의 종합판인 시장 속 백성의 모습을 묘사한 이옥(李鈺, 1760~1813)의 글「시기市記」를 읽고 그린 그림.
(이옥: 본서 225-230쪽 참조)

• 출처: 한성주_[조선 지식인의 글쓰기 철학] ⑤ 진경(眞景)의 미학…글은 살아있는 풍경이다 ⑫ (http://www.iheadlinenews.co.kr › news › articleView/) 2016. 2. 19.

제4부 월평유거月坪幽居

가고래佳故來 무시가無是佳 무시래無是來

하루하루 정신없이 사는 데 내 코가 석 자이다 보니, 요즘 세월에 아련한 미감美感 같은 것은 언감생심이다. 허겁지겁 아등바등 허둥지둥 갈팡질팡 티격태격 옥신각신 아웅다웅 … 지지부진한 일상을 질질 끌면서 속절없이 세월만 축내는 삶이려니…

조선 후기, 제22대 왕 **정조**(正祖, 재위: 1776~1800)는 '문체반정文體反正'이라 하여, 패관잡문稗官雜文이나 소설문체를 배척하고 순정고문醇正古文으로 환원하려는 문풍文風 개혁정책을 대대적으로 시행하였다. 그리고 이에 반反하는 문장가들을 핍박하였다. 그런데도 그에 아랑곳하지 않고 글쟁이 **이옥**(李鈺, 1760~1813)은 그 특유의 방자한 소설문체를 옹골차게 구사하였다.

당시의 문신 **김려**(金鑢, 1766~1822)는 절친한 벗인 문무자文無子 이옥의 시문詩文들을 일일이 교정 보아 엮어서, 문집 『담정총서潭庭叢書』에 두둑하게 실었다. 그 책에 수록된 이옥의 글 11편 가운데, 유산기遊山記인 「중흥유기重興遊記」는, 비록 전형적인 만연체蔓衍體이긴 하나, 북한산北漢山에 대한 소회가 어찌나 솔직하고 심미적인지, 독자로선 떡 벌어진 입이 얼른 다물어지지 않는다.

1793년, 이옥이 북한산을 유람하면서 기록한 이 산행기는 산의 자연 풍광을 감칠맛 나게 그려낸다. 그 짤막한 말미인 「총론總論 일칙一則」에, 그는 '아름다울 가佳'자를 무려 52회나 집중 투여(?)하였다. [처음 누군가의 착오를 다들 생각 없이 퍼 나르다 보니, 항간에 51회로 잘못 알려지기도 했다.] 그리고 '아름다울 미美'자가 딱 한 번 나온다. 52회나 가한 '가佳'자의 십자포화 가운데 마지막 두 번은 묘한 기취機趣를 이렇게 휘갑친다.

> [그저] 아름답기에 왔노라. 아름답지 않았더라면 [아예] 오지도 않았으리라. *(이하 졸역)*
>
> 가고래(佳故來)。 무시가(無是佳), 무시래(無是來)。

심산유곡의 그윽한 풍광이 산인山人의 심신에 가득 채워주는 그 심미감을 이보다 어찌 더 잘 피력할 수 있으랴.

이 산행기 앞부분의 「약속約束 5칙五則」을 보면, **이옥**과 그 벗들은 북한성(北漢城, 북한산성) 등반을 기약하고서, 당일 스스로 삼장법三章法 즉 세 가지 산행 규칙을 정하는데, 그것은 시와 술 및 몸가짐에 관한 것들이었다. 그 가운데 첫 번째인 '계시戒詩' 즉 '시를 지을 때 삼가야 할 계율'은 이러하다.

> '시 속의 사람'을 짓되, '사람 속의 시'를 짓지 말 일이며, '시 속의 풍경'이 되게끔 짓되 '풍경 속의 시'가 되게끔 해선 안 될 터이다.
>
> 일왈계시(一曰戒詩): 작시중인(作詩中人), 불가작인중시(不可作人中詩), 위시중경(爲詩中景), 불가위경중시(不可爲景中詩)。

그 풀이야 분분하련만, 다른 이들의 손때가 덕지덕지 묻은 글을 쓰지 말고 오롯이 자기만의 고유한 독창적 글을 쓰자는 취지라면, 다름 아니라 이는 작가의 작업 정신에 관하여 넌지시 던진 지극한 자기 다짐이자 훈계라고 할 수 있겠다.

문체반정의 희생자로서 이단시된 불우한 삶을 버팅겨 나가면서도, **이옥**은 자신만의 거칠고 활달한 문체를 고집스레 소신껏 고수하였다. 그리하여 조선 후기의 시문 반열에 능동적 주체성의 깃발을 꼿꼿이 꽂아 드높이 휘날렸다.

오늘날의 문사들로서 우리 또한 시류에 굴하지 않는 자기만의 정신을 견지하기란 얼마나 고되면서도 고귀한 일이 아니랴.

모름지기 문학예술은 단순한 호사 취미를 넘어, 우리 모두에게 인간 고유의 심미성을 충족시켜 주는 동시에, 생의 충일감을 고조시켜주는 그 효용성만으로도 존립 가치가 크다. 궁기에 허덕이면서도 제 작업에 매달리는 예술인들의 노고가 인류 문화 가치를 얼마나 격상시켜 왔는지 어찌 다 필설로 읊으랴.

그러므로 나라 안팎의 시국이 소요騷擾스러워 별 고약한 병란兵亂의 역적 짓이 설쳐대는 시절일지언정, 현대 지성인들로서 우리는 험악한 삶의 전선에서 죽은 미감을 일깨워주는 모든 예술 작업을 더욱 더 존엄하게 여겨야 하지 않겠는가.

이옥의 「중흥유기重興遊記」를 끈기 있게 다 읽어보자.

○「약속5칙約束五則」

도성都城 문을 나서면서 삼장三章의 법을 세워 놓았다.

첫째, 시詩에 관한 규율. 시 속의 사람을 지을 것이로되 사람 속의 시를 지어서는 아니 되며, 시 속의 경치가 되게 할 것이로되 경치 속의 시가 되어서는 안 될 터.

둘째, 술에 관한 규율. 산골짜기나 개울가에 용케 주막이 서 있거든 술이 붉은지 누런지 묻지 말 일이며, 맑은지 걸쭉한지 묻지 말 일이며, 술 파는 여자가 어떠한지 또한 묻지 말 것이다. 우리네 숫자가 많은들 [서로] 허락하지 않으면 마시지 않고 그냥 지나간다. 술이란 한 잔을 마시면 화기가 돌고, 두 잔을 마시면 취기가 오르며, 석 잔을 마시면 노래를 불러대기 마련인데, 노래가 아니 나오면 대취하여 춤을 추기에 이르고 만다. [그러므로]

술을 마시되 석 잔까지 마시는 일은 결코 허용치 않는다. 석가여래가 이 금과옥조金科玉條를 증명해 줄 것이다.

셋째, 몸가짐에 관한 규율. 기왕에 지팡이를 짚고 짚신을 신어 채비를 마친 채 이미 옷까지 걷어 올렸으니, 몸을 기울여 올라도 되고, 험한 비탈을 올라도 되며, 무너진 다리를 뛰어 건너도 되고, 험한 구렁을 누벼도 된다. 그러나 백운대白雲臺에 오르려는 것만은 절대 안 된다. 올라갈 수 없어서가 아니라, 올라가면 안 되는 것이다. 이 말을 어기는 이가 있으면 산신山神이 그를 용서하지 않으리라.

約束五則

立三章法。一曰戒詩。作詩中人, 不可作人中詩。爲詩中景, 不可爲景中詩。二曰戒酒。山坳水涯, 幸而酒家, 勿問紅鵝。勿問波渣。勿問當壚者之如何。不許我衆, 不飮而過。一杯而和, 二杯而酡, 三杯而歌, 不歌則佐。一切勿許飮至三螺。如來釋迦, 證此金科。三曰戒身。旣杖旣履而綦, 旣扱衣。仄蹬可, 峻阪可, 踔崩橋可, 陡壑可。白雲臺不可。匪不能, 不可也。有渝此言, 山神其原諸。

○ 「총론일칙總論一則」

바람은 잔잔하고 이슬은 맑아 깨끗하니 8월은 **아름다운** 계절이며, 물이 흘러 움직이고 산도 고요하니 북한산은 **아름다운** 지경地境이로다. 화락和樂하고 순박하며 한결같고 멋들어진[개제순미豈弟洵美한] 이들 몇몇은 다들 **아름다운** 선비들이다. 이런 이들과 더욱 어울리며 이런 경계에 노니는 일이 어찌 **아름답지** 않으리오? 자동紫峒을 지나니 경치가 **아름답고**, 세검정洗劍亭에 오르니 아름답고, 승가사僧伽寺의 문루門樓에 오르니 아름답고, 문수사文殊寺의 문에 오르니 아름답고, 대성문大成門에 임하니 아름답고, 중흥사重興寺 동구峒口에 들어가니 아름답고, 용암봉龍岩峰에 오르니 아름답고, 백운대白雲臺 아래 기슭에 임하니 아름답고, 상운사祥雲寺 동구가 아름답고, 폭포가 빼어나게 아름답고, 대서문大西門 또한 아름답고, 서수구西水口가 아름답고, 칠유암七游岩이 매우 아름답고, 백운동문白雲峒門과 청하동문靑霞峒門이 아름답고, 산영루山暎樓가 대단히 아름답고, 손가장孫家莊이 아름다우며, 정릉동구貞陵洞口가 아름답고, 동성東城 바깥 모래펄에서 여러 마리 내달리는 말을 보니 아름다웠다.

3일 만에 다시 도성으로 들어와 취렴翠帘·방사坊肆·홍진紅塵·거마車馬를 보니 더욱 아름답다. 아침도 아름답고 저녁도 아름답고, 맑은 날씨도 아름답고 흐린 날씨마저 아름답다. 산도 아름답고 물도 아름답고 단풍도 아름답고 바위도 아름답다. 멀리서 조망해도 아름답고 가까이 가서 보아도 아름답고 불상도 아름답고 승려도 아름답다. 아름다운 안주 없이도 탁주 또한 아름답고, [들어줄] 아름다운 사람이 없어도 초가(樵歌, 나무꾼의 노래) 또한 아름답구나. 요컨대 그윽하여 아름다운 데가 있고 밝아서 아름다운 데도 있다. 탁 트여서 아름다운 데가 있고 높아서 아름다운 데가 있으며, 담담淡淡하여 아름다운 데가 있고 번잡하여 아름다운 데가 있도다. 고요하여 아름다운 데가 있고, 적막하여 아름다운 데가 있다. 어디를 가든 아름답지 않은 데가 없고, 누구와 함께하든 아름답지 않은 데가 없다. 아름다운 것이 [어찌] 이처럼 많을 수 있단 말인가?

이자李子는 단언하노라. '아름답기 때문에 왔노라. 아름답지 않다면 아예 오지도 않았으리라.'

總論一則

風枯露潔, 八月佳節也。 水動山靜, 北漢佳境也。 豈弟洵美二三子, 皆佳士也。 以玆游於玆, 如之何游之不佳也。 過紫峒佳。 登洗劍亭佳。 登僧伽門樓佳。 上文殊門佳。 臨大成門佳。 入重興峒口佳。 登龍岩峰佳。 臨白雲下麓佳。 祥雲山峒口佳。 簾瀑絕佳。 大西門亦佳。 西水口佳。 七游岩極佳。 白雲靑霞二峒門佳。 山暎樓絕佳。 孫家莊佳。 貞陵洞口佳。 東城外平沙。 見群馳馬者佳。 三日復入城。 見翠帘・坊肆・紅塵・車馬更佳。 朝亦佳。 暮亦佳。 晴亦佳。 陰亦佳。 山亦佳。 水亦佳。 楓亦佳。 石亦佳。 遠眺亦佳。 近逼亦佳。 佛亦佳。 僧亦佳。 雖無佳殽。 濁酒亦佳。 雖無佳人。 樵歌亦佳。 要之, 有幽而佳者。 有爽而佳者。 有谿而佳者。 有危而佳者。 有淡而佳者。 有縟而佳者。 有耐而佳者。 有寂而佳者。 無往不佳。 無與不佳。 佳若是其多乎哉。 李子曰。 佳故來。 無是佳。 無是來。

— 이상 출처: 『이옥 전집』
(문화콘텐츠닷컴(문화원형백과 유산기), 2005. 한국콘텐츠진흥원)

이옥은 마치 '과유불급過猶不及'이란 성어를 피식 비웃기라도 하듯이 '아름다울 가佳' 자를 하염없이 남발하는 양 보이나, 실인즉 역설적이게도 더 이상의 미적 감흥 표현이 오히려 불가함을 그 밑도 끝도 없을 듯한 반복법과 열거법의 수사법修辭法을 양껏 발휘하여 널리 전시한 것이다.

동일어의 무수한 되풀이 외에는 더 나은 표출 방안을 찾을 수 없을 정도로, 과연 내 지나온 생에 있어서도 미적 감흥을 저처럼 황홀하게 느껴본 적이 있었던가.

앞으로도 나에게 그러한 일이 있기나 할까.

월평유거 月坪幽居

'어느 인간도 외딴섬 그 자체로만 지낼 수 없다.'
— 존 던, 「누구를 위하여 조종弔鐘은 울리나」(「명상시 17번」, 1624)에서
'No Man is an island, entire of itself'
(John Donne, *For whom the bell tolls*, MEDITATION XVII, 1624)

1

폐품창고라 해도 어김없을 '지리산 문학관'의 다락방 왼쪽 창을 보면, 골짜기가 산자락들을 잡아끌며 함양군咸陽郡 휴천면休川面 소재지 쪽으로 차박차박 내려간다.

저 멀리 대봉산(大鳳山, 약 1,250m)의 아련한 산꼭대기에서 '집라인(zip-line) 타워'가 흰빛을 번득인다. 원래 '갓걸이산'인데, 태곳적 천지개벽 때 정상의 바위 지대가 갓 하나 걸어둘 만큼만 남고 모두 물에 잠겨서 그 이름으로 불렸다고 한다. 왜정 때는 '선비가 벼슬에서 물러나 갓을 벗어 건다'는 뜻으로 괘관산掛冠山이라는 억지 이름을 붙여 큰 인물이 배출되는 일을 미연에 저지하고자 하였다. 근자에, 큰 인물이 나기를 염원하는 뜻을 모아 '큰 봉황의 산'이라는 현 명칭으로 바꿨다나 뭐라나.

지난 9월 하순, 사)한국문학관협회 주관 및 문화체육관광부와 한국문화예술위원회의 후원으로, 2022년 10월에서 12월까지 3개월 입주작가로 선정된 **백남구**白南鳩 사형詞兄과 나는 휴천면 월평리月坪里 소재의 '지리산 문학관'에 들어왔다.

작가로서, 해찰이 심해질 수밖에 없는 일상 수고를 덜고 번거로운 시정市井에서 벗어나 창작에 몰입할 수 있는 공간을 바라지

않는 이는 거의 없을 터. 그런데도 창작 환경이 잘 조성된 저만의 아틀리에(Atelier)를 갖춘 작가는 썩 많지 않다. 여러 기관들에서 '창작실 제공 제도'를 시행하는 모양이지만, 대개는 공동생활로 인한 주의 산만이나 끼니의 각자 해결 등의 고질적인 문제 탓에 입주가 선뜻 내키지 않아 한다.

그런데 이번 기획은 독방과 숙식을 다 지원해준다고 하니 평소 꿈꾸어 오던바 자못 낭만적인 산촌의 집필 공간이 상상되어서 기대감이 컸다. 흔히 말하기를, 문방미학文房美學의 최고 이상이랄 수 있는 '일점一點 속기 없이 문방청완文房淸玩의 기풍이 자리한 이상적인 집필 방', 굳이 넓지 않아도 늘 밝고 정갈하며 조촐하게 문방文房 가구들이 잡아 주는 간결한 고요의 질서에 더하여, 그 적막한 실내가 맑은 명암으로 조도照度를 변조하면서 해초처럼 고조곤히 일렁인다면 뭘 더 바라랴.

이 골짝에 들어온 10월 초 며칠간, 바람이 거세고 흐렸다.

거의 일주일 뒤에야 산속의 별밭 청야淸夜를 즐길 수 있었다. 젖내 밴 땀띠약 가루처럼 분분히 날리는 달빛은 사늘한 촉감으로 퍼렇게 부유浮遊하며 대기 가운데 떠돌았다. 삶의 한 막간인 낯선 산촌의 삼경三更에 초치招致되어, 뭐랄까, 침잠의 늪과도 같은 멍한 상태에 빠지는 그 몰아경沒我境이란!

2

조선 중기, 탁영濯纓 김일손(金馹孫, 1464~1498)의 두류산(頭流山, 지리산) 유람기행문 『속두류록續頭流錄』을 보면, 그 일행은 천령(天嶺, 현 함양)의 남문을 나와 '제한蹄閑'에서부터 지리산으로 들어선다. 이 '제한'이 민간 구어체에서 모음변화와 ㅎ탈락을 거치며 '지안'으로 굳어졌는데, 그 언어 변천의 흔적이 '지안재'[←蹄閒峙,

제한치, 370m]라는 명칭에 여전히 남아 있는 걸 볼 수 있다.

　1023번 지방도로는 숨찬 능구렁이처럼 1.2km 남짓 되는 제 몸뚱어리를 여섯 구비 반이나 또아리 틀며, 바로 그 지안재로 올라선다. 역마살이 현기증을 뿜어내며 치켜든 이 고갯길은 극한의 곡선이 자아낸 관능미가 사뭇 고혹적이다. 감도感度를 낮게 열어놓은 노광露光 조리개의 사진발 파인더(viewfinder)로 단숨에 잡히는 이 길의 야간 궤적은 잔뜩 제 열정에 들뜬 붉은 화사花蛇가 영락없어서 그 변신이 황홀하기만 하다.

　길은 곧 휴천면 월평리月坪里로 돌아든다.

　날씨 흐려 안개 낀 날엔 구름이 마을을 감싸는데, 마침 달까지 휘영청 뜨면 그 형국은 '구름 속 반달'격이란다. 칡넝쿨이 눈에 띄게 쭉쭉 뻗어 오르는 인근 산골에서 심심찮게 텃까마귀들이 떠올라 울어대면서 푸른 하늘에 제 날개깃의 금을 긋는다.

　긴 굽이굽이 오르막 끝에, 길은 지리산 관문의 입구 오도재(悟道嶺, 773m)에 이른다. 지네의 머리형으로 숱한 지관들의 발길을 끄는 이 잿마루에서 삼봉산(三峯山, 1,187m)과 법화산(法華山, 911m)이 손을 맞잡는다. 이 고비에 가슴 큰 백자처럼 티 없는 태양이 우뚝 서 있다. 숨 할딱이며 삼봉산 정상까지 오르면, 나그네의 시야로 왼쪽 끝 제1봉 천왕봉(天王峰, 1,915m) 인근부터 오른쪽 끝 노고단(老姑壇, 1,507m)까지 백두대간 45km 준령이 병풍처럼 한 겹에 들어온다. 용오름으로 치켜든 천왕봉 아래로 빼꼼히 뚫린 통천문通天門 바위틈 샛길이 선히 보이는 듯도 하다. 이곳은 지리산 전경全景을 우리네 모자란 안폭眼幅으로도 한눈에 담을 수 있는 거의 유일한 지점이다. 오도재 너머 좀 아래의 조망공원에서는 천왕봉부터 제2봉 반야봉(般若峰, 1,732m)까지만 한눈에 든다.

　투박한 물항아리 같은 모진 세월을 한 동이씩 이거나 짊어진

산 등줄기가 두꺼비 배인 양 불룩한 알통을 내밀며 굴러가는데, 산은 계절에 아랑곳없이 운해雲海 낀 모습만큼은 언제라도 보여줄 채비를 해둔 듯하다. 생리적으로 제 가슴 위쪽만을 보여주는 첩첩 산들은 어깨 짬을 겨루며 우람한 맵시를 쭉쭉 뻗는다. 그 아득한 운평선雲平線을 멀거니 바라다보면, 어렴풋이 유한有限이 무한無限 속으로 무한이 유한 속으로 마구 통섭通涉하는 듯한 현기증이 아릿하게 치민다.

조선 중기에, 청허淸虛 휴정(休靜, 서산대사西山大師, 1520~1604)의 제자인 청매靑梅 인오조사(印悟祖師, 1548~1623)가 마천면馬川面 삼정리三丁里 영원사靈源寺 도솔암兜率庵으로 수도차 넘나들다가 도를 깨쳤다는 데서 이 높은 고개를 '오도재'라고 부르게 되었다는데, 그가 지은 게송偈頌 한 번 어희語戲를 한참 부렸다.

    깨달음이란 깨닫는 것도 깨닫지 않는 것도 아니니
    깨달음 자체가 깨달음 없이 깨달음을 깨닫는 것이로다.
    깨달음을 깨닫는다는 건 깨달음을 깨닫는 게 아닐진대
    어찌 홀로 참 깨달음이라 이름 붙여 일컫느뇨.

    각비각비각(覺非覺非覺), 각무각각각(覺無覺覺覺).
    각각비각각(覺覺非覺覺), 기독명진각(豈獨名眞覺).
    — 인오조사,「십이각시十二覺時」('각覺' 자가 12번 든 시) 전문.

소리 내어 읽으니 마치 까마귀가 깍깍거리는 듯하여 피식 실소失笑가 인다. 내 그 미지微旨를 다 헤아릴 수 없지만, 그 고갯길을 '오도烏道재' 즉 '까마귓길 재'라고 장난삼아 부른들 하등 이상할 바 없겠다.

천하 만상에 속속들이 깃든 가상假象의 마력은 그 실체를 삭제한다는 데 있다. 그리하여 그 실상實像이 아리송한 속세의 품 안으로 곤두박질치는 이 잿길은 마천면 구양리九楊里에 잇닿고 곧이어 지리산 칠선계곡七仙溪谷에 들어선다.

이는 설악산 천불동계곡千佛洞溪谷 및 한라산 탐라계곡耽羅溪谷과 더불어 남한의 3대 계곡에 속한다.

3

폐교된 분교 터인 여기 문학관 마당은 코스모스가 잡초 무더기에 섞여 쑥대밭을 이루었다. 무성한 등나무 넝쿨들이 길가 쪽 담을 채워 넘더니, 그예 성이 차지 않는 듯 앞마당 흙 속을 파고들어 뒤따라온 칡넝쿨과 함께 뒤얽혀 관내 전체를 점유하였다. 덩굴을 왼쪽으로 감으며 올라가는 '칡 갈葛'과 오른쪽으로 감으며 올라가는 '등나무 등藤'이 축자逐字 그대로 '갈등'을 벌이며 뒤엉키어 들었다. 아무리 산골이지만 저 바깥 속세의 지금 형편을 그대로 투사하는 게 아닌가 싶다. 마침, 저만치 폐가 한 채가 상처투성이 산짐승의 사체死體처럼 나자빠져 있고, 바로 그 옆엔 퇴락한 '묏똥' 한 기基까지 가파른 비탈에 엎어질 듯 거꾸러져 있어서, 이건 순 폐가 체험 수준이나 다름없었다.

불안하게 버텨선 본관 위쪽의 단층 짜리 옛 교사校舍에는 '사봉 장순하 시조 기념관'이라는 빛바랜 간판이 고단하게 얹혀 있다. 여기엔 우리 전라북도 정읍井邑 출신으로 현대시조의 개척자이신 사봉史峯 장순하(張諄河, 1928~2022) 선생의 도서 수만 권이 소장되어 있다. 하지만, 아주 오래된 헌책방 아니면 고물상이나 진배없을 만치 그 보관방식이 너무나 허술하고 처참하여, 차마 눈 뜨고 보기가 민망하기 그지없다.

여말선초麗末鮮初로부터 700년 역사를 간직한 한민족 유일의 정통 민족 정형시가民族定型詩歌 시조는 본래 조선의 개국이념인 유교 이데올로기의 선전도구로서 신흥사대부에 의해 그 형태적 완성이 이루어졌다.

양반 지배계층의 여기餘技 문화로 전전해 오던 시조는 조선 후기인 17~18세기에 획기적인 분수령을 넘어선다. 당시 허망한 유학이념의 위선과 무능이 여실해지자, 바야흐로 국내에 유입된 실학사상 즉 실사구시實事求是의 시대정신에 힘입어 시조는 이른바 산문시조(散文時調, 장시조長時調)라는 충격적인 변혁을 이룩해냄과 동시에, 사상 최초로 피지배계층의 개인적 생활감정을 그대로 시화詩化해 내는 근대 의식을 표출한다. 이의 중심에는 역시 우리 전북 전주 출신의 노가재老歌齋 김수장(金壽長, 1690(숙종 16)~?)을 중심으로 한 만횡청류蔓橫淸流의 무명 작가들이 있었다.

이후로 국세가 나날이 기울어가던 차에 시조 문학도 긴 정체기에 접어든다. 급기야 일제강점기에 한민족 고유의 정형시가定型詩歌 시조를 향한 새로운 각성이 이는데, 현대시조의 비조鼻祖인 가람嘉藍 이병기(李秉岐, 1891~1968) 선생이 이를 선도한다. 가람은 현대적 감성의 시조 창작과 더불어 출중한 학식으로 시조의 이론적 정립뿐만 아니라 산문시조의 재발굴과 [현대인의 생활감정이 밴] 현대시조의 창작에 커다란 이정표를 드높이 내걸었다.

이러한 창작과 이론의 소위 '쌍칼잡이' 전통을 이어받은 이가 곧 사봉 장순하이다. 그는 현대시조의 형태론과 내용 혁신에 있어서 획기적인 평론들을 《현대문학》에 연이어 발표하였다. 가람이 선보였던 주지주의의 기조를 이어받아, 선생은 주정주의 일색과 여성적 애상의 주변머리를 못 벗어나던 당시 풍조를 일갈一喝하며 이지적이고 혁신적인 시조 작품들을 거듭 창작한다.

가령, 선생의 「고무신」은 시조에 입체주의[큐비즘(cubism)]를 도입한 최초의 창의적 시도였다. 또한 그는 산문시조(장시조)의 발흥에 관심을 기울이면서, 특히 작품 한 수에 산문시조와 평시조를 섞여 구성한 이른바 '복합시조複合時調'를 사상 최초로 창안한다. 바로 「뇌병원腦病院 분원分院」과 「기원起源의 장章」이 바로 그러한 작품들이다. [이 작품들은 사봉의 첫 시조집 『백색부白色賦』(일지사一志社, 1968)에 의연히 수록되어 있다.]

요컨대, 가람의 혁신성을 사사師事 받은 사봉은 ① 시조 이론과 창작을 겸비하고, ② 주지주의 시조를 꽃 피웠으며, ③ 시조 양식에 서구적 해체주의를 도입한데다가, ④ 복합시조를 창안함으로써, 구태의연하고 지리멸렬했던 시조에 첨예한 현대적 요소를 가미하는 등 '공곡空谷의 전성傳聲'을 이루었다. 이렇게 당시의 고주의적擬古主義的 행태에 염증을 느끼던 젊은 시조인들을 양성하는 데 앞장을 서면서, 마땅히도 그는 타의 추종을 감히 불허하는 작가 정신으로써 진정한 현대시조의 개척자이자 완성자로 자리매김하게 되었던 것이다.

과연 지리산 문학관이 이렇게 한발 앞서 간 사봉의 시조 정신을 얼마나 인지하는지는 알 수 없으나, 그나마 그의 시조 정신을 기리려고 한다는 측면에서 내 마음을 적이 달래어 본다.

4

큼큼한 시궁창 냄새가 늘 감도는 허무의 공동지대空洞地帶.
나름 산술학적으로 세워진 조립식 본관 구조물이 음산한 쑥대밭 위로 알량한 위풍을 과시하는 그 뒤란엔 옆구리가 기하학적으로 터진 폐벌통들이 가시넝쿨과 살을 섞으며 헝클어져 있다.
흔히들 '예술은 갈 데까지 감으로써 성립된다'고 한다. 하지만 예술가는 내면의 깊은 고뇌에서 현실을 얼른 덜어내기가 쉽지 않다. 그럴지언정 현실은 바깥 미래로 잇닿는 마당이다. 이 초입을 통하지 않고서는 미지의 야외벌판을 내다볼 수 없다. 아 프리오리(a priori) 즉 선험적先驗的으로는 도저히 상상이 가지 않는 예술의 속내를 탐사하기란 지난至難한 일이다. 마치 펜을 백지 위로 치달리게 하는 어떤 신령스러운 영감에 쓰인 듯이, 사로잡힌 자의 광기가 치밀어 시詩가 거침새 없이 막 쏟아져 나올 듯 할 때, 언어는 인간의 폭력적 사고로 순수성을 그냥 잃어버린다. 언어는 그 순결성을 잃어버려야 비로소 성장 일로로 진입한다.

새벽마다 절대 정밀靜謐의 미명未明이 밀려왔다. 무의식의 심저에 아직 미련 어린 꿈결이 남아서 선잠 깬 눈으로 게슴츠레 여명을 떠들치면, 사봉 선생님의 4남인 규재 씨가 어느새 방갈로 카페의 화목난로 연기 속에 묻힌 채 약간 사시斜視인 듯한 오묘한 표정으로 산촌의 머언 동녘을 바라보면서 익숙한 체념으로 하루를 맞이한다. 낡은 혁대 같은 길쭉한 전락轉落이 그 해진 끝을 스스로 만지작거리는 듯, 그가 여기서 보낸 10년 성상星霜은 절망도 무망無望도 맥없는 애증愛憎으로 내려앉고 말았다. 도道와 몰락沒落의 공통분모는 벼락처럼 불현듯 돈오頓悟로 닥치는 게 아니라 서서히 점수漸修로 누적된 결과라는 데 있지 않나 싶다.

아침 7시면 우리는 정 씨丁氏와 홍천댁洪川宅 부부의 집으로 가서 조반을 먹었다. 순박한 누이 같은 홍천댁의 손끝이 차려내는 음식은 소박하나 깔끔하며 질박하나 성의가 깊다. 전라도 특유의 감칠맛에 익숙한 내 입맛은 타관에 가면 까탈스러워지는 통에 웬만하면 굶고 버티다가 전주로 돌아와서야 요기를 때우곤 했건만, 나는 그의 손맛에 대뜸 익숙해졌다. 밥은 늘 오곡 약밥이었고 반찬은 손수 가꾼 산채山菜들이 주를 이루었다. 특히나 언젠가 점심때 먹은 꼬막무침 비빔밥은 영 잊을래야 잊을 수 없는 특식 가운데 하나였다.

음식 맛은 객 맞이 정성에 달려 있다. 정성은 여유를 명주실처럼 자아낸다. 우리는 뜨내기 객이기에 앞서 '식구' 대접을 받았다. 그것도 군식구나 객식구가 아닌 '느긋한 밥상머리 가족'으로서 말이다. 본시 식구食口란 '같이 밥 먹는 입'이며, 이는 '한 솥밥을 노나 먹는 끼니 동아리' 아닌가. 제 아내를 '우리 식구'라고 소개하는 친근한 관행을 감안할 때, 같이 밥 먹고 지내는 사이가 아니라면 일가친척 핏줄이라도 '식구'는 아닐 수 있다. 요즘 도회 위주의 산업 문명 탓에 가족 동반 식사의 비율과 그 의미가 급격히 퇴색해 간다지만, 이 '식구 습속'의 회복 여부가 우리 사회의 존속 여부를 가늠하는 척도일지도 모르겠다.

 식사 후에는 종종 **백** 사형과 함께 산길을 걸어서 문학관으로 돌아왔다. 오르막과 내리막이 섞인 길의 오르막 지점에 이르면 숨 좀 돌릴 겸하여 방금 걸어온 길을 되돌아보았다. 차츰 디딤도 편해지던 만산홍엽滿山紅葉 묏길은 구불구불하고 가팔랐다. 미처 못 본 굽이들이 방금 지나쳐간 우리네 꼭뒤를 멀거니 따라오다 말고 짐짓 딴전을 부린다. 곳곳에 휴경지들이 한 필지씩 잡초 다발을 뒤집어쓴 채 버려져 있다. 차에 깔려 포를 뜬 듯 죽은 채 널린 꽃뱀의 사체들도 보였다. 저 아래로 송전탑들이 상처 입은 이무기처럼 고압선의 고삐 줄을 매어 달고 어디론가 끌려간다. 가을의 심호흡이 검붉은 가래침으로 발밑에 질척거렸고, 약간 가물었는데도 개울마다 추수秋水는 맑은 하늘을 가득 품은 채 조락凋落의 시구詩句 같은 소리를 쉴 새 없이 읊조려대었다.

 이 산촌에선 대륙의 변방처럼 사방팔방에서 허허로이 에워싸오는 금만평야의 무한 지평선이 얼른 상상되지 않는다. 전주 쪽의 먼 산들이 해일처럼 울끈불끈 발돋음하며 서해 쪽으로 고개를 기웃거리는 저 호남평야에서는 대지가 뒤틀리며 비틀거려도 어지러움을 안 느낀다. 이곳 산간마을에선 조금만 땅이 흔들려도 산봉우리들이 바윗돌처럼 막 굴러내릴 듯하다.

능선 틈틈이 밀밀한 억새들이 황금비율로 넘실댄다. 산은 구불거리는 오솔길을 똘똘 말면서 드디어 한 해의 수고를 베풀기 시작한다. 가을 미학은 낙과에 있다. 여름내 명상의 내실을 다진 추기秋氣 속에서 호두나 밤톨 줍기가 여간 재미진 게 아니다. 실과들은 한꺼번에 다 떨어지지 않고 몇 개씩 몇 주일간에 걸쳐 시나브로 떨어진다. 묏길을 올라갈 때 몇 개씩 줍다가 다시 발길을 돌려 내려오다 보면 금방 몇 개씩 또 떨어져 있다. 왼종일 파적破寂 삼아 오르내리다 보면 어느새 주워 담은 밤이나 호두가 커다란 종이봉지에 한가득이다.

5

난리 속 같았던 앞마당 방갈로를 새로이 단장하고, 당장이라도 쓰러질 듯한 뒷마당 창고를 옮겨 재건립하였다. 창고의 철제 문짝은 어느 '게임방' 가게의 철거 현장에서 구해온 재활용품이었다. 문짝엔 '게임방'의 '임'자에서 받침 ㅁ자가 떨어져 나가 '게이방'이라는 글자만 뚜렷이 남아 있어, 그 헛간은 영원히 '게이방'이 되고 말았다. 우리가 입주한 뒤로 거의 보름 만에야, 마당 안팎에 우거진 잡초와 나무들이 어느 정도 정비되면서 음산한 흉가의 인상이 다소 가셨다.

인간미의 독보적인 존재감이라곤 앞마당의 '카페 다원'에서만 볼 수 있을 성싶다. 기껏해야 허술한 비닐과 플라스틱 강판 지붕으로 된 비닐하우스에 불과하지만, 명색이나마 그럴싸한 이름으로 구색을 갖췄다. 몽상의 포화상태를 연일 이기지 못한 우리 홀아비 세 명이 스스로 위안 삼고자 그런 허울 좋은 이름을 달았다. 카페는 불면계不眠界 속에 존재한다. 각성도 숙면도 아닌 가수假睡 상태의 중간계 영역, 어쩌면 속세도 선계仙界도 아니고 입산도 환속도 아닌 만화경 속 같은 경지, 제 존재 의미에 관한 온갖 회의에 빠진 채 논밭과 산허리를 타고 올라가다가 산등성이에 주저앉고만 그 도중 경계. 이곳은 저 아래 속세의 통속계도 아니고 저 위 오도재의 각성계도 아닌 문자 그대로 중간계이다. 아, 세상에 숨어든 자여, 영락零落한 허세만 잔뜩 차고 넘치는 이곳의 품 안에 안겨 통속通俗과 탈속脫俗의 중간계, 즉 그 1.5의 현상계에서 살으리랏다.

그나저나 내 관견管見을 밝히건대, 이 카페엔 영업 비밀(?)이 구석 구석마다 숨어 있다. '다원'이라는 목조간판도 문 바깥쪽이 아니라 안쪽 문지방 위에 숨바꼭질하는 양 살그머니 걸려 있다. 일단 안에 들어서면, 누구나 철부지 꼬마처럼 행여나 하고 문간의 냉장고 두 짝 문을 활짝 열어제킨다. 순식간에 그 속을 스캔한 눈길은 역시나 하며, 손길에게 쿵 닫아버리라고 훈령한다. 늘 헛배가 부른 냉장고는 빈 선반만 가득한 헛부자이다. 속에 든 일부 내용물 가운데는 유통기한 넘긴 게 더러 없을 수는 없다. 오랫동안 냉장고 신세를 진 빛바랜 비닐봉지 속 가공식품들이 홀아비네 고충을 안고 꿈지럭거린다. 썩은 나무쪽같이 말라빠진 식빵 조각을 씹으며 그것도 곰팡이 핀 겉껍질까지 다 핥으며 관내 앞마당을 홀로 헤매는 고독한 산책자의 몽상이 은밀하다.

백미白眉는 화목난로이다. 중형냉장고를 옆으로 자빠뜨려 놓은 듯한 무쇠 난로는 한 번 열을 받았다 하면 그 성질 값을 했다. 도끼 맛을 안 본 나무그루터기를 통째로 삼킨 난로는 가쁜 숨을 연거푸 컥컥거렸다. 덜 마른 송진과 막 굳은 옹이들로 싱싱한 장작은 적炙 부칠 때처럼 타닥타닥 불꽃을 튀기면서 긴 혓바닥 불길을 여러 갈래로 날름거렸다.

벌겋게 달궈진 얼굴로 우리는 고된 인생사의 지난날들을 이국異國 신화처럼 읊조리거나 서로의 가슴 저린 이야기에 눈시울을 붉히는 등 열띤 노변정담爐邊情談으로 밤이 이슥해지는 줄 몰랐다. 그 신비로운 장작 불꽃의 효험 덕분인지, 우리는 이튿날이면 어젯밤 분위기를 거의 까마득히 잊어버리곤 하였다.

'다원'에서의 헛헛한 대화와 침묵을 진지하게 격상시켜 주는 것은 앞서 언급한 '묏똥'이었다. 그 퇴락한 분묘墳墓 한 기基는 마당 끝 저만치 산자락 적요寂寥 속을 외짝헌신처럼 가파르게 엎어져 있다. 흔히 땅을 평평히 고른 다음 묘를 쓰기 마련인데, 이 묘는 그냥 비탈지게 써서 앞으로 고꾸라질 듯 코를 박은 듯한 형국이다. 미지수의 제곱근 같은 수치로 가뭇없이 덮쳐오는 풍한서습조화風寒暑濕燥火의 육기六氣에 언제라도 뒤집어 까질 듯싶다. 글쎄, 아무도 생각해주지 않는 죽음이야말로 진정한 죽음이 아닐까. 썩 길지 않은 영겁이 영혼의 허물처럼 널려있다.

치미는 환멸은 차라리 맑아서 감미롭다. 온 사방이 추풍락막秋風落寞이라 쓸쓸하다 못해 초라하다. 짓궂은 바람이 개다리춤을 추며 가랑잎들을 한 움큼씩 움켜잡고 달아난다. 하지만 정작 한 마장도 가기 전에 거의 다 흩어지고 마는 것을.

산야의 감나무들이 제 잎들을 다 털어낸 빈 우듬지와 졸가지와 나무초리들마다 시뻘건 똘감들만을 내걸고 시퍼런 하늘로 고개를 바짝바짝 쳐든다. 산꼭대기에서 성큼성큼 내려오던 단풍은 기어를 변속하며 내리막 능선길로 가속을 붙인다.

근방 산비탈은 이제 무덤 자리도 내놓기에 질린 표정들이다. 세상과 동떨어져 저만의 세계에 집중하려는 사념 공간, 그 여백의 지평에서 떠오르는 하늘은 울리는 소리를 낸다. 이 소리에, 꿍 하는 모과의 낙과 소리가 겹치며 은은한 메아리를 남긴다.

6

저녁이면 조각달이 산마루로 기어올랐다. 그리고 점점 더 커져갔다. '반반하다'는 말을 들으면 보름달이 연상된다고 누가 말했던가. 반에 반이면 온전한 하나다. 기실, 덧날이 예리한 대패는 나뭇결을 매끈하게 해준다. 반반하게 대패질이 잘 된 가을 밭둑으로 함지박만 한 배추포기들이 음력 10월 보름달보다 더욱 풍성하여 푸짐해진다. 게다가 속까지 꽉 차오르면 그 무게를 어느 대지가 아무 기색도 없이 감당하랴.

북극 흰곰 같은 여름이 쉬이 안 떠나려고 뭉그적거리는 듯 한낮은 은근슬쩍 덥다. 월평리가 아늑한 지형으로 산자락에 포옥 안긴데다가 날씨가 예년보다 한결 온화하였다. 그래도, 흰 사기 병沙器甁 속 마지막 이강주梨薑酒의 한 모금처럼 꼴깍 해가 넘어가면 수은주가 요동을 쳤다. 심한 일교차의 한 귀를 젖히며 서늘한 별들이 하나둘씩 툭 베어지듯 튀어나온다.

바람이 인다. 숨은 벌레들이 기어 나온다. 어느새 모여든 하루살이 떼가 지상 생애 처음이자 마지막 교접을 벌이는 가을 저녁의 숙명. 그 광란 현장을 어찌 마魔의 용산 관저 인근에서 터진 압사 건에 비하랴마는, 저 허공의 난교亂交와 난무亂舞가 곧 죽음과 장례의 대축제라니 그 삶의 처연한 몸부림에 가슴 한쪽이 미어지는 듯하다. 움직임이 한결 미약해진 나비나 벌들은 여전히 머리를 바람 부는 쪽으로 향하고 날아간다. 이렇게 곤충 등 생물이 공기 흐름에 반응하여 맞바람을 맞으며 날으려는 성질을 추풍성趨風性 또는 주풍성走風性이라고 한단다.

낮에 바람을 타고 놀던 풀벌레들이 저녁을 맞이한다. 서늘해진 밤공기를 뒷날개 사이에 한 줌씩 부어 넣고 밤새 비벼대는데, 이맘때쯤 얼굴 따갑도록 튀어드느니 벌레 울음소리요, 마음 질퍽하게끔 반죽 되느니 달빛 질감이다.

얇은 미농지처럼 들뜨고 신바람 난 기분으로 철써기와 여치와 귀뚜라미들이 밤마다 부끄러운 줄 모르고 발칙한 떼교접을 벌이기로 작정한 것은 다 겨울이 임박했다는 대기의 통고 탓이다. 제 명이 급한 어떤 놈들은 대낮도 안 가리고 울어댄다. 그만큼 시급한 것이다. 닳아 너덜거리는 날갯결 끝에 발악하듯 생의 마지막 변속기어를 넣으면서 비벼내는 밤공기는 더 스산하다.

아침저녁으로 우리는 어깨를 점점 더 움츠리고 총총걸음으로 내달리는 일이 잦아졌다.

가슴팍까지 차오르는 반공半空의 달빛. 은단銀丹알처럼 숨이 차도록 쏟아지는 별들은 밤하늘 끝에서 변곡점을 지향한다. 별빛 망울들이, 검은 모포 자락에 흘린 백포도주처럼 몽글 맺히다가 마침내 임계점에 이르면 녹는 고드름인 양 사정없이 뚝뚝 떨어진다. 아, 한없이 치솟는 듯한 별똥별. 우린 한때 저 별들을 꿈꾸며 얼마나 치열한 단색丹色으로, 그리고 얼마나 순수한 단색單色으로 이 시대와 이 삶을 버텨왔던가.

7

작년 7월 하순 즈음 장맛비가 줄줄 내리는데, 정 씨네 문간에 웬 낯선 '시추'견 한 마리가 쫄딱 비에 젖은 채 바들바들 떨며 설설거리고 있었다.

월평리의 집집 사정을 다 아는 홍천댁의 한눈에도 이 동네 개가 분명 아니었다. 골목으로 나가 휘휘 둘러보았으나 아무 인기척도 없었다. 인식표 목끈 등 아무런 정보 표시도 없는 데다 피부병이 심하여 측은지심에 내쫓지 못했으나 또 집안에 낯선 강아지를 들여다 놓자니 그것도 난감하고 막막한 일이었다.

마침 남편 정 씨는 병환으로 입원 중이었다. 집안에서 개 키우는 것을 싫어하던 그가 퇴원하여 집에 와 보니, 마당에 웬 쬐끄만 강아지 한 마리가 처량한 눈매로 고개를 갸우뚱거리고 있는 게 아닌가. 그는 문득 제 처지와 닮았다는 공감대가 일어서 그놈을 집에 들여놓기로 했다. 7월에 들어왔다 하여 '칠월이'라고 이름 지어 부르다가 '월이'로 굳어졌는데, 개는 용하게도 새 주인의 말귀를 잘 알아들었다. 그리하여 아들딸이 다 독립하여 부부 단둘이 사는 이 집에, 월이는 새 식구로 정식 편입되었다.

바깥마당엔 이미 '차우'라는 커다란 흰둥이 잡혀 있었다. 차우는 우리가 끼니때마다 들르면 짖어대며 텃세를 제법 부렸는데, 그와 달리 총기 있는 월이는 처음부터 우리를 환영해 주었다. 주인 부부가 후대하는 손님인 줄 얼른 알아차렸던 것이다. 홍천댁은 월이가 제법 나이를 먹은 것 같다고 했다.

지금도 월이가 어떻게 이 산촌, 그것도 마을의 맨 윗집인 정 씨네 문간까지 올라와 있게 되었는지는 여전히 아리송하다. 간혹 월이가 기척도 않고 거실의 제 이불 속에 푹 처박혀 있기도 했는데, 이는 뭔가 못마땅한 일로 삐쳐서 그런 거란다. 이럴 때 정 씨가 장난삼아 '나가자'고 한마디 툭 던지면, 월이는 금방 헤―하고 좋아하며 총알같이 이불 속에서 뛰쳐나와, 꼬리가 떨어져 나가도록 흔들어대며 현관으로 먼저 달려 나갔다. 그러다가 주인이 장난친 줄을 알아채고서야 크게 실망하여 온 천하의 시무룩함을 저 홀로 뒤집어쓴 듯한 표정으로 제 이불 속에 기어들어 누군가 달래줄 때까지 묵언 시위를 벌이는 것이었다.

'멍첨지' 차우는 요즘 우리를 아예 쳐다보지도 않는다. 한 번쯤 거를 만도 하건만 틀림없이 끼니때마다 챙겨 먹겠다고 나타나느냐며 힐난하듯이 힐끗 쳐다보고는 고개를 싹 돌려버린다. 다들 뭔가 영악한 가축이 아닐 수 없다. 그렇게 '개도 닷새가 되면 주인을 안다'고 했거늘, 작금 들어 정국의 주도권을 쥐고서 주인의 등짝을 물고 씹어대는 무도한 무리가 개만도 못하게 설쳐대는 통에, 나라의 미래가 여간 심려스러운 게 아니다.

8

불필재언不必再言이지만, 저 아래 속세를 1등급으로, 저 위 오도재의 경지를 2등급으로 친다면, 월평리는 틀림없는 1.5등급이다. 이 마을에 뭔가 조금씩은 괴상야릇한 구석들이 있는 것이다.
문제적 인물은 단연 장발호음長髮豪飮의 규재 씨다. 한눈에도 보통내기가 아닌 그는 작달막한 키와 훤칠한 이마에 약간의 턱수염과 무성한 뒷머리 등의 외모로, 때로는 초라니 수고手鼓 채 메듯 언동이 야단스럽기도 하다.
정 씨는 광폭 오지랖의 사내다. 여우 백 가지 꾀가 고양이 나무 타는 재주 하나만 못하다고들 하지만, 별 오만 잔 지식은 생글거리는 그의 미소에서 다 나온다. 말릴 길 없는 그 호기심으로 주변인이 겪는 괴로움(?)이야 굳이 말할 것도 없다. 그런데, 한번은 본고의 파일이 바이러스로 손상되어 복구불능이라는 문구가 화면에 떴다. 그가 하루 종일 컴퓨터와 씨름한 끝에 가까스로 파일을 되살려내어 주변을 놀라게 하였다.
정 씨네 이웃집은 '대라천大羅天'이라는 팻말의 기氣 연구원이다. 황톳빛 개량 한복을 입은 그곳 주인장은 자기 집을 '기氣를 수련하는 곳'이라고 소개했다. 성수숭배(星宿崇拜, 별자리 숭배)와 관련 깊은 도교에서, 36층으로 형성된 천상계 가운데 [백白]옥경玉京 현도玄都의 최상천인 대라천에는 최고신 원시천존元始天尊이 재림하여 36천天을 통할한단다. 인간으로선 아무리 도를 닦은들 그곳에 이를 수 없다. 인간이 도달할 수 있는 궁극의 경지는 그 다음 단계인 [옥청玉淸·상청上淸·태청太淸의] 삼청경三淸境이다. 그 아래로 종민천種民天·무색계無色界·색계色界·욕계欲界 등이 이어진다. 누군지 명칭들을 잘도 갖다 붙였다. 그 집 탱자 울타리에 초란初卵만한 탱자들이 가시들 속에 바글바글 매달려 있다. 마당가 모과나무 밑동을 기웃거리니 풀섶에 절로 떨어진 모과들이 저 생긴 대로 처박혀 있다. 누가 먼저랄 것도 없이 우리는 모과 몇 개와 탱자들을 한 움큼씩 주워 왔다. 생명력의 내면화를 성취한 듯한 낙과들이 한 해의 먼 우주를 날아온 뙤약볕과 별빛 그리고 거친 남태평양을 건너온 힘찬 태풍의 기세를 한 줌에 잔뜩 모았다가, 온갖 향긋한 내음으로 천지간에 일제히 방사放射한다. 모과나무마다 누런 모과 덩이들이 지상 강림(?)을 다 마친 듯했어도, 나는 그 집 곁을 지날 때마다 눈독을 들이고 호시탐탐 낙과 순간을 노렸다.

　이 동네 주민은 아니지만, 또 다른 문제적 인물은 김형구金炯九 돌 조각가이다. 진정한 아름다움은 완벽한 대칭보다는 미세한 비대칭의 구슬픈 떨림에서 나온다고들 한다. 내리쏟는 단풍들에서 느끼는 그 비대칭은 '맥놀이' 현상을 만든다. 떨리는 정도가 비슷한 두 음파가 서로 섞일 때 나는 맥놀이 파동 소리는 두 음의 차이만큼 생긴다. 그러한 불균형 섭리로 가을 자연이 빚어내는 아련한 떨림을 또한 그의 인위적인 석각품들에서도 느낀다면 과장일까. 바로 그 김 작가가 노려보는 듯한 특유의 빙그레 시선으로 문학관에 놀러 왔다. 진흙 주무르듯 돌조각을 하는 이들을 많이 봤지만, 그는 돌무늬 내면 깊이 망치와 정 소리를 새겨 넣는 진정한 각수刻手이다. 마당에 던져놓은 원석 덩이가 스스로 어떤 모양으로 깎아달라고 요청하는 순간, 그의 작업은 숨 막히게 착수된다. 그가 소생시킨 돌의 생명은 그에 적합한 형상을 입으면서 생의 묘한 속살을 표출해내기에 이른다.

　오도재를 훌쩍 넘어간 널찍한 터에 '오도재 카페'가 있는데,

시인 **홍정순**이 운영하는 곳이다. 2009년 계간 《시안》으로 문단에 나온 그가 건네준 시집 『단단한 말—철물점 여자』(북인, 2013)가 참 별것이었다. 거침없는 시어마다 거친 삶 구석구석을 그렇게 잘 묘파할 수가 없을 정도로 그의 시는 공소空疎하지 않다. 거창한 '겉 시대'가 아닌 여성 일개인의 은근한 '속 시대'가 독자의 부르주아 세포를 부끄럽게 한다.

또 한 사람을 언급하지 않을 수가 없다. 한동안 문학관의 허드렛일을 **이중열**(李仲烈, 1978~2020)이란 이가 거들어 주었다고 한다. 사봉 선생님이 지어주신 호 '수본守本'을 못내 긍지스러워 했던 그는 안짱다리 걸음걸이에 말까지 어눌하였다. 일찍이 집을 뛰쳐나와서도 배울 때까지 배운 이른바 '가방끈이 좀 긴 놈'이었다. 허나 신세 기박奇薄하여 곤궁한 탓에 대학원도 다 마치지 못한 채 여기저기 표류漂流를 거듭하다가 농사나 배우겠다며 이곳에 눌러앉았다. 마을에서 날품팔이하며 동가식서가숙하던 그가 문학관 일을 거들어 주기도 하였다.

거의 날이면 날마다 폭음을 일삼던 수본은 지난 겨울날 인근 개울 다리 위에서 동사한 채 발견되었다. 어찌어찌하여 연락이 닿은 유가족은 그의 사망 기별에도 심드렁하였다. 이 산골에 슬픔이 외로움을 끼고 들어와 떠나질 않자, 사람들의 표정은 침음沈吟에 든 화군花群인 양 더욱 기묘해져 갔다. 얼마 후, 지인들이 뜻을 모아 그의 소담한 문집을 펴냈다. 단막극도 안 되는 변두리 요절 인생의 뒤안길에는 지지 않는 어스름이 툭툭 흘린 페인트 물감처럼 쓸쓸히 굳어져 있다. 그가 떠난 문학관 곳곳에서는 거친 지형이 자아내는 황량한 색도色度만이 묻어날 뿐이었다.

기실, 사람이든 사물이든 각자 제 연령층의 계단을 하나씩 오를 때마다 그 존재의 그늘에는 어떤 우수憂愁가 서려 있어서 그

오름은 내리막 느낌을 준다. 각 계단마다 밀도가 다른 그 어떤 연민 같은 것이 서러운 면사포처럼 드리운다. 한가을의 증강현실(增强現實, AR: augmented reality)은 내 야윈 가슴에 무한 공상과 시감詩感을 벅찰 정도로 고조시키어 미약한 감성을 한없이 무궤도로 질주시킨다. 그 도달지점은 곧 겨울의 황막한 아름다움이다. 그 속에서 봄철이 잉태되고, 이윽고 지리산 세석평전細石平田과 인월引月 바래봉峰 등지에까지 야생 철쭉군락은 화려한 봉황 날갯짓처럼 출렁이며 아뜩아뜩하리라. 아, 생각만 해도, 올 임인년壬寅年 극암極暗의 한심한 나랏꼴에 먹피 진 우리네 가슴의 자색반紫色斑이 금방이라도 가시는 듯하다.

9

무릇 속도란 자연현상처럼 극진히 상대적이다. 이를테면, '빠르게'와 '천천히'라는 간소한 이원적 대립의 부사어를 보자. 어떤 이에겐 '천천히'가 다른 이에겐 '빠르게'일 수 있다. 험산일수록 거북이처럼 가는 산행길이 실제로는 가장 먼저 가는 길이다. 제 기력을 과신하고 처음부터 성급히 추풍하여 가는 이들은 얼마 못 가서 숨 헐떡이며 주저앉아 쉬곤 한다. 묏길을 타는 시간보다 쉬는 시간이 더 길다.

실로 거북이걸음이 우리를 산 정상에 가장 먼저 올려다 준다. 거북이 보법의 승리에 있어서 '발 빠르게'라는 말은 무색하다. 순위에 연연하지 않고 느릿느릿 가되 거의 지체하지 않는 전략과 작전의 슬기가 돋보인다.

하긴 누가 먼저 정상에 오른들 무에 상관이랴. 등반 순위에 아랑곳하지 않고 완등完登만 하면 된다. '춘풍春風으로 남을 대하고 추풍秋風으로 나를 대하라'했거늘, 굳이 천편일률적인 잣대를 들이대려면 남에게가 아니라 저 자신에게 그래야 할 터.

11월 초, 어느 날 점심때 홍천댁이 차려준 수제비를 포식한 뒤, 난 홀로 월평리 뒷산 길을 타고 법화산 시루봉길에 발을 들였다. 숲길로 들어서자 산은 봉우리들을 제 몸통 뒤에 금세 감추었고, 가늘고 길게 갈라진 골짜기들을 저 아래로 팽이채인 양 풀어놓았다. 보이는 바위마다 껍데기만 남았다. 큼직한 세월이 그 품 안에 똘똘 뭉친 채 꼭꼭 쟁여 있었다. 오르막 묏길은 팽이처럼 돌았다. 긴 톱날 같은 개울들이 골골을 북어포처럼 찢어 놓았고, 그 뜯기듯 튀는 물방울들에는 햇살의 맑은 핏줄들이 배어났다. 밤새 서리 맞은 흙의 맥박이 내 발바닥으로 올라와 온몸 경락을 파고들었다. 산등성이를 잠류潛流하는 수맥이 내 심장 박동에 기세를 더하며 내 세미細微한 실핏줄 끝까지 팽팽히 당겼다. 어디선가 부스럭거리는 소리와 숨소리나 속삭임 같은 것들이 나타나서 자꾸 뒤를 따라오며. 내 발소리와 끊임없는 교신을 나누었다. 나로선 해독이 안 되는 어떤 기氣들끼리의 교감 같은 데도, 그 알 수 없는 음어陰語들은 톡톡 내던지는 모르스 전신기電信機 부호처럼 뭔가 귀에 익은 듯도 하였다.

깊은 늦가을 산속을 으스스하게 나 홀로 걷는 운치에 비해 묏길은 사뭇 호젓하였다. 푸르고 높은 하늘의 천장 한쪽이 새면서 골짜기 틈에 시간 방울들을 톰방 톰방 떨어뜨리는 온갖 사념들, 그리고 이 계절의 모래통에서 사르르 미끄러져 흐르는 온갖 추억들…. 마주친 사람 하나 없이 그냥 거북이걸음으로 으스스한 늦가을 정적 속을 깊이 파고들었던 산행길이었다.

차곡차곡 시간에 의해 인수분해 당하는 붉은 노을은 문득 전기의자를 연상시키기도 한다.

한 해가 황급히 접어져 가는 나날. 문득 끼룩끼룩 소리가 얇은 습자지襲字紙처럼 날려 온다. 두리번거리다 하늘을 올려다보니 새 몇 마리가 고개를 길쭉 내밀고 날아간다. 기러기인가. 이 깊은 산골을 팅팅 때리는 물새 소리란! 아, 그러고 보니 이 골에 적이나 깊은 월평저수지가 숨어 있다. 산자락 너머 먼 물빛이 번득인다. 그윽한 계곡 방죽이어서인지 크고 작은 물새들이 제법 오르내린다. 그 선율적인 울음소리의 악절樂節마다 뭔가 달무리 같은 것이 서려 있다.

고창 수박을 단칼에 딱 절반으로 쪼개놓은 듯한 '절대 반달'이 금방이라도 얕은 구름 속을 빠져나와 산비탈로 미끄러져 굴러내릴 듯했다. 어찌나 정중앙에 걸려 있는지 고개를 완전히 뒤로 젖히지 않고서는 달을 쳐다볼 수가 없었다. 산이 바로 곁으로 성큼 다가서자, 나는 산 그림자의 검은 천막 비닐 자락 속으로 쑥 빨려 들어갔다. 검은 멍석처럼 덮쳐 누르는 산 무게에 갑자기 숨이 탁 막혔다. 두꺼운 멍석을 발로 후벼 들며 그 속으로 파고들었다. 산은 두 팔을 한껏 벌리며 우리네 온몸을 푹 안아 올리더니 제 품 안으로 꼬옥 감싸주었다.

이혼한 규재 씨, 사별한 백 사형 및 나, 이렇게 홀아비 셋이서 궁상떨며 지낸 지 어느덧 두 달째로 접어든다. 나 역시 내년 1월 하순까지는 한시적 홀아비 신세다. 이번 문학관 입주로 내 끼니가 당분간 해결되자, 불현듯이 아내는 호주로 친정 나들이를 가겠다고 선언하였다. 구십을 바라보는 장인 장모님과 또 아들네 부부까지 식구들을 안 본 지가 10년이 넘은 터라, 이 절호의 기회를 틈탄 것이었다. 자못 상기된 아내의 목소리에는 자신의 결행에 대한 뿌듯한 자랑과 긍지가 촉촉이 묻어났다. 부랴부랴 비행기 표를 끊고 선물꾸러미 등을 가득 채비하더니, 아내는 시드니로 훌쩍 날아가 버렸다.

10

나랏일이란 누구나 덤벼들 순 있되 아무나 떠맡으면 안 됨을 올해의 나랏꼴보다 더 잘 입증하는 역사적 사례는 없다. 몰지각하게 던진 표의 대가代價를 온 나라가 고스란히 감수해야 하는 현실이 참담하다. 산골 가는 곳마다 음울한 박수무당과 그의 수하手下인 마녀가 무음誣淫하게 내뿜는 패악의 요사기妖邪氣가 마치 여말麗末의 경상도 출신 요승妖僧 신돈(辛旽, 1323?~1371)이나 제정帝政 러시아 말기의 마인魔人 라스푸틴(Grigori Rasputin, 1869~1916)에 뭐 하나 뒤질 바 없어서, 인민들은 다들 지극한 우국충정으로 밤이면 밤마다 얼른 잠을 이루지 못한다.

권력자와 부자 계급은 왈본日本의 왜색 똥물이 골수 속속들이 찌든 식민 노예근성의 금수저 패들이어서인지, 그 양심들이 참 탄력도 좋다. 그네들의 양심은 속옷 한 번 제대로 걸친 적도 없는 것 같아서, 누군가 진실을 말할 때 그 상판때기들은 고통 어린 기색이 역력했고 거짓을 말할 때 그 낯짝들은 행복과 희열이 넘쳤다. 백주 대낮에 동족이 정치군인 역도逆徒 무리에게 대량학살을 당할 때도 그 가슴들은 죽은 대합처럼 입을 꼭 다물고 속으로 웃어대었다. 악취미의 현행범들인 그 쪽가슴 속으로 가득 들어찬 것은 썩은 뻘흙 뿐이었다.

하마터면 문학관에 큰 화재가 발생할 뻔했다.

마당 주변을 정지작업整地作業하던 정 씨는 뭔가 타는 냄새에 놀랐다. '사봉 기념관'의 배관 전선에 불이 붙은 것을 확인한 그는 서둘러 수도꼭지를 들이대다가, 황망한 와중에도 급기야 먼지 수북한 소화기를 찾아내어서 뿜어댔다. 거의 십 년 가까이 처박아둔 소화기가 작동된 것은 참 의아하고도 다행한 일이었다. 한바탕 난리를 치른 끝에 스티로폼 패널 속까지 타들어 간

불을 가까스로 껐다.

　정 씨가 산불 감시원 출신답게 신속히 대처하여 모두 한시름 놓았지만, 다들 놀란 가슴을 쉬이 쓸어내리지 못했다. 며칠간 전시관 전선들을 새로이 배선하고 손보느라 정신들이 없었다.

　그 흉물스러움이 흉갓집의 뺨을 치는 여기서 그저 체면으로만 석 달 가까이 버티다 보니 우리네 인내심에도 한계가 왔다. 건물에 밴 화장실의 시궁창 냄새, 밤마다 입김이 허옇게 서리는 숙소 실내 등의 애로사항을 호소한들 별 소용이 없었다. 열악한 시설과 몰상식한 처우에 대한 사전 개선도 없이 외부 작가를 입주시키도록 선정해 준 과정도 의문스러워 가히 전형적인 관료체제의 탁상행정 처사라 아니할 수 없다.

　문제 해결은커녕 개선해보려는 의지 한 톨 없이 외부 지원만 타낼 궁리에 혈안이 된 허술한 꼼수로 문학관입네 처신하는 그 흉노족 같은 두텁고 넓죽한 안면과 이기적인 용기(?)는 가히 역대급 가관이었다. 입주 기간 3개월 내내 코빼기 한 번 보이지 않는 장長의 행태를 볼 때, 세상의 염치란 염치는 다 이곳에 모아 파破하고 몰沒함을 가히 추량할 수 있겠다.

11

　비록 숙소가 열악하고 주변 악취와 추위가 자심하기는 해도, 창이 세 개나 달린 이층 다락방 집필실은 오랜만에 내게 허여된 나만의 방이었다. 늘 살림에 쪼들리며 이사 다니기에 바빴던 시절, 남들처럼 세련된 가구 한 채 한 탁卓도 없이 발에 차이는 게 구질구질한 생계형 가구들뿐, 학문은 갈수록 이루기 어렵기만 하여 매급시 나만의 소박한 서재가 얼마나 그리웠는지 모른다.

　누군가 말했듯이, 너무 가구가 많으면 번다煩多히 속기俗氣가

물드는 까닭에, 가식적 작위와 장식을 덜어내고 소담해야 집안 식구의 삶이 아늑해지고 더 오붓해지며, 또한 무딘 우리네 머리도 쇄락灑落해진다. 과시 청나라 판교板橋 **쩡시에**(정섭鄭燮, 1693~1765)167)의 문구 그대로라 하겠다.

> 방이 운치 있음 되거늘 어찌 꼭 넓어야 하며
> 꽃은 향기 있음 되거늘 많을 필요 있으랴.
>
> 실아하수대(室雅何須大), 화향부재다(花香不在多).
> ― **쩡시에**[鄭燮], 「진강초산별봉대련鎭江焦山別峰對聯」에서.
> • 출처: 當代中國(https://www.ourchinastory.com ›室雅何須大 花香不...)

진정코 문사의 방은 크기보다 운치가, 꽃은 그 수량보다 향기가 더 우선이라고 아니 할 수 없다.

여기 칩거하는 동안, 바깥 속세와 자연계에서는 평생 잊지 못할 두 가지 사건이 하나씩 일어났다.

먼저 10월 끝 무렵, 서울 용산 이태원의 핼러윈 이교 축제에 인파가 몰려 세계 최대의 압사 사고가 터졌다는 소식이 이 산촌까지 흉흉하게 퍼졌다. 좁은 골목 병목현상으로 동북아의 마魔가 다 운집하여 죽음의 향연을 벌인 것이다. 사방에서 곪아 터지는

---

167) 장쑤성[江蘇省] 싱화[興化] 출신의 시서화詩書畵 3절三絶. 각각 특색있는 작풍을 보였는데, 시詩는 체제에 구애받음이 없었고, 서書는 행해行楷에 전예篆隸를 섞은 고주광초(古籒狂草, 전자篆字 등 옛 서체를 심하게 흘려 쓰는 기법)에 그 사이마다 화법畵法도 넣어 특유의 해방적解放的 서풍書風을 창시했다. 화畵는 '양저우 팔괴'[楊州八怪]의 일인으로, 화훼목석花卉木石을 잘 그렸으며 특히 난蘭과 죽竹의 상쾌감이 뛰어나다. 1736년 진사에 급제하고, 한림翰林에 들어가 산둥성[山東省] 판현[范縣]과 웨이현[濰縣]의 지사를 역임하였다. 웨이현 지사 때인 1746년 대기근으로 관의 곡창을 열어 백성을 구제하였는데, 1753년 그 일로 고관高官에게 거역하였다 하여 면직되자, 치병治病 핑계로 귀향한 뒤 벼슬길에 나서지 않았다. 《묵죽도병풍墨竹圖屛風》·《회소자서어축懷素自敍語軸》 등의 그림과 『판교시초板橋詩鈔』·『도정道情』 등의 시문집을 남겼다.

사악한 박수무당과 마녀의 발호로 인해 용산 거리의 불길한 기운이 응집되어 한소끔 터진 인재人災가 아니었을까.

또 다른 하나는 11월 8일 음력 보름날 저 웅장한 대자연 천체에서 벌어진 개기월식皆旣月蝕이었다. 우리는 오랜 만에 호기를 부려 오도재 관문 문루門樓까지 올라가, 그 경이로운 천체 현상을 내내 지켜보았다.

▲ 지난 2018년 1월 31일의 개기월식 장면.
• 한국천문연구원 제공 [박영식 책임연구원 촬영] • 출처: 〈한겨레〉.

초저녁 동녘 하늘, 오후 6시가 지나서부터 달의 왼쪽 아래가 거멓게 잠식되어 가기 시작하였다. 우주에 드리운 지구 그림자로 보름달이 한소끔씩 들어서는 것이다.

저녁 7시 15분경 달이 완전히 가려진 채 검붉은 블러드문(Blood Moon)이 되고, 그 상태가 1시간 30분쯤 이어지다가 왼쪽부터 밝아지더니 11시 무렵 달이 다시 완전히 드러났다.

이 동안에 천왕성天王星이 달 뒤에 숨어 가려지는 '천왕성 엄폐'도 진행되었다고 한다. 태양-지구-달-천왕성이 꼬치를 꿴 듯 일렬로 쭉 늘어선 것이다.

이 두 사건은 불과 열흘 간격을 두고 이어서 벌어졌다.

▲ 개기월식 및 [천왕성이 달 뒤로 숨는] 천왕성 엄폐 현상.
(아래 빨간 동그라미 안이 천왕성)
• 출처: 〈한국일보〉 2022년 11월 9일자.

거의 매일 이맘때쯤 시드니의 친정에 가 있는 아내와 화상 통화를 했다. 주말엔 아들 부부네 집에 가서 효도를 받는다며 환히 웃는다. 처가의 외딸이자 맏이인 아내는 사뭇 규방적閨房的이어서 대학에 다니도록까지 학교와 집 밖에 알지 못했다. 일찍이 가난한 우리 집에 시집와 곧바로 아이가 생기면서 때늦게 세파의 호된 기운을 쐬고서야 녹창綠窓 밖 세상에 눈뜨기 시작하였다. 이날 평생 원고나 뒤적거리는 내 뒷바라지하면서 하나 있는 아들 공부 시키느라 고생이 지지리도 자심하였다. 아내는 얼굴과 목소리가 퍽이나 밝아져 있었다.

12

중국 북송北宋의 시인 **쑤뚱풔**(소동파蘇東坡, 1037~1101)는 '인생도처유청산人生到處有靑山'라, '사람 발길 닿는 곳마다 살 만한 청산이 있다'는 말로 '사람은 어디서 죽든 뼈를 묻을 청산이 있다'는 은근한 소회를 밝혔다.

이를 원용援用하여 미술사학자 **유홍준**(兪弘濬, 1949~)은 '인생도처유상수人生到處有上手'라, 즉 '사람이 사는 곳곳마다 고수高手가 있더라'고 언명했지만, 또한 '인생도처만하수人生到處滿下手'라 '인생살이 곳곳마다 하수下手가 그득하다'는 것도 엄연한 사실이다.

실속도 없이 알량한 명함에 맹랑한 '장長'자나 굵직하게 찍고 다니면서 별의별 행사마다 끼어들어 가식에 찬 거드름을 피우며 낯내기에 넋이 나간 천박한 졸자拙者들 또한 어찌 가소롭지 않으랴. 제 문전옥답도 버젓이 갈지 못하는 주제에 남의 논밭을 기웃거리며 온갖 상관을 다 하느라 얼마나 수고들 해대는지 모른다. 남들 앞에 낯짝을 들이밀기 전에 항상 겸허하게 내 주변 먼저 잘 정비할 일이다.

다시 아침이다.
숲 위로 빠끔히 고개를 내미는 산봉우리.
밤의 적막이 귀가 먹먹한 낮의 정적으로 바뀌어 갔다. 산은 밤새 덮었던 어둠 모포를 발끝으로 밀어내며 햇살 속을 일어선다. 밤새 산골 품속에 푹 안겨 있었던 풀밭마다 드리워진 햇살들에 이슬을 공양드리고 찬 물기의 은비늘들을 파들파들 털어냈다. 골마다 꼭꼭 쟁여진 낮은 지붕들 위로 산뜻한 태양과 새콤한 추위가 점 점 더 붉어지는 장밋빛으로 응고되어 갔다.
미끈한 잿빛 포장지 속에서 막 튕겨 나온 죽염비누 알몸처럼 태양이 높은 하늘로 쑥 불거진다. 낮은 구름 뭉치가 산등성이 위에서 마치 로데오(rodeo) 경기를 하듯이 바람 속을 쿨렁이고, 선선한 바람은 아침 숲의 물기를 받아 새하얀 안개 버큼을 산등성이에 쏟아낸다.
　산꼭대기가 솟구치며 첫 햇살의 폭발을 터트리자 나뭇가지 상고대들도 어찌나 눈부신지 차마 정면으로 바라볼 수가 없다. 아침 햇살은 폭포수처럼 쏟아지면서, 밤새 밀착도를 높였던 밤의 허물을 비닐 장판壯版처럼 천천히 아래로 벗겨 내렸다. 깨어나는 산의 기지개는 거창하였다. 어디선가 크고 작은 하품 소리가 잇따랐다. 입김의 뭉게구름들이 산안개로 흩어졌다.
　가으내 제 내장 속 향기까지 다 토해낸 탱자들이 차츰 더 거멓게 변색되어 갔다. 집필실 책상 위 모과들도 제 가슴 속 진한 향기로 겹 도배질을 해주어서 내 숨결에서조차 향긋한 모과 내음이 폴폴 풍겼다. 정신까지 정화되는 기분이어서 머지않아 공중 부양까지 익힐 태세였다.
　벌레들이 머리를 바람 부는 쪽을 향하고 맞바람을 맞으며 날던 추풍성趣風性의 시절이 가고 있다. 여기선 양력이든 음력이든 상관없다. 아직은 콧김 거센 늦가을이 비탈을 치달으며 내지르는 아침 숨결은 산벼랑을 메아리로 감싸며 돈다. 미명未明의 돌담 벽을 문지르며 새어 나오는 그 숨소리가 저 깊숙한 대지 속살의 부드러운 근육질에서 곱상한 살 내음을 힘줄처럼 길게 끄집어내더니, 누런 풀잎들이 쓰러져 누운 빈터 위로 널어놓는다.
　앞으로 나는 내 앞으로 불어오는 맞바람을 거스르며 추풍성의 오롯한 의지를 품고 내일을 맞이할 수 있을까. 내 앞에 바짝 다가선 내일을 믿어야 할까. 늘 현재는 짧디짧았고 어제는 길어져만 갔으며 내일은 쉼 없이 오늘이 되었다. 믿었던 어제는 이제 나를 돌아보지 않고 현재는 늘 나를 무시하는데, 내일은 있는 걸까. 미지의 것인데도 말이다. 월평리에 오면 내일은 거의 상관없다. 있으면 좋겠지만 어쩌면 없어도 그만이다.

열심히 시詩를 써야겠다. 사물들은 각자 내재한 고유성이 있음에도 상황에 따라 무심코 낯선 속성 즉 우유성偶有性을 포착하여 담지擔持하는 순간이 있다. 그 우유적偶有的 속성이 본연의 실체적 속성과 흥미로운 대치를 벌일 때 비로소 사물은 다양성을 띤다.

그리하여 명암도 이젠 인간 내면에 텃까마귀처럼 서식하게 된다. 우리네 내면은 명암만이 존재하는 고요한 서재처럼 되며, 시詩는 바로 그 두 틈바구니를 헤집고 들어선다. 이제 시詩의 시간은 영원을 전제이자 명제로 삼는다. 시詩란 과거와 현재와 미래를 동시에 살아가지만, 현재의 시대정신을 태반 삼아 미래 이념의 생동을 꿈꾸며 태어나는 것이다.

고통과 슬픔이 극심할수록 우리 감성은 영혼의 감도感度를 잃고 마비되어 간다. 생生의 목걸이 자체는 저 불가사의라는 구슬들을 고달픔의 끈에 꿰어낸 것이 아닐까. 생은 거울 같은 단면이 아니고 온갖 면들이 서로 색광을 주고받으며 그 영롱함과 찬란함을 더해가는 법. 우리네 주변인들이 하나둘씩 사라져가는 마당에 스산한 삶을 감미로운 정서로 수용하면서 꿋꿋이 어깨를 짱짜란히 곁고 산을 오르내려야겠다.

그 주말, 전국적으로 오랜만에 비가 내리어 가을 가뭄이 다소 해갈되었다. 그리고 12월에 들면서 폭설과 한파가 몰아치기 시작했다. 본격적인 겨울나기가 시작된 것이다.

그렇게 2022년 마魔의 임인년壬寅年이 저물어 갔다.

📖 기타 주요 참고문헌

그로, 프레데리크(Gros, Frédéric). 이재형 옮김. 『걷기, 두 발로 사유하는 철학』(Marcher, une philosophie). 책세상, 2014.

단토, 아서(Danto, Arthur C.). 이성훈·김광우 옮김. 『예술의 종말 이후』(After The End of Art — Contemporary Art and The Pale of History). 미술문화, 2004.

김연수(글·사진). 『바람의 눈, 한국의 맹금류와 매사냥』. 수류산방 樹流山房, 2011.

박용수(엮음). 『우리말 갈래 사전』. 한길사, 1989.

백문식. 『우리말 어원 사전』. 도서출판 박이정. 2014.

안대회(ahnhoi@yumail.ac.kr), 여행가 정란 | 청노새 타고 백두에서 한라까지…조선 최초의 전문산악인_신동아(https://shindonga.donga.com › all) 2004. 7. 또한 문화재청(현 국가유산청), 《월간 문화재사랑》 2008_06_30.

유몽인柳夢寅. 『어우야담於于野談』. 신익철申翼澈·이형대李亨大·조용희趙隆熙·노영미盧英美 옮김. 한국학중앙연구원: 돌베개, 2006.

임태승. 『동양미학개념사전』. B2(도서출판 비투), 2020.

장승욱. 『재미나는 우리말 도사리』. 하늘연못, 2001.

조삼래·박용순. 『맹금猛禽과 매사냥』. 공주대학교 출판부, 2008.

하영삼河永三. 『한자 어원사전』. 개정판 1쇄본. 도서출판 3. 2018.

『완역 완산지』. 전주문화원, 2010.

『주역周易』. 김인환金仁煥 옮김. 나남출판: 1997.

국어국문학편찬위원회 편. 『국어국문학자료사전國語國文學資料事典』(上·下). 한국사전연구사韓國事典硏究社, 2000.

Insight on the Scriptures, Volumes Ⅰ & Ⅱ. NY: Watchtower Bible & Tract Society, 1988.
The BIBLE Authorized Version. London: The British & Foreign Bible Society, 1956.
NEW WORLD TRANSLATION OF THE HOLY SCRIPTURES. New York: Watchtower Bible & Tract Society of NY Inc., 2013.

『공동 번역 성서』. 대한성서공회, 1977.
『성경전서 개역 한글판』. 대한성서공회, 1984.
『성경전서 표준 새번역』. 대한성서공회, 1993.
『현대인의 성경』. 생명의말씀사. 1985.

❏ 인터넷 웹사이트

나무위키*(https://namu.wiki/)*
[네이버 지식백과] 남사당패 (한국전통연희사전, 2014. 12. 15., 전경욱)
두산백과사전*(http://www.doopedia.co.kr)*
『문학비평용어사전』. 한국문학평론가협회, 2006, 국학자료원 *(http://www.kookhak.co.kr)*
우리역사넷/국사편찬위원회 *(http://www.contents.history.go.kr)*
위키문헌, 우리 모두의 도서관 *(ko.wikisource.org › wiki)*
위키백과 *(https://ko.wikipedia.org, & https://en.wikipedia.org)*
『한국민족문화대백과』 *(http://www.encykorea.aks.ac.kr)*, 한국학중앙연구원 *(http://www.aks.ac.kr)* 제공.
향토문화전자대전 *(http://www.aks.ac.kr)*, 한국학중앙연구원*(http://www.aks. ac.kr)* 제공.

후기

조기 두름 엮듯 원고들을 엮어가는 동안, 한반도에는 참으로 못 잊을 희한한 사태들이 줄줄이 터졌다.

대저 글이 이러한 당대를 어떻게든 반영하지 못한다면 그따위 글 짓거리야 '치사恥事한 사치奢侈'에 불과한 게 아닐까?

그러다 보니, 최근에 끄적거린 글들이 자꾸 내 소매를 끌어당겼다. 그러나 책이 '살찐 거위'처럼 무람없이 두터워질까 저어되니 참 그것도 적지 않은 고민이었다.

게다가 서랍 구석엔 햇빛 볼 날을 아예 단념한 채 죽기로 작정한 듯한 낙종落種 또는 낙문落文들의 한숨 또한 적지 않았다.

결국 그것들은 다음 책 권에 미루자고 거추없이 달래면서, 욕심이란 내려놓을수록 울림이 크다고 스스로 안위하였다.

대관절이고 참대 마디고, 늘 마음뿐일지언정, 누군가의 어투를 흉내 내어 이렇게 다짐해 본다.

'누를 길 없이 아득한 생의 냉가슴을 극極하되 격隔하지 않고 슬쩍 한숨으로 재우는 관후寬厚를 훌훌 털어내면서 호흡을 끌어나가자. 백지는 아직도 여러 장 더 남아있지 않은가.'

늘 느끼는 바이지만, '선현先賢의 인문적人文的인 글들은 성리性理의 식견識見을 깊이 하여서인지, 그 사유의 의취意趣가 고매하여 잡스럽거나 범상치 않으며 그 자연을 향한 정관이 영묘靈妙하기까지 하다.' … 아, 나는 아직도 먼 것이다.

을사년乙巳年 성하盛夏, 전주 초야우루草野雨樓에서,

주요 어휘 색인
(굵은 글씨는 인명)

【가】
가락바퀴•97 각주
가련산•61
가리내[추천楸川] •54
가방끈•39, 106, 107
가성 근시•49 각주
가야금과 거문고•119-120
가재미/ 진버들•56
각시바위•60
간두령•150
간서치•46, 85
갈지개•220
감로탱•163 각주
강치[독도-], 해려, 가지•187-191
강희안•93 각주
개구리매•215
개기월식•254-256
거란[契丹], 청우백마 건국 신화•196-197
건지산/ 조경단•66-67
결승[문자]/ 퀴푸•110
경도/ 경락•110 각주
경신·신해대기근•45
경인공란(庚寅共亂, 한국전쟁)•60, 168, 169
고르디우스의 매듭•99-101
고마문령•145
고양이 목에 방울 달기/ 묘두현령•140-141
고[풀이]•107-109
곡옥•98
곱돌(활석)[공장]•63-64

공도 정책•189
『공사항용록』,『동언해』,「어면순」•141과 각주
관옥/ 조옥/ 대롱옥•97
광다회/ 납다회•97, 114 각주
광솔•18
괴목•13-21
『구급방』/『구급방언해』•92, 93 각주
구들목 장군•42
구만리•72, 73
구억리•67, 70, 72
국도17호선•59
국도26호선•55-57
국립무형유산원•36, 37
— 라키비움 책마루•26, 36
『국한회어』•148, 149 각주
굿중패/ 중매구•163-164 각주
권삼득/ 설(덜)렁제/ 권마성제•71과 각주
그로, 프레데릭/『걷기, 그 철학』•26, 27 각주, 29, 30 각주, 32와 각주, 36 각주,
글래드웰, 말콤•216 각주
금강•53과 각주
금남호남정맥/ 금남·호남 정맥•53
『금방울전』[금령전金鈴傳]•156-157
금상리/ 세마평/ 법수메•56, 74
긏다('끊어지다'의 옛말)•111-112
기린봉•52-54
김관식,「무검의 서」•171-174
김득신,『백곡집』•44-46
김려,『담정총서』•225
김소운,《청려》•180 각주
김수온•44
김수장(노가재),『해동가요』•9-12,

236
김시민•44
김시습,「동봉육가」•174
김육,『종덕신편언해』/『종덕신편』•
　93, 95 각주
김일손,『속두류록』•232
김정호•187
김치金緻•45
김치인•67
김홍도•186, 203
김홍철,『역어유해보』•93, 95, 148
김흔,「옥하관우음」•81과 각주
까오양[고양高洋]/ 문선제•100 각주
까오환[고환高歡]•100 각주
꺼훙[갈홍葛洪],『포박자』•198과 각주
《꼭두각시놀음》,「이시미거리」•161-
　163
꽌인[관윤關尹]/ 인씨[윤희尹喜]•193
끄나풀•106
'끈'의 형성 과정•92-93
끈목/ 다회•97 각주, 114
　— 광다회(납다회)•114 각주
　— 원다회(동다회)•114 각주, 116

【나】
나그네새•209와 각주, 211
나비매듭•102와 각주
나카이 요자부로•189-190과 각주
나폴레옹•167 각주
낙지발술•118
낙화장•20
남강•53
남경희,『치암문집』•186
남고산성•22
남사당패•162-164와 각주

남은•72
남인수,「청노새 탄식」•167-168
남천교•58-59
납채/ 납폐•102
내장산/ 신선봉•53
『노걸대』•93 각주, 148 각주
노고단•233
노리개•115와 각주, 118
노송천•54
노출勞出•38
뇌벽목•20
느티나무/ 거수欅樹•14와 각주, 17
니트족•43

【다】
단발령•183과 각주
단암사•56, 75
단테,『신곡神曲』•47
대라천•246
던, 존,「누구를 위하여 조종은 울리
　나」•231
도래매듭•116과 각주
독도/ 석도•190와 각주
독수리의 재생•214 각주
동국정운•93 각주
동냥•143
『동몽선습』•94 각주
동심결•102, 108, 109
동체시력•207 각주
따개비족•50
때때옷/ 고(꼬)까옷/ 색동옷•158

【라】
라스푸틴•251
라오즈[노자老子],『도덕경』•

192-196, 198, 201-203
료즈청[유자징劉子澄]/『소학』•94 각주, 95 각주
룸펜[-프롤레타리아]•24, 43
뤄관중[나관중羅貫中], 『삼국지연의』•42 각주
뤼뷔웨이[여불위呂不韋], 『여씨춘추』•145와 각주
류근, 『동국신속삼강행실도』•93, 94 각주
류희, 『물명고』•126과 각주
류희춘•81, 82, 94 각주
— 『미암일기』•81, 82
— 『유합』/『신증유합』•93, 94
리델 주교•95 각주
리바이[이백李白]•197-198
—「심옹존사은거」•197-198
—「심산승불우작」•198
리앙쿠르 암[초]•188
리춰[이작李綽], 『상서고실』•82 각주
리푸옌[이복언李復言], 『속현괴록』•101
린네, 카를 폰•31-32, 126 각주

【마】
마그내다리•73, 76
마당재•52-54, 63
마라카스/ 셰이커•155와 각주
마르셀, 가브리엘 오노레•35
— 호모 비아토르•35-36
마부위침•121
마수교•57
마쉬웬[마사문馬師問], 『마경대전』•149 각주
만경강•53 각주, 54

만덕산/ 곰티재•53, 55, 57
만횡청류•11, 236
망구엘, 알베르토, 『은유로서의 독자』•47
망석중이/ 망석중놀이•105와 각주
망표•56
매듭•88, 95-124
매듭이론/ 위상수학•120 각주
매듭장, 중요무형문화재 제22호•113-114 각주, 122
맷과와 수릿과의 차이점•206-207
먹물•38, 39
멍쯔[맹자孟子], 『맹자』•173
멍하오란[맹호연孟浩然]•180-182
메멘토 모리•15-16과 각주
『명심보감』•94 각주
명화적•45
목장木匠•17
『묘법연화경언해』•147, 148 각주
무옥巫玉•101 각주
무용총•97 각주
무질서도•28
묵방산•56
문방미학/ 문방청완•232
『문선제기』•100 각주
문제반정•225, 226
문합/ 아나스토모시스/ 신경봉합•111과 각주
물왕멀(무랑멀)•61, 66
미노스/ 미노스(크레타) 문명•99
밀러, 아써, 『어느 외판원의 죽음』•82
밀리컨, 로버트 앤드류•154
밀화불수•118

【바】
「바람도 쉬어 넘는」(산문시조)•221
바래봉•249
바스베인스, 니콜라스 A.,『점잖은 탐닉의 광기』•40과 각주
박의석/ 송희정•81
박인환,「목마와 숙녀」•134-135
박제가,『북학의』•82
『박통사』/『박통사언해』/『번역박통사』•92, 93 각주, 148, 149 각주
반달돌칼•96, 97
반대산盤擡山•60
반사신경•207 각주
반야봉•233
방구석 여포[呂布, 뤼부]•42와 각주
방안퉁수•42
방울뱀/ 향미사•154-156
'방울'의 형성 과정•147-148
방장•115와 각주
방종현,「독도의 하루」•190와 각주
백두대간•53
백설희,「봄날이 간다」•134, 159-160, 168-171
백수건달•43
백운산•53
벌매•214-215
법사장한法史長恨•74
법화산•233, 250
베이컨, 프란시스,『수상록』•50-51
병인교난(병인박해)•95 각주
보드리야르, 장•49 각주
보라매/ 해동청•206, 212, 218-221
복합시조•236, 237
봉술•113 각주

붉은 색실•101과 각주
비눗방울•152-153
비자발적 독신/ 비자발적 실업•43
빤꾸[반고班固],『한무제내전』•196
뿔매•215
쁘띠 [부르주아]•38

【사】
4・19 경자혁명庚子革命•38
산문시조(장시조)•11, 221, 236
산진이•218, 220, 221
『삼국사기』•199와 각주, 219
삼봉산•233
삼지니/ 삼계참•220
삼천•54
삼청경•246
상관(면)•53, 55, 57, 59, 62
새매•214
새호(홀)리기•209-210
생텍쥐페리, 앙투안 드,『아라스 전선 비행』,『어린 왕자』•96과 각주
샹브리, 에밀,『이솝 우화』•141
서거정•94 각주
서두書蠹/ 좀벌레/ 책벌레•22, 38-51
서방산•68
서산 박첨지 놀이•105 각주, 162, 163
『선악소보도설』•95 각주
설경雪景마을•68-70
설악산 천불동계곡•235
섬진강•53과 각주
『성경』의 '끈'과 '줄'•123-124,
성수숭배星宿崇拜•246
세르반테스, 미겔 데, 돈키호테•48

세석평전•248
셰익스피어, 윌리엄•22와 각주, 100
— 『헨리 4세』•22 각주
— 『헨리 5세』•100-101
소나무•17, 18
소드의 법칙•98
소리개(솔개)•213-214
소리개재(솔갯재)•56
[소]주락•138
『소학언해』/『번역소학』/『사자소학』/
　『어제소학언해』•93, 94 각주
소혜왕후 한씨, 『내훈』•95 각주
『손자병법』「군쟁」•217 각주
송골매/ 청해청•206-208,
　217-219, 221
송롸자오[송약소宋若昭], 『여논어』•95
　각주
송병기•190 각주
수만리•57
수지니← 수진手陳이•220, 221
수현[법]•195, 196
숙록피대전•146-147
순정고문•225
숯재•55
쉬란쩡[허남증許纜曾], 『태상감응편도
　설』•95 각주
슬치재•59
습자지 잡학꾼•49
승암산(중바위)•53
시노이키스모스•99
시대정신•11
시뮬라크르/ 시뮬라크룸/ 시뮬라시옹
　•48-49 각주
시조時調•10-12, 235-237
시체전시장•15

시치미•218
신경준•187
신돈•252
신석정/ 비사벌초사•52
신숙주•44, 93 각주
신원리•55, 57
신유한•184-185
신윤복, 《미인도》•119
신이행, 『역어유해』•93, 94 각주,
　95 각주, 148
신재효•9, 71
『신편집성마의방우의방』•149 각주,
　192와 각주
실·끈·줄•85-130
실내서식동물•22-37
십간/ 십이지간•206 각주
쌍두령•150
쑤쉬[소식蘇軾, 뚱풔[동파東坡]]•181,
　257
쓰마첸[사마천司馬遷], 『사기열전』•45,
　192

【아】
아리랑고개•66
아리스토불루스•100
아리아드네•99
아브람/ 아브라함•123, 214
아중리[방죽]•54, 57
아 프리오리•237
안경창, 『벽온신방』•93, 94 각주
안덕원•56
안방 챔피언•42
안수산•57
안정, 「청우를 비끼 타고」•200-201
안축, 「경포범주」•182-183

알렉산드로스 3세 메가스•99
애물단지•20과 21 각주
야곱/ 유다•123
양계장우리(배터리케이지)•34와 각주
　― 부리 자르기•34-35
　― 빨닥병•35
양력揚力•210 각주
양반자•31
엄이도(투)령•145-146
에릭슨, 앤더스•216 각주
엔트로피•28-29
연애 격차•43
『열선전』•194와 각주, 202
엿장수 가위•76, 78
영성鈴聲•144
영조, 『어제내훈언해』•66, 93, 95 각주, 199
영취산•53
예수 그리스도•123
오도재•233, 234, 241, 246, 247
오도, 체리튼의, 『우화집』•140
오두령•150
오목대•58
오목버선•130
오방[정]색•115와 각주, 159와 각주, 165, 206 각주
오성리•57과 각주, 76
5・16 신축군란辛丑軍亂•61
5・18 광주 경신항쟁庚申抗爭•38
왕샹[왕상王相], 『여사서』•95 각주
왕우묘•97 각주
왕절부王節婦 료쒸[유씨劉氏], 『여범첩록』•95 각주
왜막실•54-55, 57
외과의사매듭•109 각주

요령鐃鈴•143-144
『용비어천가』•147, 148 각주
우직지계•216과 각주
우회 축적의 원리•216과 각주
운곡리•67, 72
워낭[소리]•133-139, 170
《워낭소리》(영화)•135-136
　― 이충렬 감독•135
　― 최원균・이삼순•135
원등산(청량산)•57, 76
원효, 《무애희》•164
『월인석보』•147, 148 각주
월평리, 함양군 휴천면•231
웨샤라오렌[월하노렌/ 월하빙인]•101
웨이뷔양[위백양魏伯陽], 『주역참동계』•198 각주
위봉산(추줄산)/ 위봉폭포•57, 76
유랑 예인 집단•162-164
유만주, 『흠영』•82
유소流蘇•97 각주, 113 각주-115와 각주,
유홍준, 인생도처유상수•257
[육]추매•220
의암리/ 계월리•55, 57
을해자•93 각주
음양오행[과 색]•20, 102, 115와 각주, 159와 각주, 206 각주
응방/ 응사•218, 219
응봉산•56
이가환・이재위・이돈형, 『물보』•219와 각주
이강주•243
이건창, 「혜공 최공전」•82
이광수, 「우덕송」•203-205
이규경, 『오주연문장전산고』•

187-188, 193 각주, 219
이덕무, 청장관•24, 46, 163-164 각주, 187
— 「관승희」•163-164 각주
— 구서재•46과 각주
이덕수, 『여사서언해』•93, 95 각주
이만영, 『재물보才物譜』•219
이맹중•73
이방간, 회안대군•56, 72-74
이방원/ 이방석•72-74
이병기, 가람•11, 236
이상/ 김해경, 「날개」•24, 25, 43
이색, 「입추」•173-174
이서, 『마경[초집]언해』•147-149
이서구•82와 각주
이성계•56, 72
이솝, 『이솝 우화』•140
이수익, 「방울 소리」•137-138
이순신•174, 177 각주
이옥•222, 225-230
— 가고래佳故來 무시가無是佳 무시래無是來•225, 226, 229, 230
— 「중흥유기」•225-230
이용휴•187
이익, 『성호사설』•191 각주
이인로, 『파한집』•199
이조년•192 각주
이지번/ 이지함•201-202
이태원의 핼러윈 압사 사건•254
이현령비현령•146
이형기, 「빈 들에 홀로」•175
이효석, 「메밀꽃 필 무렵」•133-134
인끈•89, 123
인봉리[-방죽]•52, 53과 각주, 63
인수대비, 『내훈』•95 각주

인오조사, 「십이각시十二覺時」•234
인효문황후 쉬쒸[서씨徐氏], 『내훈』• 95 각주
1만 시간의 법칙•216 각주
『일본서기』•219

【자】
자만동/ 옥류동•85, 92
잡종강세/ 잡종약세•166과 각주
장순하, 사봉•235-237, 248
— 「고무신」, 입체주의•236
— 「기원의 장」, 「뇌병원 분원」•237
— 『백색부』•237
장승업•203
재지니•220
『잭과 콩나무』•105 각주
적재적소주의•20
전주천•54
전진로 잿길•55
전통 매듭•113-123
정극인, 「상춘곡」•9, 74
정도전•72
정란•183-187
정물[화]/ 내튀르 모르뜨•27
정선, 《청우출관도》•202-203
정연수-최은순-정봉섭-박선경•113 각주
「정읍사」•9
정조正祖•46, 82, 225
— 『홍재전서』•82
정철, 「훈민가」•30 각주
— 무타농상•30
『조선왕조실록』•199
종남산•57, 68
좡즈[장자莊子]•198

주강현, 『독도 강치 멸종사』•191
주락[상모]•138
주방푸[주방복朱邦復], 창힐수입법•144 각주
주연산/ 유영춘•105 각주
주화산•53
죽간•28
줄밥에 매•105-106
중력•210 각주
중종•200 각주
증강현실•249
지눌•199
지안재•232
진안사거리•52-64
진조리•66
짐바리(짐빠)자전거•69, 78, 80
쩡시에[정섭鄭燮],「진강초산별봉대련」•254와 각주
쩡치[정계鄭繁]•181
쭈즈[주자朱子]•94 각주

【차】
차오따지야[조대가曹大家],『여계』•95 각주
차오차오[조조曹操],『조만전』•42 각주
차이옌[채염蔡琰],「호가십팔박」,「제칠박 사호지경상」,《문희귀한도》•176-179
참매•206, 211-213, 217, 218
참죽나무•17
채만식,「레디메이드 인생」•43
채제공•187
책사태•29
책쟁이•49

책쾌/ 서(책)쾌 / 책거간/ 매서인•81, 82
천부[심]인•150
천불동계곡[설악산]•235
천왕봉•233
『천자문』•94 각주
철끈•86-88
철새/ 후조•209 각주
청노새(동물)•158-161, 165-186
청노새(새 인형)•160-165
청마, 가라加羅•205-206
청실홍실(청사홍사靑絲紅絲)•102와 각주-103
청우•192-205
체명악기•155 각주
첸쑈우[진수陳壽],『정사 삼국지』「위서」•42 각주
초지니•220
초포다리•66과 각주
최남선•150
최성환,『태상감응편도설언해』•93, 95 각주
최세진,『번역박통사』,『번역노걸대』,『훈몽자회』•93, 94 각주, 147, 148 각주, 149 각주
최지혁•95 각주
추력•210 각주
추천대•54
치레걸이•98, 138
치목•18
칠금령•149-150
칠선계곡•235

【카】
카르페 디엠•16 각주

카바사•155 각주
켈빈, 윌리엄, 볼텍스이론•120 각주
콜포터•82와 각주
콩즈[공자孔子]•183, 193 각주
쾌도난마/ 난자수참•100과 각주
클라우지우스, 루돌프•29 각주

【타】
타래난초•125-130
타래버선/ 타래 만두•129-130
타오옌밍[도연명], 「의고구수」•173
탐라계곡[한라산]•235
「태정관지령」•189
『태평광기』, 「정혼점」•101
테라 눌리우스/ 무주지無主地 [선점론]•189과 각주
테세우스•98-99
톨스토이, 레프, 안나 카레니나•48
『통감절요』•94 각주

【파】
파피루스•28
팔주(두)령 · 팔령구 · 가지방울•150
패관잡문•225
펑쥔따[봉군달封君達]/ 청우도사•196
페리, B. E., 『페리 인덱스』•141
페이쑹지[배송지裴松之]•42 각주
페테르스, 빌헬름•188
풍경風磬•141-143
— 영환/ 탁설/ 탁환/ 풍판/ 치게•142
플로베르, 귀스타브, 보바리 부인•48
플루타르코스•100

【하】
하이데거, 마르틴•14-15 각주
— 피투, 기투, 다스 만•14-15 각주
학삐리←학필學筆•38, 39, 42
학출學出•38
『한불ᄌ뎐』•93, 95 각주, 148,
항력•210 각주
해낭•185와 각주
「해와 달 이야기」•104 각주
해월리 다리목•57, 76
해즐릿, 윌리엄, 「여행 떠나기에 관하여」•75
햄릿•47
허균•101 각주
허난설헌, 「규원가」•101과 각주
헨다손매/ 세이커 매•209
현관玄關•195, 196
현문항, 『동문유해』•148, 149 각주
호라티우스•16 각주
호버링(정지비행술)•210과 각주
홉킨스, G. M., 「황조롱이」•211
홍만종, 『순오지』•101 각주, 141과 각주, 146
홍변, 『육조단경』·『대혜어록』•199
화심[리]•55, 57, 76
화양연화•169
환인/ 환웅•150 각주
황운리•56
황윤석, 『이재유고』•82
황조롱이•210-211
회화나무(괴화목槐花木)•14 각주
휴정/ 서산대사•234
흑시(먹감나무)•19
히키코모리/ 오타쿠•43과 각주

271

실내 서식 동물

초판 1쇄 인쇄 2025. 8. 20.
초판 1쇄 발행 2025. 9. 1.

지은이 정휘립

펴낸이 김희진
펴낸곳 Book Manager　　**주 소** 전주시 완산구 메너머 4길 25-6
전 화 (063) 226.4321　　**팩 스** (063) 226.4330
전자우편 102030@hanmail.net
출판등록 제1998-000007호

값 20,000원

ISBN 979-11-94372-33-2

ⓒ 정휘립, 2025

○ 이 도서는 2025년 전주도서관 출판 제작 지원 사업 선정작입니다.

○ 본서는 저작권법에 따라 보호 받는 저작물이므로 문단 전제와 복제를 금하며,
　내용의 전부나 일부를 이용하려면 저자와 북매니저의 서면 동의를 받아야 합니다.

○ 잘못된 책은 바꿔드립니다.